Frühförderung im Vorschulbereich

Gerda Siepmann (Hrsg.)

Frühförderung im Vorschulbereich

Beiträge einer Interdisziplinären Arbeitstagung
zur Frühförderung am Institut für Sonderpädagogik
der Universität Potsdam im September 1999

PETER LANG
Frankfurt am Main · Berlin · Bern · Bruxelles · NewYork · Oxford · Wien

Die Deutsche Bibliothek - CIP-Einheitsaufnahme

Frühförderung im Vorschulbereich : Beiträge einer
Interdisziplinären Arbeitstagung zur Frühförderung am Institut
für Sonderpädagogik der Universität Potsdam im September
1999 / Gerda Siepmann (Hrsg.). - Frankfurt am Main ; Berlin ;
Bern ; Bruxelles ; New York ; Oxford ; Wien : Lang, 2000
ISBN 3-631-36582-9

Gedruckt auf alterungsbeständigem,
säurefreiem Papier.

ISBN 3-631-36582-9
© Peter Lang GmbH
Europäischer Verlag der Wissenschaften
Frankfurt am Main 2000
Alle Rechte vorbehalten.

Das Werk einschließlich aller seiner Teile ist urheberrechtlich
geschützt. Jede Verwertung außerhalb der engen Grenzen des
Urheberrechtsgesetzes ist ohne Zustimmung des Verlages
unzulässig und strafbar. Das gilt insbesondere für
Vervielfältigungen, Übersetzungen, Mikroverfilmungen und die
Einspeicherung und Verarbeitung in elektronischen Systemen.
Printed in Germany 1 2 4 5 6 7

Inhalt

Vorwort 7

Detlef Diskowski
Initiativen, Stand und Vorhaben zur Frühförderung im Land Brandenburg 11

Gerda Siepmann
Belastungsfaktoren lernbehinderter Schülerinnen und Schüler im Land Brandenburg und Schlussfolgerungen für eine vorschulische Förderung 19

Birgit Tyziak
Zur Lernausgangslage von Schulanfängern in der Allgemeinen Förderschule – Situationsanalyse und Schlussfolgerungen 37

Christel Eick
Hilfe für betroffene Eltern – Erfahrungsbericht einer Selbsthilfegruppe „Eltern mit lernbehinderten Kindern" 43

Bernd Müller, Gitta Pötter
Das entwicklungsverzögerte bzw. –auffällige Vorschulkind in der Frühförderung – Angebote in Brandenburg und ihre Vernetzung 47

Franz Peterander
Der Kooperationsprozess Eltern – Fachleute als bedeutsames Element einer qualitätsvollen Frühförderung 57

Hans-Joachim Laewen
Grenzsteine der Entwicklung als Instrument der Früherkennung von Auffälligkeiten bei Kindern in Kindertagesstätten – eine empirische Untersuchung zu den Prädiktoreigenschaften über den Zeitraum eines Jahres 67

Detlef Häuser, Bernd-Rüdiger Jülisch
„Kitaintegrierte Förderung" – ein Projekt integrativer Förderung Konzepte, Implementation und erste Ergebnisse 81

Werner Müller
Vernetzung der Vorschuleinrichtungen zur Erfassung und Förderung von Kindern mit sonderpädagogischem Förderbedarf 105

Grit Wachtel
Überlegungen zu ausgewählten familienunterstützenden Angeboten für Eltern mit entwicklungsbeeinträchtigten Vorschulkindern   131

Karl Hecht, Hans-Ullrich Balzer, Karin Salzberg-Ludwig,
Petra Bossenz
Chronopsychobiologische Regulationsdiagnostik zur objektiven Verifizierung des emotionellen Gesundheitszustandes bei der Frühförderung im normal- und sonderpädagogischen Vorschulbereich   145

Ute Großmann, Gerald Matthes
Vorschulische Entwicklung des aktiven Selbst als Voraussetzung für erfolgsorientiertes Lernen   167

Gabi Ricken
Kognitive Komponenten und deren Förderung im Vorschulalter   179

Gerheid Scheerer-Neumann
Vorschulische Förderung des Schriftspracherwerbs   197

Herbert Goetze
Spieltherapie mit risikobelasteten Vorschulkindern   215

Petra Kerckhoff-Rosenberg, Peter Stührk-Edding
Motopädagogik in der Frühförderung   227

Vorwort

Die im September 1999 im Institut für Sonderpädagogik an der Universität Potsdam durchgeführte Interdisziplinäre Arbeitstagung zur Frühförderung im Vorschulbereich war ein weiterer Schritt zur Koordination und Kooperation der bereits an verschiedenen Standorten entwickelten Bemühungen um die Frühförderung – speziell im Land Brandenburg. Dabei ging es nicht um das gesamte Spektrum der Frühförderung, sondern vielmehr um Eingrenzung auf die vorschulische Förderung.

Auf der Tagung, die vom Ministerium für Bildung, Jugend und Sport des Landes Brandenburg gefördert wurde, konnten Vertreter des Bildungs- und Wissenschaftsministeriums sowie des Rektorats der Universität Potsdam begrüßt werden. Teilnehmerinnen und Teilnehmer aus den verschiedensten Einrichtungen der Frühförderung, aus wissenschaftlichen Institutionen, Schulen und politischen Gremien bildeten die Zuhörerschaft der Beratung.

Im Zentrum der Arbeitstagung stand die immer größer werdende Gruppe der entwicklungsgefährdeten und -verzögerten Kinder im vorschulischen Bereich. Aktuellen Untersuchungsergebnissen zur Einschulung im Land Brandenburg ist zu entnehmen, dass Risikofaktoren für die kindliche Entwicklung ansteigen. In besonderer Weise zeigen sich diese im Gesundheitszustand, im Verhalten, im Denken und in der Lernleistung sowie in der Sprachentwicklung[1]. Was sich an gesundheitlichen und Entwicklungsrisiken in Brandenburg abzeichnet, findet leider deutschlandweit vielfältige Bestätigung. So ist dem Bericht über die Lebenssituation von Kindern in Deutschland aus dem Jahre 1998 zu entnehmen, dass inzwischen jedes sechste Kind unterhalb der Armutsgrenze lebt[2]. Etwa 25 % der 3- bis 4jährigen Kinder sind in der sprachlichen und häufig auch in der geistigen Entwicklung zurückgeblieben. Ende 1973 waren es vergleichsweise nur 4 %[3]. Beratung und Hilfe für Kinder und Eltern ergibt sich als logische Folgerung. Zentrales Anliegen der Arbeitstagung war deshalb auch die vorschulische Förderung potentiell schulleistungsversagender bzw. lernbehinderter Kinder.

Auf diese Problemgruppe waren die inhaltlichen Beiträge der Tagung ausgerichtet, die im vorliegenden Band zusammengestellt sind. Das Spektrum aller Beiträge

---

[1] vgl.: Zur Gesundheit der Schulanfänger im Land Brandenburg. (1997). Ministerium für Arbeit, Soziales, Gesundheit und Frauen des Landes Brandenburg. Potsdam.
[2] vgl.: Zehnter Kinder- und Jugendbericht. Bericht über die Lebenssituation von Kindern und die Leistungen der Kinderhilfen in Deutschland. (1998). Bundesministerium für Familie, Senioren, Frauen und Jugend. Bonn.
[3] vgl.: Psychologie Heute ... (1999) 5, S. 55.

bietet eine gute Mischung von empirisch gestützten Aussagen, Erfahrungsberichten, Rahmenrichtlinien und gesetzlichen Verordnungen sowie Informationen über Initiativen und Projekte.

So werden im Konferenzband Themenbereiche aufgegriffen wie
- Belastungsfaktoren für lernbehinderte Schülerinnen und Schüler im Land Brandenburg,
- Rahmenorientierungen und Netzwerke für das Frühfördersystem,
- Qualitätsmerkmale für den Kooperationsprozess zwischen Eltern und Fachleuten,
- theoretische Ansätze und Ergebnisse einer in Kindertagesstätten integrierten und spieltherapeutisch orientierten Förderung,
- chronopsychobiologische Regulation als potentielles Diagnostikum in der Frühförderung.

Außerdem werden Ergebnisse aus Untersuchungen zur
- Entwicklung kognitiver, sprachlicher und psychomotorischer Kompetenzen im vorschulischen Bereich dargestellt
sowie
- Angebote zu familienunterstützenden Diensten unterbreitet.

Daneben kommen Schulpraktiker und betroffene Eltern mit Erfahrungsberichten zu Wort.

Mit dem Blick auf wesentliche Ergebnisse der Arbeitstagung ist davon auszugehen, dass ein Großteil der entwicklungsverzögerten Kinder im Vorschulbereich mit erschwerten Lebens- und Lernbedingungen konfrontiert ist. Sie zeigen sich vor allem in schwierigen sozioökonomischen, anregungsarmen soziokulturellen und psychosozialen Bedingungen, die erfolgreiches schulisches Lernen sehr erschweren bzw. gar nicht ermöglichen.

Deshalb kommt es darauf an, gefährdeten und sozial benachteiligten Kindern bereits im Alter von 3 bis 6 Jahren günstige Startbedingungen für den Schuleintritt zu verschaffen. Denn so wie Begabung und gute Lernleistungen in großem Maße auch das Ergebnis bisheriger Lernprozesse sind, so sind Lernversagen und Leistungsschwäche mit zunehmendem Alter auch ein Defizit an Lernerfahrungen. Keine spätere Nachhilfe oder Förderung kann dies entscheidend korrigieren[4]. Deshalb sind Erzieherinnen im Vorschulbereich sowie Regelschul- und Sonderpädagoginnen und -pädagogen in der Primarstufe gleichermaßen „in die Pflicht genommen", entwicklungsverzögerte und -gefährdete Kinder schulvorbereitend zu fördern.

---

[4] vgl.: Bleidick, U. (1994). Informationen über die Sonderpädagogische Förderung in der Bundesrepublik Deutschland. Allgemeine Übersicht: Begriffe, Bereiche, Perspektiven. In: Zeitschrift für Heilpädagogik, 45 (1994) 10, S. 653.

Immer noch gibt es in Deutschland im Rahmen der Frühförderung außerordentlich wenig Ansätze und Modelle, die einer familialen Deprivation entgegenwirken[5]. Aber gerade diese schichten- und gruppenspezifische Erscheinung muss für das Frühfördersystem als Ganzes zu einer aktuellen Aufgabe werden, auf die regional differenziert zu reagieren ist. Dazu benötigen wir ganz sicher keine neuen Paradigmen. Vielmehr geht es nach meiner Auffassung um eine kritische Analyse und Bewertung vorhandener Konzepte und Modelle mit dem Ziel, den konstruktiven Dialog und die Zusammenarbeit zwischen abgegrenzten Struktureinheiten und Zuständigkeiten systematisch voranzutreiben.

In diesem Zusammenhang darf ich die Hoffnung aussprechen, dass der Tagungsband einen Beitrag zur Verringerung von Lern- und Schulversagen leistet und damit der weiteren Ausprägung von Lernbehinderungen entgegenwirkt.

Die vorliegende Publikation wendet sich in erster Linie an Pädagoginnen und Pädagogen aus dem Bereich der Vorschule und Schule. Ebenso ist aber auch an Studierende der Pädagogik und Sonderpädagogik, an Psychologen, Sozialpädagogen, an Mediziner und Eltern gedacht – überhaupt an Personen, die an Fragen und Problemen der Frühförderung interessiert sind.

Diese Schrift wäre ohne die Hilfe von Frau Ines Behnke nicht zustande gekommen. Ihr gilt mein besonderer Dank, weil sie mich einerseits kompetent und zuverlässig bei der Vorbereitung der Arbeitsstagung unterstützt hat und andererseits souverän und sorgfältig eine Reihe von Problemen bei der technischen Gestaltung dieser Publikation gelöst hat.

Gerda Siepmann   Potsdam, Februar 2000

---

[5] vgl.: Klein, G. (1996). Frühförderung – Arbeit mit den Eltern. In: Siepmann, G. und Salzberg-Ludwig, K. (Hrsg.). Gegenwärtige und zukünftige Aufgaben in der Lernbehindertenpädagogik. Potsdam: AVZ-Hausdruckerei der Universität Potsdam, S. 160.

Detlef Diskowski

Initiativen, Stand und Vorhaben zur Frühförderung im Land Brandenburg

Das Ministerium für Bildung, Jugend und Sport ist von der Universität Potsdam gebeten worden, diese Arbeitstagung zu unterstützen - und wir haben das gern getan. Dabei waren zwei Gründe vorrangig:

Das Anliegen der Hochschule, hier des Instituts für Sonderpädagogik und insbesondere Frau Prof. Dr. Siepmann, erschien mir ein guter Anlass, den fachlichen Austausch von Hochschule und Landesregierung zu verbessern. Ich glaube, dass beide Seiten in ihrer Arbeit bereichert werden, wenn Kenntnisse aus Forschung und Lehre in Fachpolitik einfließen und wenn Sichtweisen und Vorhaben der Fachressorts für die Arbeit der Hochschulen zur Verfügung stehen.

Neben diesem Wunsch, den fachlichen, politischen Austausch zu verbessern, war natürlich das Thema dieser Tagung für die zuständigen Fachressorts des Ministeriums für Bildung, Jugend und Sport und des Ministeriums für Arbeit, Soziales, Gesundheit und Frauen in mehrfacher Hinsicht von Bedeutung. Den Bereichen, die hier angesprochen werden, galt schon in der Vergangenheit und auch in der Gegenwart unsere Aufmerksamkeit und Sorge - trotzdem bleibt festzustellen, dass hier keineswegs alles zum Besten bestellt ist. Vielmehr sehe ich durchaus Entwicklungs- und Verbesserungsbedarf. Auf welchen Wegen und mit welchen Mitteln diese Verbesserungen zu erreichen sind, bedarf der Diskussion, und hierzu erwarte ich von dieser Arbeitstagung wichtige Anregungen.

In meinen Eingangsworten wird die Sicht auf das allgemeine System der Kindertagesbetreuung - als das Fördersystem, das sich allen Kindern zu widmen hat - im Mittelpunkt stehen.

Im Ziel gibt es, so scheint mir, unter den Teilnehmern dieser Veranstaltung keinen Dissens: Die Qualität der frühen Förderung der Kinder ist nicht zufriedenstellend. Die Klagen über die zu späte Aufmerksamkeit für Entwicklungsbeeinträchtigungen, über mangelhafte Schulvorbereitung, den schlechten allgemeinen Gesundheitszustand spitzen vielleicht jeweils aus der speziellen Sicht Problemlagen zu - grundsätzlich sind sie nicht unberechtigt und geben zu Sorgen Anlass. Greift man als einen Indikator für den Veränderungsbedarf den Anteil der Schulrücksteller heraus, so muss man feststellen, dass dieser Anteil seit Jahren ansteigt und nunmehr bei fast 9 % der schulpflichtigen Kinder liegt. Selbst wenn keineswegs alle diese Kinder wirkliche Entwicklungsbeeinträchtigungen haben und selbst wenn

Brandenburg hier nur einen Mittelplatz im bundesdeutschen Vergleich einnimmt - solche Zahlen können nicht zufriedenstellen. Die Klagen über die Unzulänglichkeiten kommen aus sehr verschiedenen Richtungen und es werden jeweils die Einrichtung zusätzlicher und neuer Einrichtungen und Dienste gefordert, um den Problemen abzuhelfen. Diese Breite und Verschiedenartigkeit machen zum einen die Dringlichkeit des Problems deutlich; gleichzeitig aber wird hierdurch klar, dass die Lösung nicht in der Schaffung jeweils spezialisierter Einrichtungen und Dienste liegen kann, in denen die Kinder - je nach diagnostizierter Auffälligkeit - speziell behandelt werden. Während also über das Ziel Einigkeit besteht, brauchen wir eine kritische Diskussion der **Wege** der Veränderung.

Mit der Absage an Spezialeinrichtungen und -dienste spreche ich gleich zu Beginn einen der auch in dem Teilnehmerkreis dieser Tagung umstrittensten Punkte an: Ich bin grundsätzlich der Auffassung, dass es gilt, die Regeleinrichtungen zu stärken und zu verbessern, die Bedingungen des Aufwachsens für **alle Kinder** möglichst so zu gestalten, dass Spezialbehandlung und gesonderte Einrichtungen die absolute Ausnahme bleiben.

Hierfür gibt es eine Reihe von Gründen: Dabei möchte ich an dieser Stelle nicht einmal das ethische Argument der Förderung der Teilhabe des Kindes am Leben der Gemeinschaft bemühen. Diese Diskussion ist unter den Schlagworten „Integration vs. Segregation" vielfach geführt worden.
Ich möchte vielmehr pragmatische Gründe anführen: Erfahrungen aus vielfältigen Zusammenhängen belegen, dass das Vorhandensein von Spezialeinrichtungen dazu führt, dass die Diagnosen und Behandlungsvorschläge zunehmen, die dem Spezialzweck der Einrichtung entsprechen. Diese Einrichtungen und Dienste sind immer auch weitgehend ausgelastet - und trotzdem nimmt in den Regeleinrichtungen das Ausmaß an Auffälligen keineswegs ab. (Ein Beispiel ist die Ausweitung ambulanter erzieherischer Hilfen, die keineswegs zum Rückgang von Heimplätzen führt. Aus dem medizinischen Bereich sind ähnliche Phänomene bekannt, wenn man bemerken muss, dass die Diagnosen in hohem Maß von den fachlichen Schwerpunkten der Diagnostiker bestimmt werden.)

Kinder erhalten die vorhandene Unterstützung - nicht unbedingt die erforderliche. Das ist nicht nur teuer, sondern auch ineffektiv.

Die Gründe für dieses Phänomen sind einfach und allzu menschlich: Alle Fachleute neigen dazu, erkannte Probleme mit den ihnen zur Verfügung stehenden und ihnen bekannten Mitteln lösen zu wollen. Wenn das Vorhandensein einer urologischen Praxis in einem Gebiet dazu führt, dass dort die Häufigkeit urologischer Erkrankungen zunimmt, lässt sich daraus eben nicht ablesen, dass die entsprechende Krankheitszunahme dramatisch ist. Auch die gegenteilige Annahme ist unbegründet, nur muss man genauer hinsehen. Jede Profession mag sich die Fragen nach der eigenen Einäugigkeit selbst stellen - anzutreffen ist sie überall und wohl niemand ist davon ausgenommen. Die Einsicht und das Bemühen, Verbesserungen zu bewirken und daran mitzutun, ist verdienstvoll und nicht zu ironisieren - nur es kann nicht Maßstab der Strukturierung von Landespolitik sein.

Ich nehme einmal als Beispiel für die Forderungen nach speziellen Fördereinrichtungen die Vorklasse, die auch hier in dieser Tagung offenbar als Mittel für die Lösung verschiedenster Problemlagen gilt. Setzte man diese Forderung tatsächlich um, wäre m.E. auch nichts gebessert: Eltern, die um die spätere Studierfähigkeit ihrer Kinder bangen oder die nur befürchten, dass ihre Kinder im Konkurrenzkampf des Lebens von hinteren Plätzen starten, wollen ein Jahr vor der Schule eine spezielle Vorbereitung. Und wie das bei der Konkurrenz so ist, wenn alle rennen, muss jeder mitrennen, weil er sonst wirklich zurückbleibt. Alle Kinder, die an den Lernerfolgen interessierte Eltern haben, werden also in Vorschulen landen.

Daneben fragen sich Pädagogen und Mediziner bei möglichen Zurückstellungen vom Schulbesuch, ob denn eine schlichte Verlängerung der Verweildauer im Kindergarten tatsächlich zur Schulreife im nächsten Jahr führen wird und aus dieser Skepsis fordern sie die Vorschule für die schwächeren Kinder. In einer solchen Einrichtung sollen sie gezielt intellektuell und sozial auf die Schule vorbereitet werden.
Im Ergebnis hätte man auch diese Kinder in der Vorschule und damit sind also wieder fast alle Kinder zusammen in der gleichen Einrichtung, nur heißt sie jetzt nicht mehr Kindergarten, sondern Vorschule und in wenigen Jahren werden die am Kindergarten diskutierten Defizite der Vorschule angekreidet! Oder ist die angestrebte Perspektive, dass getrennte Vorklassen für die Schlauen und Schulkindergärten für die Dummen geschaffen werden? Ist das Ziel eine Leistungsdifferenzierung vor der Schule statt nach der 4. oder 6. Klasse?
Ich bin also gegen die Einführung von Vorklassen und ausdrücklich für eine Qualifizierung der Kindertagesstätte!

Nun reicht es nach meiner Meinung nicht, gegen etwas zu sein, Vorschläge zu kritisieren und anschließend die Hände in den Schoß zu legen. Es ist, wie schon gesagt, keineswegs alles zum Besten. Das allgemeine System der Tagesbetreuung und die unterstützenden Systeme ambulanter und teilstationärer Hilfen, Beratungsstellen, Ärzte und Therapeuten ist keineswegs zufriedenstellend und funktionsfähig.

Da ich zuerst mal vor der eigenen Tür kehren will, will ich kurz die Probleme im Bereich der vorschulischen Regeleinrichtungen benennen – und, soweit mir das möglich ist, Ansätze der Verbesserung andeuten:
- Die enge Personalausstattung und die schlechte Personalstruktur (z.b. Durchschnittsalter) erschweren die frühe Förderung aller Kinder außerordentlich. Daher müssen wir zukünftig der Betreuungsqualität (womöglich auch zu Lasten der Quantität) Vorrang einräumen. Eine solche Umsteuerung ist unpopulär und es wird sich zeigen, ob die hierfür notwendigen Mehrheiten zustande kommen.
- Wir haben (nicht nur in Brandenburg) m.E. ein Defizit hinsichtlich der Bestimmung und Ausfüllung des Bildungsauftrages der Kindertagesstätte. Zwischen einer belehrenden Befähigungspädagogik und einer laissez-faire Beliebigkeitpädagogik klafft eine konzeptionelle Lücke; an dieser Leerstelle hat aber auch die Schule Denkbedarf, denn der einfache Verweis (der sich auch im Kita-Gesetz findet) auf das spielerische Lernen deutet ja nur an und erklärt nichts. Das MBJS hat deshalb ein Projekt zum Bildungsauftrag der Kindertagesstätte initiiert, das vom Bund maßgeblich bezuschusst wird und das wir zusammen mit Schleswig-Holstein und Sachsen durchführen.
- Die Aufmerksamkeit für Entwicklungsbeeinträchtigen muss verbessert werden; deshalb haben wir die Entwicklung eines Beobachtungsinstrumentes für die Erzieherin in Auftrag gegeben. Ich spare mir hier weitere Ausführungen und verweise auf den Beitrag von H.J. Laewen, der ihnen hier kompetenter Auskunft geben kann.
- Der Übergang vom Kindergarten in die Schule ist zu verbessern hinsichtlich der Klärung der gegenseitigen Erwartungen und Möglichkeiten und hinsichtlich der Kooperation. Wir haben zur Orientierung der Fachkräfte und auch der Eltern einen „Grundsatz für die pädagogische Arbeit" entwickelt und ihn den Trägerverbänden zugesandt mit der Bitte, diesen Grundsatz durch eine Vereinbarung zu einer verbindlichen Handlungsgrundlage zu machen.
- Die Kooperation von Fachkräften der Frühförderung mit den Einrichtungen muss verbessert werden. Ich bin daher - ungeachtet mancher Differenzen - über das Engagement und die Initiativen, die z.B. aus den Frühförder- und Beratungsstellen kommen, sehr dankbar.

All dies soll die Regeleinrichtung stärken, soll die Bedingungen des Aufwachsens für alle Kinder verbessern - und erst wenn die Möglichkeiten von Regeleinrichtungen erschöpft sind, sollen Maßnahmen der Eingliederungshilfe oder Hilfen zur Erziehung unterstützen, kompensieren und notfalls - als letztes Mittel - ersetzen. Das Instrumentarium dieser Hilfen reicht von den Sondereinrichtungen über teilstationäre bis zu ambulanten und mobilen Diensten. Die Rolle der Frühförder- und Beratungsstellen werde ich an dieser Stelle aus eben genannten Gründen nicht ausführen und auch auf die Bedeutung der Sozialpädiatrischen Zentren, die ein wichtiges und funktionierendes Element der Basisversorgung sind, will ich hier nicht eingehen, da ich denke, dass weniger Interesse daran besteht, eine Übersicht des Bestehenden zu erhalten, als vielmehr eine Einschätzung der Problemzonen und Aussagen zu den Perspektiven.

Nun möchte ich einige Probleme ansprechen, an deren Lösung andere Berufsgruppen und andere Institutionen mitwirken können:
Die rechtzeitige Früherkennung von Entwicklungsbeeinträchtigungen kann und soll in der Kita erfolgen, unter Mitwirkung vieler anderer. Wenn Erzieherinnen kompetenter gemacht werden sollen, solche Beeinträchtigungen zu erkennen, ist das keine Diagnostik und es macht kompetente Diagnostiker nicht überflüssig. Ängste um die eigenen Arbeits- und Verdienstmöglichen sind jedenfalls hieraus nicht berechtigt. Vielmehr muss die Verbesserung der Früherkennung durch die Kita-Erzieherinnen einher gehen mit einer Sicherstellung und Verbesserung der jährlichen Reihenuntersuchungen der Gesundheitsämter in den Kindertagesstätten und den diagnostischen und heilpädagogischen Kompetenzen der Frühförder- und Beratungsstellen.

Ein Problem stellt die mangelhafte Inanspruchnahme der Vorsorgeuntersuchungen bei niedergelassenen Ärzten dar. Gerade bei Risikogruppen gibt es eine bedauernswerte Vernachlässigung dieser Möglichkeiten, wie offensichtlich Hürden der Inanspruchnahme bei allen helfenden Diensten bestehen. Beeinträchtigungen und Defizite werden auch daher zu spät erkannt und damit die wesentlichen Möglichkeiten der Besserung, Linderung oder Heilung vernachlässigt. (Gerade diese tatsächlichen Zugangsbarrieren machen die Bedeutung der Früherkennung im Rahmen der Kindertagesstätten deutlich, wo schließlich weit über 90 % aller Kinder anzutreffen sind. Dieser Rahmen muss auch genutzt werden.)

Zugangsbarrieren gibt es auch an anderen Stellen, denn nach wie vor erscheint hilfesuchenden Eltern (und auch beteiligten Fachleuten) das Hilfesystem undurchschaubar und getroffene Entscheidungen nicht nachvollziehbar und willkürlich. Das hat m.E. eine ganze Reihe von Ursachen:
- Es gibt verschiedene und nicht immer klar voneinander getrennte Zuständigkeits- und Regelungsbereiche: von der Sozialhilfe, über die Jugendhilfe, dem Schul- zum Gesundheitsbereich. Dass in verschiedenen Bereichen die Belange der förderungsbedürftigen Kinder geregelt werden, ist einerseits ein Positivum - spricht es doch dafür, dass sie in erster Linie als Kinder gesehen werden und erst in zweiter Linie ihre Förderungsbedürftigkeit; drückt es doch auch aus, dass alle Lebensbereiche die Frage zu klären haben, wie sie die Belange förderungsbedürftiger Kinder berücksichtigen.
Andererseits birgt es aber zweifellos die Gefahr der Unübersichtlichkeit und auch des Abschiebens von Problemen auf die Zuständigkeitsschleife. Zwar gibt

es gesetzliche Regelungen, die die erste von einem hilfesuchenden Bürger angesprochene Stelle zur Bearbeitung und zur Hilfeleistung verpflichten und ihr auferlegt, erst anschließend die Zuständigkeits- und Finanzierungsfragen abzuklären - allerdings wird diese Verpflichtung wohl nicht immer erfüllt.

- Ein zweiter Grund für die Unübersichtlichkeit des Hilfesystems liegt in der Philosophie dieser Leistungsgesetze begründet, die den einzelnen hilfebedürftigen Menschen in den Mittelpunkt stellt und die spezielle, auf den Einzelfall bezogene Hilfe fordert. Ich glaube diese Philosophie ist richtig; es muss die Hilfe erbracht werden, die im Einzelfall notwendig ist - nicht die Hilfe, die vorhanden ist.
Die Leistungen stellen ab auf die Ursachen der Behinderung, der Bedürftigkeit - nicht auf das Erscheinungsbild. Denn nicht alle, die aus irgendwelchen Gründen eine „Lernbehinderung" haben, sind angemessen in einer gemeinsamen Einrichtung zu fördern - vielmehr sind im Einzelfall die Ursachen zu erforschen und als Ausgangspunkt für die Unterstützung zu nehmen.
Das ist kompliziert und stellt hohe Erwartungen an die Verwalter dieser Hilfen; einfach und überschaubar ist das System nicht. Wenn dann die Verwalter der Hilfen das System selbst nicht durchschauen oder pauschale Maßnahmen den individualisierten Hilfen vorziehen, wird es für Hilfesuchende fast aussichtslos.

- Ich möchte einen dritten Grund ansprechen, der sich aus einer Verkennung der Gesetzeslage und aus einer zentralstaatlichen Perspektive auf Hilfeleistung ergibt:
Die ambulanten Maßnahmen der Behindertenhilfe, für die die örtlichen Sozialämter zuständig sind, treten immer noch zurück hinter den teilstationären, deren Kosten vom überörtlichen Träger der Sozialhilfe übernommen werden. Die Möglichkeit für die örtliche Leistungsstelle (die immer zuerst angesprochen wird) auf diesem Weg Kosten von der kommunalen auf die Landesseite zu verschieben, führt zu einer Vernachlässigung oft der kostengünstigeren, wohnort- und lebensraumnäheren Hilfen. Eine unglückliche Konstruktion der gesetzlichen Regelungen zur Kostenübernahme geht an dieser Stelle eine unheilvolle Allianz ein mit einer grundsätzlichen Haltung, alles Gute und Böse von „Oben" zu erwarten.

- Der vierte Grund für die Unübersichtlichkeit ist letztendlich die Aufteilung der Zuständigkeit der Eingliederungshilfe für Kinder mit Behinderungen auf die Jugendhilfe und Sozialhilfe, die in der Vielzahl der nur unsicher diagnostizierbaren Fälle zu Zuständigkeitsproblemen führen. In der Tat, das wissen viele von Ihnen besser als ich, ist die Abgrenzung eines Erziehungshilfebedarfs (oder auch einer seelischen Behinderung - womit ich gleich noch ein weiteres Abgrenzungsproblem anreiße) von einer geistigen Behinderung auch für Fachleute ausgesprochen schwierig. Diese Abgrenzung ist aber ausschlaggebend dafür, ob Leistungen nach dem BSHG oder dem KJHG gewährt werden. Eigentlich bestanden bei der Neuordnung der Kinder- und Jugendhilfe im KJHG starke Bestrebungen, die gesamte Zuständigkeit auch für die Förderung von Kindern mit Behinderungen dem KJHG zuzuordnen - leider ist es bei dem etwas unglücklichen Kompromiss geblieben, dies nur für die seelischen Behinderungen im § 35a vorzunehmen - mit der Folge von Grauzonen, Überschneidungen und Zuständigkeitsverschiebungen.

Welche Lösungen sind denkbar?

Die ersten beiden Ursachenbündel sind vorrangig auf der Ebene des Gesetzesvollzuges und des Verwaltungshandelns zu verändern: Die handelnden Hilfeverwalter müssen ihre Perspektive, ihr Selbstverständnis überprüfen indem sie sich als Dienstleister begreifen und obrigkeitsstaatliche Attitüden abbauen. Darüber hinaus ist die Rechtskenntnis bei Bürgern und bei Verwaltungsmitarbeitern zu stärken.
Der dritte und der vierte Grund sind in einer unglücklichen Gesetzeskonstruktion begründet, die durch eine unzureichende Verwaltungskooperation zumindest nicht gemildert wird - oder zugespitzt gesagt „ausgenutzt wird". Bundesrechtlich muss m.E. die nicht zufriedenstellende Teilung der Eingliederungshilfe auf die Jugendhilfe und die Sozialhilfe aufgegeben werden. Hinsichtlich der Zuständigkeitssplittung zwischen überörtllicher und örtlicher Ebene ist bundes- wie landesgesetzlich der Weg zu kostensparenden und sachgerechte Finanzierungsregelungen freizumachen.

Leider lassen nach wie vor eher sich zahlreiche Mängel im System der Frühförderung beschreiben und Entwicklungsnotwendigkeiten in den Mittelpunkt rücken.
Es wäre auch möglich gewesen, das Positive zu beschreiben: Das Bemühen so vieler Fachleute, das Engagement betroffener oder interessierter Bürger, die innovativen Ansätze im Land, die gelingende Kooperation und die klientenzentrierte und unterstützende Haltung vieler Hilfeverwalter. Alles dies gibt es auch und es ist mindestens ebenso der Erwähnung wert wie die Probleme.
M.E. entspricht die Diskussion der o.g. Probleme eher dem Anliegen der Tagung. Ich persönlich glaube, die Auseinandersetzungen zwischen den verschiedenen Fachleuten, zwischen den an unterschiedlicher Stelle zuständigen Menschen könnte direkter, auch ruhig kontroverser, verlaufen. Allerdings würde es der Sache dienen, wenn alle im Bewusstsein ihrer eigenen Schwächen und unzureichenden Mittel diskutierten - und wenn zukünftig Rechts- und Zuständigkeitsgrenzen aufhörten, Kommunikations- und Denkgrenzen zu sein.

Daher freue ich mich, dass es Ihnen gelungen ist diese Veranstaltung zu organisieren und dass so viele auch unterschiedliche Professionen vertreten sind. Damit tragen alle Beteiligten dazu bei, das noch längst nicht zufrieden stellende System der Frühförderung weiterzuentwickeln. In diesem Sinne wünsche ich Ihnen konstruktive, nachdenklich machende, streitbare und versöhnliche zwei Tage.

Gerda Siepmann

Belastungsfaktoren lernbehinderter Schülerinnen und Schüler im Land Brandenburg und Schlussfolgerungen für eine vorschulische Förderung

Einleitende Bemerkung

Ob sie nun Schwachsinnige, Hilfsschüler, Debile, schulbildungsfähige intellektuell Geschädigte oder Lernbehinderte genannt wurden, immer waren sie mit Abstand die zahlenmäßig größte Gruppe der Behinderten. Zugleich waren und sind sie immer noch die umstrittenste, stets mit einem gesellschaftlichen Makel behaftete Teilgruppe, zu der man eher Distanz hält, denn ihre Nähe sucht.

„Das, was wir mit dem Arbeitsbegriff 'Lernbehinderung' bezeichnen, ist weder ein spezifisches psychologisches, medizinisches soziologisches oder sonst einzelwissenschaftliches Syndrom noch ein bestimmter ursächlicher Faktor oder Defektzustand, sondern bezeichnet ein Verhaltens- und Leistungsbild" (Kanter 1998, S. 15), das im Regelschulsystem eine intensive Störgröße darstellt.
Dafür gibt es historische Wurzeln:
- Bereits die ersten Versuche zur Entwicklung von Hilfsschulen sind am Leistungsprinzip orientiert. Die sogenannten Hilfsschüler wurden vor allem ihrer unzureichenden Schul- und Lernleistung wegen von den Volksschülern getrennt. Im schulischen Konkurrenz- und Wettbewerbssystem konnten sie nicht bestehen und waren für ihre leistungsstärkeren Mitschüler eine Belastung. Infolgedessen wurden sie ausgesondert. Hierin dokumentiert sich deutliches Versagen der Allgemeinen Pädagogik und der Volksschule. Weil das so war, kam es zu einer „besonderen" Beschulung.
- Anfang des 20. Jahrhunderts erschien die erste systematische Hilfsschulpädagogik und -didaktik von Arno Fuchs, die sogenannte klassische Konzeption auf der Grundlage der Schwachsinnstheorie. Diese Konzeption hat als Standardwerk ganze Generationen von Hilfsschullehrern geprägt.
- In den alten Bundesländern entstanden in den 60er Jahren didaktische Alternativen. Willand (1984) interpretiert und wichtet sie in seiner Schrift „Didaktische Konzeptionen der Lernbehindertenpädagogik" aus der Sicht eindimensionaler und mehrdimensionaler didaktischer Entwürfe.
In diesen Theorieangeboten findet sich die „didaktische Konzeption der Leistungsschule" von Wilhelm Hofmann. Hofmann unterscheidet den Hilfsschüler nicht grundsätzlich vom Normalschüler. Er hebt vor allem „seine andersartige Einstellung, seine andersartige Haltung dem Lernvorgang gegenüber" hervor (ebd., S. 73). Deshalb sieht Hofmann in einem Unterricht, der das qualitativ berücksichtigt, eine große Entwicklungschance für die

Schüler. Hofmann setzt die Behinderung der Kinder nicht „absolut", „sondern durch Unterricht relativiert". Er erwartet – orientiert am Leistungsbegriff – „ein beachtliches Maß an Bildungsfähigkeit" (ebd., S. 77) und spricht das Problem der Zurückschulung an.
Leider benutzt Hofmann seinen didaktischen Ansatz und seine kritischen Anmerkungen nicht zu einer Veränderung bestehender Volksschulverhältnisse, sondern plädiert für die Aussonderung lernschwacher Kinder.
- In den neuen Bundesländern wurde im Zeitraum ihrer DDR-Geschichte in der damaligen Hilfsschulpädagogik das Leistungsprinzip Anfang der 70er Jahre akut. Indem man die Abteilungen I und II einrichtete, wurde die Hilfsschule Leistungsschule. Auch für sich gut entwickelnde Schülerinnen und Schüler war es leider nahezu unmöglich, in die Allgemeine Schule (damals: Polytechnische Oberschule) zurückgeschult zu werden (vgl. Siepmann 1996).

Daten zur Lernbehinderung aus einer empirischen Studie

In der Schulstatistik des Landes Brandenburg sind im Schuljahr 1997/98 insgesamt 20.183 Schülerinnen und Schüler mit sonderpädagogischem Förderbedarf registriert. Davon entfallen allein auf die Gruppe der Lernbehinderten 13.529, das sind 67,03 %; im Bundesdurchschnitt sind es 61 %. Der deutlichen Überrepräsentation der Gruppe der Lernbehinderten in der Gesamtheit aller Behinderten steht eine nicht zu übersehende Unschärfe, Ungenauigkeit, vielleicht sogar Rat- und Hilflosigkeit in der Kennzeichnung einer Lernbehinderung gegenüber. Definiert wird vielfach: Lernbehinderung ist ein Schulleistungsversagen, das - bezogen auf curriculare Normen - umfänglich, langandauernd und schwerwiegend ist und in Verbindung mit einer Intelligenzschwäche und retardiertem Sozialverhalten auftreten kann. Die Ätiogenese des Schulleistungsversagens ist multifaktoriell. Es ist nicht mit Sicherheit zu sagen, welche Bedingungen zum Lern- und Schulleistungsversagen führen. Daraus folgt: Lernbehinderung ist ein theoretisches Konstrukt, das immer in Abhängigkeit zu den schulischen Anforderungen der Regelschule definiert wird.
Lernbehinderten Schülerinnen und Schülern werden im Land Brandenburg grundsätzlich zwei schulische Formen der sonderpädagogischen Förderung angeboten. Zum einen können sie in Allgemeinen Förderschulen und zum anderen integrativ mit Nichtbehinderten unterrichtet werden. Ausdrücklicher Tenor im Brandenburgischen Schulgesetz liegt auf dem gemeinsamen Unterricht von behinderten und nichtbehinderten Schülerinnen und Schülern. Quantitativ drückt sich das so aus: Während im Bundesdurchschnitt die Integrationsquote ca. 4 % beträgt, liegt sie im Land Brandenburg bei 14,61 % (Sozialberichterstattung 1999). Zur besseren Einordnung noch ein paar Zahlen zum Vergleich: Während bei den Verhaltensgestörten 52,43 %, bei den Sprachbehinderten 38,47 % integrativ beschult werden,

sind es bei den Lernbehinderten nur 9,35 % (ebd). Die absolute Mehrheit besucht also die Allgemeine Förderschule, wie die Schulen für Lernbehinderte in Brandenburg heißen.
Im Land gibt es 64 Allgemeine Förderschulen, die flächendeckend vorhanden sind und der Nahversorgung der hohen Anzahl lernbehinderter Schülerinnen und Schüler dienen.

Mit Genehmigung des Ministeriums für Bildung, Jugend und Sport (MBJS) führten wir in der Fachrichtung Lernbehindertenpädagogik am Institut für Sonderpädagogik der Universität Potsdam 1996/97 eine Untersuchung zur Zielgruppe der Lernbehinderten im Land Brandenburg durch. Von den 64 Allgemeinen Förderschulen wurden 17 in unsere Untersuchung einbezogen. Auswahlkriterien waren dabei eine möglichst gute Ausgewogenheit zwischen ländlichen und städtischen Einzugsgebieten sowie eine repräsentative territoriale Streuung. Das Datenmaterial wurde mittels Fragebögen erhoben, die wir für Schüler der Klassenstufe 5 bis 9, deren Eltern und Lehrer entwickelten.

Auswertbare Daten erhielten wir von 16 der ausgewählten Schulen mit einer Beteiligung von
- n = 1.382 Schülern von insgesamt 2.272 - das sind 60,8 %
- n = 1.344 Eltern   von insgesamt 2.272 - das sind 59,2 %
- n =   175 Lehrern   von insgesamt   200 - das sind 87,5 %

Das Ziel der Untersuchung bestand darin, Fakten zu den konkreten
- Lebensverhältnissen,
- Entwicklungsbedingungen und
- Lebens- und Lernerfahrungen

sogenannter lernbehinderter Schülerinnen und Schüler zu erfassen, zu analysieren und theoretisch zu reflektieren.

Die Rahmenhypothese der Untersuchung lautet:
Es ist davon auszugehen, dass ein Großteil der lernbehinderten Schülerinnen und Schüler mit erschwerten Lebens- und Lernbedingungen konfrontiert ist. Erschwerte Lebens- bzw. Sozialisationsbedingungen zeigen sich u. a. in einer relativ hohen Anzahl spezifischer Familienstressoren, die wir Belastungsfaktoren nennen, z. B.:
- missliche materielle und finanzielle Bedingungen in der Familie
- Arbeitslosigkeit der Eltern
- Probleme in der
  - Eltern - Kind - Beziehung
  - familialen Kommunikation
- schulische Probleme bei Geschwisterkindern

Erschwerte Lernbedingungen äußern sich z. B. in
- emotional-motivationalen Problemen des Kindes
- psychischen Auffälligkeiten des Kindes
- speziell kognitiven Auffälligkeiten
- Auffälligkeiten im Sozialverhalten

Wie bereits erwähnt, wurde die Untersuchung mit Hilfe von Fragebögen durchgeführt, die vor allem als Erkundungsinstrument dienten. An alle drei Personengruppen wurden im wesentlichen geschlossene Fragen gerichtet. Die Inhalte der Fragen und Schwerpunkte waren aus den Belastungsfaktoren abgeleitet, also mit der Rahmenhypothese verbunden.

Der Fragebogen für die Schülerinnen und Schüler der Klassen 5 bis 9 umfasste insgesamt 12 Fragen und richtete sich auf die Bereiche
- Schule/Unterricht (Lernfreude, Lerninteressen)
- Freizeit (Spielpartner und Freunde, Lieblingsbeschäftigung, Aufenthaltsorte u.a.)
- Familie (Pflichten, Hilfe bei Hausaufgaben, Kommunikation, Freizeitgestaltung).

Der Fragebogen für die Eltern richtete sich auf die Schwerpunkte
- Angaben zum Kind
- Betreuung des Kindes
- Freizeit
- Aussagen zur Schule/zur Zusammenarbeit mit der Schule
- Angaben zur eigenen Person (wie: Einkommen, finanzielle Unterstützung, Schulbildung, Berufsausbildung, Erwerbstätigkeit)
- Wünsche, Bedürfnisse

Der Lehrerfragebogen wurde von den Klassenlehrerinnen und Klassenlehrern der an der Untersuchung beteiligten Schüler beantwortet. Er umfasste die Schwerpunkte
- Angaben zur Schülerin, zum Schüler (Leistungs- und Sozialverhalten, Selbstvertrauen, Motivationslage, Gesundheitszustand und Hygiene, Interessengebiete u.a.)
- Zusammenarbeit mit den Eltern
- Hausaufgaben
- Schulunlust, Schulverweigerung
- Angaben zur Ätiologie von Schulversagen/Lernbehinderung.

Wenngleich es sich in allen 3 Fragebögen fast ausschließlich um geschlossene Fragen handelte, beinhalten die Antworten hohe Subjektivitätsgrade. Dieser nicht zu leugnende Fakt ist vor allem beim Elternfragebogen zu kalkulieren. Insofern sind die erreichten Ergebnisse immer auch entsprechend vorsichtig und kritisch zu betrachten.

Einige ausgewählte Ergebnisse:
- Etwa 70 % aller Väter und 75 % aller Mütter der Untersuchungsgruppe haben eine abgeschlossene berufliche Ausbildung. Sowohl bei den Vätern (71,2 %) als auch bei den Müttern (74,2 %) überwiegt sehr deutlich die Facharbeiter- und Teilfacharbeiterausbildung. Im Vergleich dazu ist die Ausbildung durch einen Fachschul- (jetzt Fachhochschul-) oder Hochschulabschluss außerordentlich gering (Väter: 2,1 %; Mütter: 2,9 %).

- Die Vermutung, dass Eltern lernbehinderter Schülerinnen und Schüler zu einem Großteil Arbeiter sind, wurde durch die Untersuchung bestätigt. Bezogen auf den beruflichen Status der Eltern (nicht nur der Väter) gibt es eine relativ hohe Übereinstimmung zu Angaben von Begemann aus dem Jahre 1975. Deutliche Unterschiede zwischen unseren Ergebnissen und den Angaben Begemanns zeigen sich jedoch in der Berufsausbildung. Unsere Untersuchungen bestätigen in gar keiner Weise einen hohen Anteil der Eltern in angelernten oder ungelernten beruflichen Tätigkeiten.
Wesentliche Ursache für dieses Ergebnis waren die beruflichen Ausbildungsmöglichkeiten der Eltern in der DDR.

- Der überwiegende Teil der Eltern absolvierte die Regelschule (damals: Polytechnische Oberschule - POS). Während es bei den Vätern 66,4 % waren, liegen die Mütter mit 77,1 % deutlich darüber.

- Die Arbeitslosenrate beträgt bei den Vätern 24,3 % und bei den Müttern 47,7 %, d. h., etwa die Hälfte der lernbehinderten Schülerinnen und Schüler unserer Stichprobe lebt in Familien, in denen zumindest ein Elternteil arbeitslos ist (Stand 1997). Sehr stark ist zu vermuten, dass die Arbeitslosenquote inzwischen weiter gewachsen ist. Mit Sicherheit ist davon auszugehen, dass Arbeitslosigkeit in den Herkunftsfamilien der sogenannten Lernbehinderten sich als bedeutsame negative Einflussgröße auf die gesamten Sozialisationsbedingungen auswirkt. Denn im Vergleich zu den Lebensbedingungen vor der Wiedervereinigung sind hier für Eltern und Kinder erhebliche Brüche entstanden.

- Zusammenfassend kann für Väter und Mütter festgestellt werden: Je schlechter der Schulabschluss und je geringer das berufliche Bildungsniveau, desto höher ist die Arbeitslosenrate. Dies drückt sich auch in der Wahrnehmung von Umschulungsangeboten aus. Offensichtlich haben Eltern mit niedrigen Schul- und Qualifizierungsabschlüssen weniger Selbstvertrauen und werden auch weniger initiativ.

- Bezogen auf die finanziellen Bedingungen in der Familie meinen 12,7 % der Eltern, ihr Einkommen ist gut bis sehr gut; 36,1 % halten ihr Einkommen für keinesfalls ausreichend; ungefähr 10 % machen dazu keine Angaben. Mehr als 50 % der Eltern beantragen aus den unterschiedlichsten Gründen - zumeist aber sind es Unwissenheit und Schamgefühl - keine finanzielle Unterstützung beim Sozialamt. Auch wenn diese Angaben mit größter Behutsamkeit zu verwenden sind, weil die finanzielle Situation stets relational zu den Bedürfnissen und Wünschen gesehen werden muss, sind sie ein sehr ernst zu nehmendes Indiz in einer Faktorenbündelung, die zu erschwerten Lebens- und Lernumständen bei den betroffenen Schülerinnen und Schülern mehr oder minder umfänglich beiträgt. Vergleicht man diese Ergebnisse mit Daten zur sozialen Lage der Familien im Land Brandenburg - entnommen der Studie zur Gesundheit der Schulanfänger von 1997 - so ist Folgendes festzustellen:

Soziale Lage	Untersuchung: Schulanfänger in Brandenburg (1994)	Untersuchung: Zielgruppe der Lernbehinderten in Brandenburg (1996/97)
hohe	17,9	1,6
mittlere	46,2	24,3
niedrige	8,2	47,7
unbekannt	27,2	26,4

Abb. 1: Aussagen zur sozialen Lage (Angaben in %)

Für die Definition der sozialen Lage dienten folgende Merkmale: Schulbildung der Mutter, Erwerbsform bzw. Berufstätigkeit, Qualifikation, Familienstand (vgl. auch Studie Schulanfänger 1997, S. 16).
In beiden Untersuchungsgruppen ist die unbekannte soziale Lage nahezu gleich und als außerordentlich hoch einzuschätzen. Zu vermuten ist hinter dieser „Unbekannten" eher eine niedrige, denn eine andere soziale Lage. Vor dem Hintergrund dieser Vermutung erhöht sich der Anteil mit einer niedrigen Lebenslage in der Zielgruppe der Lernbehinderten von fast 75 % nahezu dramatisch.

Diesbezüglich sei auf die Untersuchung von Weiß (1982) verwiesen, der den Zusammenhang von Lernbehinderung und Armut thematisiert. Auch die Ergebnisse des langjährigen Hamburger Schulversuchs von 1991 – 1996 zur Integration lernbehinderter, sprachbehinderter und verhaltensgestörter Kinder in die Grundschule weisen nachdrücklich darauf hin, dass gerade die sozialen Unterschiede vielfältige Nachfolgeprobleme schaffen (vgl. Schuck u.a. 1998). Beispielsweise sei auf das Aufeinanderprallen ganz unterschiedlicher Werte, Lebensgewohnheiten und Sprachmuster erinnert.

- Die Auffassung, dass zahlreiche Eltern mit lernbehinderten Kindern ein passives Freizeitverhalten zeigen und dass sie wenig für die „Erweiterung des sozialen Erfahrungsraumes ihrer Kinder sorgen" (Kerkhoff 1979, S. 23), ist mit den Ergebnissen unserer Untersuchungen im Ansatz zu bestätigen. Immerhin aber geben 53,6 % der Eltern an, dass sie mit ihren Kindern gelegentlich gemeinsame Ausflüge unternehmen, auch das gemeinsame Spiel wird als Freizeitaktivität mit 46,0 % genannt. Der qualitative Aspekt ist dabei jedoch nicht einzuschätzen.

- Die Ergebnisse der Untersuchungen verdeutlichen, dass mit steigender Geschwisterzahl der Anteil an weiteren Förderschülern in der Familie zunimmt. Insgesamt war festzustellen, dass von 1.969 Geschwisterkindern 494 Förderschüler waren bzw. sind. Das entspricht einem Viertel aller Geschwisterkinder. Auch dieser Fakt weist ausdrücklich auf andere und erschwerte Sozialisationsbedingungen in den Familien hin. „Nach allen bisher vorliegenden Befunden zur sozialen Herkunft Lernbehinderter scheint die Annahme berechtigt, daß neben den Formen ökonomischer Armut, den vielfältigen Formen sozialer Armut (Isolierung), die unabhängig von ökonomischer Armut auftreten können, ein besonderer Stellenwert ... zukommt" (Thimm/Hinke 1980, S. 601).

So gesehen verbindet sich das Problem der Armut in unserem Kulturkreis mit einer Vielzahl immaterieller Defizite, die in mangelnden Möglichkeiten für eine verantwortliche Lebensgestaltung für sich und andere Familienmitglieder ebenso liegen wie in dem daraus resultierenden Verlust an Selbstwert und Lebenssinn und einem zunehmenden sozialen Abstieg.

Bezogen auf emotional-motivationale Probleme und psychische Auffälligkeiten der Kinder setzten wir verschiedene Items der Fragebögen in Beziehung. Es zeigten sich z. B. folgende Korrelationen:
- Schülerinnen und Schüler, die zu Hause über Probleme reden können, deren Eltern gute Schulkontakte pflegen, haben weniger Schulfrust, eher Freude am Lernen und verfügen über notwendiges Arbeits- bzw. Schulmaterial. Dies ist aber leider keine große Gruppe.

- In der Beliebtheitsskala der Unterrichtsfächer liegt das Fach Mathematik mit 59,3 % relativ weit oben.
  Das Fach Deutsch hingegen nimmt einen unteren Platz ein.
  Das geringe Interesse am Fach Deutsch steht in einem deutlich negativen Zusammenhang zum Leseinteresse. Dies trifft nicht nur für jüngere Schülerinnen und Schüler zu, sondern generell für alle befragten Altersgruppen zwischen 10 und 16 Jahren.

- Auffällig ist, dass sich die Eltern bei der Einschätzung der Interessenlage ihrer Kinder durchweg vom Fernsehen distanzieren.
  Aus Schülersicht stellt sich dieser Fakt ganz anders dar. Bei ihnen folgt nach Sport und Radfahren das Fernsehen. In den anderen Items gibt es hohe Übereinstimmung.
  Es ist nicht auszuschließen, dass bei den Elternangaben zum Fernsehen Gefälligkeiten und/oder eigene Wünsche eine Rolle spielen.

- Den Eltern-Lehrer-Kontakt schätzen die befragten Klassenlehrerinnen und -lehrer mit 35,1 % als regelmäßig ein. 37,6 % der Eltern halten dagegen sehr unregelmäßigen und 27,3 % gar keinen Kontakt. Vergleicht man diese Angaben mit dem eingeschätzten Interesse der Eltern an der Entwicklung ihrer Kinder, so fallen die Ergebnisse noch sehr viel ungünstiger aus: Während sich 20,9 % der Eltern sehr interessiert zeigen, sind 43,3 % kaum oder gar nicht an der Entwicklung ihrer Kinder interessiert.

- Im Gegensatz dazu aber verfügen 57,3 % der Kinder der Stichprobe ganz regelmäßig über vollständiges Arbeitsmaterial, nur 7,3 % fallen diesbezüglich völlig negativ auf und bei 35,4 % zeigt sich Instabilität.

- Ein ausgesprochen gutes Ergebnis gibt es in der Versorgung der Kinder und Jugendlichen mit einem Schulfrühstück. Während 80,7 % ganz regelmäßig von zu Hause versorgt werden, sind lediglich 4,4 % unterversorgt. Sehr stark ist zu vermuten, dass sich in diesen positiven Werten ein deutlich positiver Einfluss durch die Förderschule auf Eltern und Kinder widerspiegelt.

- Diese positiven Werte lassen sich in der Versorgung der Kinder und Jugendlichen mit einer Mittagsmahlzeit leider nicht bestätigen. Während nur 20 % am Schulessen teilnehmen, essen die verbleibenden 80 % der Schüler offensichtlich zu Hause oder gar nicht. Dabei ist der Zeitpunkt und die Qualität der Mittagsmahlzeit außerhalb der Schule nicht einzuschätzen. Ganz sicherlich lassen diese Ergebnisse unterschiedliche Interpretationen zu.

Doch auch mit dem Blick auf verschiedene Deutungsmuster ist eines faktisch: Der Teilnahme am Schulessen werden durch die finanziellen Verhältnisse der Eltern ganz deutliche Grenzen gesetzt.

- Erfreulich aber wiederum ist, dass 69,2 % der Stichprobe nach Aussagen der Lehrpersonen einen gepflegten Gesamteindruck machen. Auch dieses Ergebnis ist mit Sicherheit vom Anregungs- und Schutzraum der Förderschulen beeinflusst.

- Schließlich sei noch auf den Krankenstand der Klientel hingewiesen: Nur 15,1 % sind häufig erkrankt. Dieses Ergebnis steht durchaus in Korrelation mit Literaturangaben zum Krankheitsbild und -bewusstsein von Personen aus sozial unteren Schichten oder Randgruppen. Erwachsene, Kinder und Jugendliche dieser Schichtenspezifik sind entweder massiv erkrankt oder diesbezüglich unauffällig (vgl. Weiß 1982, Hanesch 1995, Gebhardt 1998, Iben 1998).
Ihre Sensibilisierungsschwelle für Vorsorgeuntersuchungen, präventives Verhalten sowie das Registrieren von Krankheitssymptomen, die für die Mittelschicht typisch sind, ist stark herabgesetzt. Diesbezüglich gibt es auch deutliche Übereinstimmungen mit Erfahrungswerten praktisch tätiger Sonderpädagogen an Lernbehinderten- bzw. Allgemeinen Förderschulen.

Überschaut man maßgebliche Literatur unter dem Aspekt der Ätiologie für Lernstörungen und Lernbehinderungen, finden sich Aussagen, die sich im Wesentlichen auf nachfolgende Merkmale zur Herkunftsfamilie reduzieren lassen:
- niedrige berufliche Position und Ausbildung der Eltern
- überdurchschnittliche Kinderzahl
- geringes Einkommen
- beengte Wohnverhältnisse
- Mangel an festen Familienbeziehungen
- Wechsel von Gleichgültigkeit und restriktiver Erziehung
- Mangel an kulturellen Anregungen und emotionale Vernachlässigung in früher Kindheit
- Augenblicksbefangenheit, Mangel an Lebensplanung und Zukunftsorientierung
- niedriges Anspruchsniveau
- unterentwickelte Lern- und Leistungsmotivation
- oft Gleichgültigkeit gegenüber der Schule
- Sprach- und Kommunikationsstil unterer sozialer Schichten
(vgl. Schröder 1990, S. 67ff.)

Viele dieser Merkmale sind durch unsere Untersuchung konkret zu belegen.

Insgesamt bestätigen die Ergebnisse unserer Untersuchung die Annahme, dass Schülerinnen und Schüler an Allgemeinen Förderschulen des Landes Brandenburg weitestgehend in schwierigen Lebens- und Lernsituationen aufwachsen. So gesehen ist ihre Förderung, besser gesagt ihre sonderpädagogische Förderung, als Anspruch auf Benachteiligungsausgleich zu verstehen.

Die nachfolgenden Aussagen stehen als zusammenfassende Bündelung von Hinweisen auf ein erschwertes Leben und Lernen:

- In aller Regel unterscheiden sich die Alltagserfahrungen lernbehinderter Schülerinnen und Schüler sehr deutlich von Mittelschichtnormen und -erfahrungen. Kinder aus sozial benachteiligten Gruppen haben im Verlauf ihrer Persongenese Orientierungs-, Einstellungs-, Sprach- und Handlungsmuster erworben, die sehr häufig mit den schulischen Anforderungen im Widerspruch stehen.

- Die Kombination und Kumulation von misslichen sozio-ökonomischen und sozio-kulturellen Bedingungen in der Familie führen häufig zu massiven psycho-sozialen Belastungen der Kinder, die ihrerseits mit großer Wahrscheinlichkeit Fehl- und Unterentwicklungen auslösen.

Schlussfolgernde Ableitungen für eine vorschulische Förderung

Es dürfte als unstrittig gelten, dass sich aus den Belastungsfaktoren lernbehinderter Schülerinnen und Schüler nicht nur Schlussfolgerungen für eine vorschulische Förderung ergeben. Mit dem Blick auf das Tagungsanliegen ist jedoch eine Eingrenzung voll beabsichtigt. Aus den Ergebnissen unserer Untersuchungen zur Zielgruppe an Allgemeinen Förderschulen des Landes Brandenburg ist abzuleiten, dass lernbehinderte Schülerinnen und Schüler zumeist sehr ungünstige Voraussetzungen für schulisches Lernen mitbringen. Im Vergleich zu Schülern mit gewissen Lernschwierigkeiten ist ihre Lernbasis außerordentlich reduziert, Misserfolg und Lernversagen sind auch in einem noch so differenziert gestalteten Unterricht vorprogrammiert. Genau hier müssten wir durch rechtzeitige frühe Förderung pädagogisch-psychologisch ansetzen. Anders ausgedrückt: Aus der Kind-Umfeld-Analyse einer schwierigen Lebenslage sind die notwendigen Schlüsse für eine Frühförderung von Lernbehinderung bedrohter Kinder zu ziehen. Geschieht dies nicht oder nur halbherzig, ist die noch verbleibende mögliche Chance für eine positive Weichenstellung in der Schullaufbahnentwicklung vertan. Deshalb gehört es zu einer äußerst aktuellen Aufgabe im gesamten Frühfördersystem in Deutschland, sich dieser Tatsache sehr bewusst zu sein und in den einzelnen Bundesländern durch konkrete Maßnahmen rasch zu reagieren.

Im Folgenden möchte ich für das Land Brandenburg auf vier Aspekte orientieren:

- Die Bündelung aller Initiativen und Vorhaben zur Frühförderung im Land Brandenburg ist fortzuschreiben und mit dem Blick auf entwicklungsverzögerte und -auffällige Kinder zu intensivieren (vgl. dazu auch B. Müller in diesem Band). Es geht um die Konzentration von Vorhaben und bestehenden Möglichkeiten in einem flexiblen Fördersystem, das einer Aussonderung in den allgemeinen Schulen begegnet. Dabei sollte auf die Frühförderung im Elementarbereich (3 - 6 Jahre) besonderes Augenmerk gelegt werden. In diesem Bereich kommt es darauf an, gefährdeten und sozial benachteiligten Kindern günstige Startbedingungen für den Schuleintritt zu verschaffen. Eine Reihe von Untersuchungen belegen bereits, dass frühe kindliche Belastungen durch Förderungen im Elementarbereich korrigiert, mindestens aber gemindert werden können (vgl. Bleidick 1994, Klein 1996, Häuser 1997, Hany 1997, Schmutzler 1998). Für das Zusammenführen und Verknüpfen aller an der Frühförderung Beteiligten erscheinen Netzwerke praktikabel. Zusammgeführt werden sollten die medizinischen Kindervorsorgeuntersuchungen (U1 - U9), die Aktivitäten der Gesundheits-, Sozial- und Jugendämter, der Eltern und Schulen. (Für die Stadt Potsdam ist dies bereits angedacht; ich verweise auf die 1. Potsdamer Kindergesundheitskonferenz 1998.) Über funktionstüchtige Netzwerke lassen sich frühe Anzeichen für eine potentielle Lernbehinderung nicht nur rascher erkennen, sondern durch die abgestimmte Vernetzung von verschiedenen Kompetenzen und Verantwortlichkeiten sind adäquate Hilfen schneller möglich. In einem solchen vernetzten Verbund dürfte es z. B. besser möglich sein als bisher, Eltern für die U-Untersuchungen zu sensibilisieren und aufzuklären. Denn leider entspricht es der Realität, dass Vorsorgeuntersuchungen gerade von Eltern potentiell lernbehinderter Schülerinnen und Schüler nicht regelmäßig wahrgenommen werden. Diesen Eltern fehlt es häufig auch an „Beobachtungsfähigkeit" bzw. an „Vergleichsmöglichkeiten" (Schmutzler 1998, S. 275). Vielfach sind sie mit der Erziehung ihrer Kinder völlig überfordert und benötigen dringend Hilfe. Mischen sich diesbezüglich kompetente gesellschaftliche Kräfte im Sinne von Beratung und konkreter Untersützung nicht ein, fallen diese Kinder immer tiefer in eine sehr komplexe physische und psychische Unterversorgung, ihre Entwicklung in Richtung Lernbehinderung ist für viele eine ziemlich sichere Prognose. Deshalb erscheint es dringend notwendig, die im Lande existierenden Frühförderinstitutionen fachlich-personell und materiell so aufzustocken, dass gezielte Hilfe in Problemfamilien möglich wird. Die Überregionale Arbeitsstelle Frühförderung Brandenburg (ISA Oranienburg) hat als Leiteinrichtung hier die lenkend-koordinierende Funktion zu übernehmen. Wichtigstes Ziel muss sein, die im Netzwerk enthaltenen Verantwortlichkeiten und Teilleistungen so aufeinander abzustimmen, dass „vor Ort" auch konkrete Hilfe ankommt. Die ist ganz gewiss in Bezug auf die Wahrnehmung medizinischer Untersuchungen, den Umgang mit Ämtern und Behörden, die sich damit verbindenden Antragstellungen und rechtlichen Beratungen für viele Eltern eine wichtige, möglicherweise die einzige Chance, orientierungs- und handlungsfähiger zu werden. Der hier betriebene personelle und finanzielle Aufwand ist nach dem vorliegenden Wissens- und Erkenntnisstand zur Förderung eine Investition, die sich später vielfach auszahlt. Denn bundesweit sind inzwischen für die Früherkennung und -erfassung „evidente Schädigungen ... weniger problematisch als schwächere Schädigungen des Sinnessystems, Deprivationssyndrome, Sprach-, Lern- [und, G.S.] Denkstörungen ...., von denen vor allem das Schicksal potentiell lernbehinderter Kinder bestimmt ist" (ebd.).

Hinzu kommt, dass durch eine Frühförderung im abgestimmt-aktionsfähigen Netzwerkverbund Zeit zugunsten der betroffenen Eltern und Kinder gespart wird. Denn der Zeitfaktor stellt in der Personengenese eines jeden Kindes, vor allem aber eines entwicklungsgefährdeten, ein bedeutsames Element dar.

Zugleich liegen im Funktionsbereich eines solchen Netzwerkes reale Chancen für eine berufliche Tätigkeit von Absolventinnen und Absolventen der Erziehungswissenschaft mit dem Nebenfach Sonder- bzw. Rehabilitationspädagogik.

Nicht zuletzt haben Netzwerke zur Frühförderung eine größere Lobby als jede einzelne Instanz sie haben kann. Dies ist mittel- und langfristig bei politischen Entscheidungen, die Haushaltsplanungen beeinflussen, nicht unwichtig. Und für Brandenburg wünschte ich mir die Landesverantwortung für die Frühförderung in der Hand **eines** Ministeriums.

- Grundschulen des Landes sollten um Schulvorbereitende Einrichungen (SEV) strukturell und inhaltlich bereichert werden. Wenngleich eine solche Strukturiertheit allen Kindern offen stehen sollte, wäre jedoch vordergründig daran zu denken, entwicklungsgefährdete und entwicklungsverzögerte Kinder, besonders aber solche, die bei den Schuleingangsuntersuchungen durch professionelles Anraten vom Schulbesuch zurückgestellt wurden, hier gezielt zu fördern. Bei diesen Schulrückstellern bzw. verspätet eingeschulten Kindern handelt es sich in aller Regel um eine Gruppe hochgradig gefährdeter Kinder, deren Entwicklung schon zu lange ohne geeignete Förderung verlief, bei denen es bereits einmal zu spät war. Im Land Brandenburg gibt es diesbezüglich eine Tendenz, die wohl ohne Übertreibung als alarmierend zu bezeichnen ist. Denn seit dem Schuljahr 1992/93 ist der Anteil der verspätet eingeschulten Kinder von 4,1 % auf 9,4 % im Schuljahr 1998/99 gestiegen. Einen differenzierten Ein- und Überblick bietet Abbildung 2.

Schulform	1992/93		1993/94		1994/95		Einschulungen 1995/96		1996/97		1997/98		1998/99	
Art der Einschulung	abs.	in %	abs.	in %	abs.	in %	abs.	in %	abs.	in %	abs.	in %	abs.	in %
	1	2	3	4	5	6	7	8	9	10	11	12	13	14
Grundschule														
fristgemäß[1]	28.175	90,66	27.993	92,62	27.854	92,04	26.148	91,05	24.991	91,05	19.780	90,12	13.468	89,89
vorzeitig[2]	1.874	6,03	510	1,69	450	1,49	426	1,48	363	1,32	271	1,23	345	2,30
verspätet[3]	1.028	3,31	1.720	5,69	1.954	6,47	2.145	7,47	2.095	7,63	1.898	8,65	1.169	7,80
insgesamt	31.077	100,00	30.223	100,00	30.258	100,00	28.719	100,00	27.449	100,00	21.949	100,00	14.982	100,00
Gesamtschule														
fristgemäß[1]	4.837	91,71	4.219	91,94	4.010	91,30	3.800	90,76	3.448	91,14	2.677	90,23	1.768	88,93
vorzeitig[2]	317	6,01	94	2,05	78	1,78	55	1,31	62	1,64	44	1,48	49	2,46
verspätet[3]	120	2,28	276	6,01	304	6,92	332	7,93	273	7,22	246	8,29	171	8,60
insgesamt	5.274	100,00	4.589	100,00	4.392	100,00	4.187	100,00	3.783	100,00	2.967	100,00	1.988	100,00
Förderschule														
fristgemäß[1]	420	50,97	362	55,44	410	58,33	373	54,29	321	49,23	324	42,86	193	38,37
vorzeitig[2]	39	4,73	14	2,14	2	0,28	0	0	1	0,15	0	0	0	0
verspätet[3]	365	44,30	277	42,42	279	41,38	314	45,71	330	50,61	432	57,14	310	61,63
insgesamt	824	100,00	653	100,00	691	100,00	687	100,00	652	100,00	756	100,00	503	100,00
alle Schulformen														
fristgemäß[1]	33.432	89,93	32.574	91,85	32.274	91,28	30.321	90,26	28.760	90,20	22.781	88,74	15.429	88,30
vorzeitig[2]	2.230	6,00	618	1,74	530	1,50	481	1,43	426	1,34	315	1,23	394	2,25
verspätet[3]	1.513	4,07	2.273	6,41	2.537	7,22	2.791	8,31	2.698	8,46	2.576	10,03	1.650	9,44
insgesamt	37.175	100,00	35.465	100,00	35.341	100,00	33.593	100,00	31.884	100,00	25.672	100,00	17.473	100,00

Legende:
1) Kinder, die vor dem 1. Juli das 6. Lebensjahr vollendet haben
2) Kinder, die in der Zeit vom 1. Juli bis 31. Dezember das 6. Lebensjahr vollenden
3) Kinder, die bereits früher schulpflichtig geworden sind, und zurückgestellt waren

Abb. 2: Daten zur Einschulung in allgemein bildenden Schulen im Land Brandenburg (vgl. Statistik ... 1999, S. 115)

Angesichts der rasanten quantitativen Zunahme bei den Schulrückstellern erscheinen Sofortmaßnahmen im Sinne schulvorbereitender Dienste unverzichtbar. Dabei ist nicht vordergründig, Schulvorbereitende Einrichtungen unbedingt an Grundschulen bzw. Grundschulteilen anzulagern. Denkbar wäre auch eine Einbindung in die Kindertagesstätten. Wichtig ist einzig und allein, dass Hilfe so schnell wie möglich strukturell und inhaltlich realisiert wird, die Standortfrage ist dabei eher sekundär. Allerdings haben wir in Brandenburg im Rahmen der Schulentwicklungsplanung, die bis zum Jahr 2002 abgeschlossen sein soll, eine gute Chance, Schulprofile auch diesbezüglich neu zu denken. Dringend zu debattieren wäre jedoch, wie mit der Risikogruppe der Schulrücksteller finanziell umzugehen ist. Unstrittig dürfte sein, dass sie sich in hohem Maße aus Kindern zusammensetzt, die aus ökonomisch und kulturell deprivierten Verhältnissen kommen und daher massiv von Lernbehinderung bedroht sind. Deshalb ist eine für die Eltern kostenlose Förderung anzuregen. Damit die betroffenen Kinder von einer solchen Maßnahme auch tatsächlich profitieren, darf ihre Förderung nicht der Beliebigkeit der Eltern überlassen bleiben, sondern sollte per Gesetz verpflichtend geregelt werden. Dies ist nach meiner Auffassung kein unzulässiger Eingriff in den persönlichen Freiheitsraum der Eltern, sondern wohl eher als ein solidarischer Akt der sozial stärke-ren Gruppen gegenüber sozial schwächeren zu werten. Mit dem Blick auf die vorschulische Frühförderung als Ganzes sei an dieser Stelle auf gesicherte wissenschaftliche Erkenntnisse zum Einfluss der vorschulischen Förderung hingewiesen (vgl. Hany a.a.O., S. 391 ff.): Als bestätigt gilt, „daß der Besuch einer vorschulischen Einrichtung positiv mit den späteren Schulleistungen korreliert" (ebd., S. 400). Ergebnisse, speziell aus Untersuchungen mit sozial benachteiligten Kindern, zeigen, dass durch die Förderung „tatsächlich eine Leistungssteigerung in den wichtigsten Schulfächern erzielt werden [konnte, G.S.]. Allerdings war dazu eine mehrjährige Förderung nötig, die mit Schulbeginn nicht enden durfte, sondern weit in die Grundschule hinein fortgeführt werden mußte". Es wird „auf die langdauernden Einflüsse sozialer Unterschiede [hingewiesen, G.S.], die durch punktuelle Fördermaßnahmen nur unzureichend ausgeglichen werden können" (ebd.). In diesem Zusammenhang ist der Hinweis interessant, dass vorschulische Frühförderung dann am wirksamsten verläuft, wenn sie auch die Eltern einbezieht. Damit wird ein fundamentaler Gedanke Bronfenbrenners (1989) bestätigt, der sehr nachdrücklich darauf orientiert, dass die Entwicklung von Kindern nur dann maßgeblich voranzutreiben ist, wenn deren Bezugspersonen gestärkt und gestützt werden. In diesem Sinne sollten realistische Konzepte entwickelt werden, die davon ausgehen, vorschulische Frühförderung auch als Angebot für Eltern zu verstehen. Für Problemfamilien, in denen auch häufig hohe Arbeitslosigkeit verbreitet ist und soziale Kontakte eher auf sehr schmaler Basis bestehen, könnte darin ein wichtiger Anstoß der Hilfe zur Selbsthilfe liegen.

- Die Rahmenbedingungen für vorschulische Frühförderung sind, soweit dies nicht bereits praktiziert wird, in bezug auf den binären Ansatz Kind-Erzieher bzw. Kind-Therapeut durch die Förderung in und mit der Gruppe zu komplementieren. Frühförderung als Komplementarität zwischen Kind und Professionellen einerseits und Einflussnahme durch die Kindergruppe andererseits zu verstehen, respektiert Potenzen, die im sozialen Lernen liegen. Denn jegliche Kompetenzentwicklung des Kindes ist in hohem Maße von sozialen Interaktionen abhängig. So wird beispielsweise durch Untersuchungsergebnisse belegt, „daß Kinder, die ... Kindergruppen besuchten, in der Schule wesentlich besser abschnitten als diejenigen Kinder, die ... gar keine Betreuungseinrichtung besucht hatten" (Hany a.a.O., S. 400). Zum anderen werden durch eine kind- und gruppenorientierte Kommunikation und Interaktion Herausforderungen geschaffen, die die Integrationsfähigkeit in der Schule wirksam vorbereiten.

  Für benachteiligte Kinder aus Problemfamilien ist daraus zu schlussfolgern, dass sie neben den individuell abgestimmten Frühfördermaßnahmen auch den Aufenthalt in einer Kindertagesstätte benötigen. Für das regionale Frühfördersystem bedeutet das wiederum, gerade an Eltern aus Risikofamilien heranzutreten, sie aufzuklären und sehr konkret zu beraten, weil sie Veränderungen, die auf eine positive Entwicklung ihrer Kinder gerichtet sind, kaum aus eigener Kraft einleiten können. Für den Idealfall könnte man sich vorschulische Frühförderung und Kindertagesstätte unter einem Dach vereint vorstellen, wo viel „natürliche" Atmosphäre herrscht, sich die Anzahl von Therapeutinnen und Therapeuten zugunsten kompetenten pädagogisch-psychologischen Betreuungspersonals minimiert und ein am Kind orientiertes Miteinander kooperativ und integrativ möglich wird (vgl. dazu auch W. Müller und H. Goetze in diesem Band).

  Von einem solchen strukturell-inhaltlichen Ansatz aus, der sich mit dem Blick auf das Kind als Prozess begreift, sind gleitende Beziehungen und Verbindungen zur nachfolgenden Schule nicht nur möglich, sondern auch erforderlich.

- Schließlich ist für die Frühförderung im Elementarbereich die Erarbeitung eines Entwicklungsberichtes anzuregen. Ein solcher Leitfaden für die Entwicklung sollte sich auf Strukturelemente eingrenzen, die wesentliche Kriterien für eine Altersstufe abgreifen (vgl. dazu auch Großmann/Matthes, Häuser/Jülisch und Laewen in diesem Band). Entwicklungsberichte, auch als Orientierungsmittel für bereits vollzogene und zu veranlassende Förderung zu verstehen, sollten vom Elementarbereich in den Schulbereich übergeleitet und hier zielgerichtet weitergeführt werden. Ein solcher Entwicklungsleitfaden erweist sich jedoch nur dann als konstruktiv, wenn er praktikabel ist. Das heißt, Erzieherinnen und Erzieher müssen nach Anleitung für seinen Gebrauch ohne großen Aufwand zur sicheren Handhabung in der Lage sein.

Ist das der Fall, dann wird ein solches Instrument zu einem unverzichtbaren pädagogischen „Handwerkszeug". Zudem erleichtert es die Beratung mit Eltern und Fachgremien und trägt dazu bei, das reflexive Nachdenken über Fördermaßnahmen zu erhöhen.

Abschließend seien Gedanken Gerhard Kleins zitiert, den man wohl zurecht den Nestor der Frühförderung in der Lernbehindertenpädagogik nennen kann: Wenn wir in der Lernbehindertenschule „Kinder vor uns haben, deren Eigenaktivität und damit deren Aneignung des kulturellen Erbes über Jahre hin behindert und unterdrückt wurde, dann erscheint es als logische Konsequenz, diese unterdrückte, verschüttete und verkümmerte Eigenaktivität zu wecken, anzuregen, ihr Raum und Gelegenheit zu geben, sich zu entfalten. Gewiß, die erste Konsequenz ist die nachdrückliche Forderung nach frühzeitiger Hilfe. Frühförderung könnte bei diesen Schülern präventiv wirken. Obwohl wir das alle wissen und die Erfolge entsprechender Hilfen belegt sind, geschieht für die Frühförderung gerade dieser Kinder nach wie vor so gut wie nichts" (Klein 1992, S. 72).

Literatur

Begemann, E. (1975). Die Bildungsfähigkeit der Hilfsschüler. Berlin: Marhold.
Bleidick, U. (1994). Informationen über die Sonderpädagogische Förderung in der Bundesrepublik Deutschland. Allgemeine Übersicht: Begriff, Bereiche, Perspektiven. In: Zeitschrift für Heilpädagogik, 45 (1994) 10, S. 650-657.
Bronfenbrenner, U. (1989). Die Ökologie der menschlichen Entwicklung. Frankfurt a.M.: Fischer.
Gebhardt, Th. (1998). Arbeit gegen Armut. Die Reform der Sozialhilfe in den USA. Opladen: Westdeutscher Verlag.
Hanesch, W. (Hrsg.) (1995). Sozialpolitische Strategien gegen Armut. Opladen: Westdeutscher Verlag.
Hany, E.A. (1997). Entwicklung vor, während und nach der Grundschulzeit: Literaturüberblick über den Einfluß der vorschulischen Entwicklung auf die Entwicklung im Grundschulalter. In: Weinert, F.E. und Helmke, A. (Hrsg.). Entwicklung im Grundschulalter. Weinheim: Psychologie Verlags Union.
Häuser, D. (1997). Veränderte Kindheit – neue Herausforderungen an die Frühförderung. In: Kita Debatte. Ministerium für Bildung, Jugend und Sport des Landes Brandenburg.
Iben, G. (1998). Kindheit und Armut. Münster u.a.: LIT Verlag.
Kanter, G.O. (1998). Von den generalisierenden Prinzipien der Hilfsschuldidaktik/-methodik zur konzeptgebundenen Lernförderung. In: Greisbach, M. u.a. (Hrsg.). Von der Lernbehindertenpädagogik zur Praxis schulischer Lernförderung. Lengerich, Berlin u.a.: Pabst.

Kerkhoff, W. (1979). Eltern und Lernbehindertenschule. Beiträge über Möglichkeiten und Formen der Zusammenarbeit. Berlin.

Klein, G. (1992). Montessori-Pädagogik in der Schule für Lernbehinderte. In: Die Sonderschule, 37 (1992) 2, S. 65-75.

Klein, G. (1996). Frühförderung – Arbeit mit den Eltern. In: Siepmann, G. und Salzberg-Ludwig, K. (IIrsg.). Gegenwärtige und zukünftige Aufgaben in der Lernbehindertenpädagogik. Potsdam: AVZ-Hausdruckerei der Universität Potsdam.

Schmutzler, H.-J. (1998). Frühförderung. In: Greisbach; M. u.a. (Hrsg.). Von der Lernbehindertenpädagogik zur Praxis schulischer Lernförderung. Lengerich, Berlin u.a.: Pabst.

Schröder, U.J. (1990). Grundriß der Lernbehindertenpädagogik. Berlin: Marhold.

Schuck, K.D. u.a. (Hrsg.) (1998). Die Integrative Grundschule im sozialen Brennpunkt – Ergebnisse eines Hamburger Schulversuchs. Hamburg: Feldhaus Verlag.

Siepmann, G. (1996). Kritische Auseinandersetzung mit dem tradierten Norm- und Leistungsbegriff – Gedanken für eine Neuorientierung aus der Sicht lernbehinderter Schüler. In: Siepmann, G. und Salzberg-Ludwig, K. (Hrsg). Gegenwärtige und zukünftige Aufgaben in der Lernbehindertenpädagogik. Potsdam: AVZ-Hausdruckerei der Universität Potsdam.

Sozialberichterstattung (1999). Menschen mit Behinderungen im Land Brandenburg 1994 – 1998. Ministerium für Arbeit, Soziales, Gesundheit und Frauen des Landes Brandenburg.

Statistik. Bildung. Allgemein bildende Schulen im Schuljahr 1998/99. Ministerium für Bildung, Jugend und Sport des Landes Brandenburg.

Thimm, W. ; Hinke, E.H. (1980). Soziologische Aspekte der Lernbehinderung. In: Kanter, G.O. und Speck, O. (Hrsg.). Pädagogik der Lernbehinderten. Bd. 4. Berlin.

Weiß, H. (1982). Armut und Erziehung. Berlin: Marhold.

Willand, H. (1984). Didaktische Konzeptionen der Lernbehindertenpädagogik. Lehrbrief der FernUniversität Hagen.

Zur Gesundheit der Schulanfänger im Land Brandenburg (1997). Ministerium für Arbeit, Soziales, Gesundheit und Frauen des Landes Brandenburg.

Birgit Tyziak

Erfahrungsbericht zur Lernausgangslage von Schulanfängern in der Allgemeinen Förderschule – Situationsanalyse und Schlussfolgerungen

Im Land Brandenburg lernen in Allgemeinen Förderschulen vielfach Kinder, die an der allgemeinen Schule zu Schulversagern wurden.
Die Tendenz, dass diese Kinder auch verhaltensauffällig sind, wird zunehmend größer. Als Schulleiterin der Allgemeinen Förderschule „Schule an der Insel" in Potsdam möchte ich in diesem Diskussionsbeitrag auf Probleme aufmerksam machen, welche die Lernausgangslage unserer Kinder zu Beginn ihrer „Schulkarriere" prägen und die dringend einer Änderung bedürfen.

Ich möchte zunächst zur pädagogischen Bedeutung des Schulanfangs etwas sagen.
Nicht selten hört man von Eltern zur Einschulung die Worte an ihre Kinder gerichtet:
Jetzt beginnt der Ernst des Lebens!
Von nun ab geht es anders herum!

Und in der Tat, wenn auch von den Eltern dieser Gedanke „Ernst des Lebens" mit unterschiedlichen Inhalten unterlegt ist, werden mit der Einschulung, den ersten Schuleindrücken, Schulerfolgen oder -misserfolgen die Weichen für den weiteren schulischen Weg gestellt.
Die Kinder kommen voller Erwartung, auch mit Ängsten und Freuden in die Schule. Deshalb hat die Schulanfangsphase einen besonderen Stellenwert.
Sie muss so gestaltet werden, dass die Kinder Selbstvertrauen und Zutrauen in die eigene Leistungsfähigkeit erlangen. Lernen muss gerade am Schulanfang auf den individuellen Bedürfnissen und persönlichen Lernvoraussetzungen der Kinder aufbauen, die zu keinem Zeitpunkt der Schullaufbahn so verschiedenartig in Kopf, Herz und Hand sind wie zu diesem Zeitpunkt.

Angesichts des Wandels von Familienstrukturen, des Wertewandels in dieser Gesellschaft, veränderter Kindheitsbedingungen, veränderter ökologischer Lebensbedingungen von Familien und einer Zuwanderung aus anderen Ländern sind Überlegungen zur Veränderung/Verbesserung des Schulanfangs einschließlich der Praxis der Vorschuluntersuchungen dringend erforderlich.
Die veränderte Kindheit hat zu einer deutlichen Vergrößerung der Unterschiede bei den Entwicklungs-, Lern- und Verhaltensvoraussetzungen von Schulanfängern geführt, d.h. Kinder mit sehr unterschiedlichen Entwicklungsvoraussetzungen werden zur gleichen Zeit schulpflichtig.

Der Schulanfang ist für viele Kinder aber auch mit Schwierigkeiten verbunden, die sich unterschiedlich auswirken und im Verhalten äußern. Mit dem Schulanfang kommen nicht nur Leistungserwartungen auf die Kinder zu, sie erleben auch neue soziale Situationen, sollen gruppenbezogen arbeiten, spontane Bedürfnisse auf Grund von Unterrichtsrhythmen verschieben u.a.
Erfolg und Misserfolg in der Schulanfangsphase haben nicht nur entscheidende Bedeutung für den weiteren Bildungsweg sondern sind auch prägend für Persönlichkeitseigenschaften des Kindes. Die von mir eingangs genannten unterschiedlichen Lernvoraussetzungen in der Schuleingangsphase finden im Gesetz über die Schulen im Land Brandenburg § 19 zum Bildungsgang der Grundschule Berücksichtigung:
„Aufgabe der Grundschule ist es, Schülerinnen und Schüler mit unterschiedlichen Lernvoraussetzungen und Lernfähigkeiten in einem gemeinsamen Bildungsgang zu fördern, dass sich Grundlagen für selbständiges Denken, Lernen und Arbeiten entwickeln sowie Erfahrungen im gestaltenden menschlichen Miteinander vermittelt werden. Sie erwerben so Voraussetzungen zur Orientierung und zum Handeln in ihrer Umwelt."(Brandenburgisches Schulgesetz – BbG SchulG vom 12. April 1996)

Der an sich positive Ansatz der Grundschule, alle schulpflichtigen Kinder auch tatsächlich aufzunehmen, verkehrt sich jedoch aus meiner Sicht ins Negative, wenn die Schule dann nicht in der Lage ist, mit jedem einzelnen Kind so umzugehen, dass eine Ausschulung oder Zurückstellung mit all den nachteiligen Auswirkungen auf das betroffene Kind verhindert werden kann.
Die Zahl der Schulrücksteller im Land Brandenburg nimmt zu (vgl.G. Siepmann in diesem Band).
Die Tragik ist, dass diese Kinder bei der Entscheidung zur Schulreife sehr häufig erstmals als problematisch aktenkundig werden. Ihre Auffälligkeiten liegen in der Regel in allgemeinen Entwicklungsrückständen, häufig verbunden mit ungünstigen Voraussetzungen im sozialen Bereich – in der Familie.

Dies hier beschriebene Klientel bedarf dringend einer Vorbereitung auf „Schulfähigkeit". Oftmals besuchen aber diese Kinder weder eine Kindertagesstätte noch sind die häuslichen Bedingungen so, dass wirksame Hilfen zur Schulvorbereitung gegeben werden können.
Um die Entwicklung dieser Kinder nicht dem Selbstlauf zu überlassen, ist nicht die Frage nach dem Ob von Vorschulangeboten sondern nach dem Wie zu stellen.
Es muss darum gehen, betroffenen Kindern und ihren Angehörigen präventive Förderung anzubieten.
Seit der Anschaffung von Vorschuleinrichtungen liegt jedoch im Land Brandenburg hinsichtlich der Vorbereitung von Kindern mit zunächst besonderem allge-

meinen pädagogischen Förderbedarf auf die Schule keine explizite Zuständigkeit vor.
Betroffen davon sind von Lernbehinderung bedrohte Kinder aus sozial schwachen Familien, die vergessen werden, für die dringend notwendige Frühförderung nicht stattfindet. Diesen Kindern fehlen Lernsituationen mit vielfältigen Möglichkeiten zur Kommunikation und Kooperation – zum sozialen Lernen. Zunehmend beobachten wir bei unseren Schulanfängern eine ganz geringe Aufmerksamkeitsspanne, starke Konzentrationsmängel und geringe Ausdauer, gravierende Auffälligkeiten in der Grob- und Feinmotorik, verzögerte Sprachentwicklung bis hin zu massiven Sprachstörungen sowie Mangel an sozialer Kompetenz.
Ich will nun am Fallbeispiel von Anna aufzeigen, welcher Leidensweg für sie mit dem Schulanfang verbunden ist:

Anna lebt bei ihrem alleinerziehenden Vater. Sie besucht den Kindergarten. Kontakt zur Mutter besteht nicht. Bei der Einschulungsuntersuchung wird die Zurückstellung für Anna empfohlen. Begründung: Annas geistige Entwicklung ist nicht altersentsprechend, Merk- und Wahrnehmungsfähigkeit sind eingeschränkt. Sie ist konzentrationsschwach und hat Defizite in der Grob- und Feinmotorik. Der weitere Besuch einer Kindertagesstätte wird empfohlen. Der Vater lebt inzwischen mit einer neuen Lebensgefährtin zusammen und Anna verbringt das Zurückstellungsjahr aus finanziellen Gründen zu Hause. Vier Wochen nach erneuter Einschulung in die Grundschule wird die „neue Mutti" von Anna bei uns in der Allgemeinen Förderschule vorstellig und schildert Annas Misserfolge, ihre Ängste, dass sie nicht mehr zur Schule will, häufig weint und wenig spricht. Sie selbst sei Hilfsschülerin gewesen und glaubt, dass auch Anna eine Förderschule besuchen sollte. Aber sie wisse nicht, wie das geht. Nach einem Beratungsgespräch mit der Familie stimmt Annas Vater einem Gespräch mit der Grundschullehrerin und dem evtl. Einleiten eines Förderausschussverfahrens zu.

An dieser Stelle möchte ich auf die dringende Notwendigkeit der Beratung von Eltern hinsichtlich der Inhalte von Verwaltungsakten (hier Förderausschussverfahren) hinweisen. Trotz des großen Stellenwertes der Mitwirkung der Eltern in der Brandenburgischen Schule (vgl. Brandenburgisches Schulgesetz/Sonderpädagogikverordnung) stehen Eltern häufig hilflos den gesetzlichen Regelungen gegenüber. Aus diesem Grunde muss Frühförderung neben der Arbeit mit dem Kind auch die sensible Beratung und Anleitung der Erziehungsberechtigten einbeziehen Als Hilfe zur Selbsthilfe sollten Eltern in ihren erzieherischen Aufgaben unterstützt werden, um so zu einer realistischen Einschätzung der Situation des Kindes und der Fördermöglichkeiten zu gelangen.

Vom ersten Tag an kümmerten sich ihre kleinen Klassenkameraden rührend um Anna, da sie ein sehr ängstliches Mädchen war, aber anhänglich und liebebedürftig.
Während der Beobachtungen wurden umfängliche kognitive Schwächen deutlich, die sich in sprachlichen Defiziten, Konzentrationsstörungen, Wahrnehmungsschwächen, motorischen Auffälligkeiten, Kontaktschwierigkeiten usw. äußerten. Bereits in ihren äußeren Verhaltensweisen trat ihre Hilflosigkeit zutage. So konnte Anna z. B. nicht selbständig mit einem Stift umgehen, hatte kaum Mengenvorstellungen, fasste schwer auf, verstand nicht, was man ihr zu tun aufgab.

Sprachlich konnte sie sich nur schwer verständlich machen. Anna war noch gar nicht in der Lage, kleinste Abstraktionsleistungen zu vollbringen, in ihren geistigen Reaktionen war sie langsam, vermochte bei Denkvorgängen kaum zu kombinieren. Anna war immer sehr schnell ermüdet und nutzte gern die Liege im Klassenraum zum Ausruhen.
Die Möglichkeit, in der Schule noch mit dem Puppenwagen und anderen Spielsachen spielen zu können, gefiel ihr sehr. Im Ergebnis der Diagnostik wurde bei Anna sonderpädagogischer Förderbedarf im Sinne einer Lernbehinderung festgestellt. Voraussetzungen zum Lesen, Schreiben und Rechnen lernen sind kaum entwickelt.
Die Frage, ob eine gezielte Intervention bei der Zurückstellung dem Mädchen Kummer hätte ersparen können, ist zu bejahen. Eine gezielte Vorschulerziehung und die Kooperation von Erziehern, Grundschullehrern, Eltern und Sozialpädagogen hätte die rechtzeitige Abklärung des sonderpädagogischen Förderbedarfs zur Folge haben können oder möglicherweise wäre die erneute Einschulung in die Grundschule mit entsprechenden Voraussetzungen für eine Integration erfolgreich verlaufen.

Dieses Fallbeispiel verdeutlicht die Problematik der fehlenden Fördermöglichkeiten im vorschulischen Bereich für Kinder wie Anna, und es ist kein Einzelbeispiel.

Nach unserer Erfahrung war etwa die Hälfte der Kinder, die die Allgemeine Förderschule besuchen, zunächst vom Schulbesuch zurückgestellt.
Es sind häufig sozial benachteiligte Kinder, deren Eltern wenig oder nicht in der Lage sind, Hilfen zur Erziehung einzufordern bzw. sonderpädagogische Förder- und Beratungsstellen zur Begleitung beim Übergang von der Kindertagesstätte in die Schule zu nutzen. Es sind Kinder, die im Alltag wenig Spielaktivitäten und Sozialkontakte erleben.

Seit langem ist die Bedeutung frühester Kindheitserfahrungen für die weitere Entwicklung des Kindes bekannt. Auf Grund der hohen Lernfähigkeit in der frühen Kindheit bieten sich besonders günstige Chancen, eine drohende Behinderung abzufangen und ihr präventiv zu begegnen oder Behinderungen zu mindern und das Lebensgefühl des Kindes zu erhöhen.
Die Vorbereitung der Kinder auf die Schule hat immer mehr sozialpädagogische und sozialtherapeutische Funktion, weil bei vielen Kindern eine konzentrierte Beschäftigung mit einer Sache nicht mehr vorausgesetzt werden kann. Grundlegende Lernvoraussetzungen müssen erst angebahnt werden.

Problematisch ist jedoch, dass viele Eltern aus sozialer Unterschicht am wenigsten Gebrauch von kostenlosen Vorsorgeuntersuchungen und Erziehungshilfen machen. Für diese am stärksten sozial benachteiligten Kinder müssen Früherziehungshilfen mit dem Ziel angeboten werden, ihnen soziale Zuwendung und Beachtung zu geben, sich durch Spiel- und Lernangebote aktiv mit der Umwelt auseinandersetzen sowie sich grundlegende Normen des sozialen Zusammenlebens aneignen zu können.

Literatur

Deutscher Bildungsrat, Empfehlungen der Bildungskommission (1973). Zur pädagogischen Förderung behinderter und von Behinderung bedrohter Kinder und Jugendlicher. Bonn – Bad Godesberg.

Gesetz über Schulen im Lnad Brandenburg. 12.04.1996.

Kanter, G. (1978). Frühförderung von Kindern, die später durch Lernbehinderung oder Verhaltensstörungen auffällig werden können. Berlin: Marhold.

Speck, O. (1977). Frühförderung entwicklungsgefährdeter Kinder. Der pädagogische Beitrag zu einer interdisziplinären Aufgabe. München/Basel: Reinhardt.

PLIB-Fachserie Lernort Schule. Heft 2 (1993). Kinder mit Förderbedarf. Neue Wege in der sonderpädagogischen Diagnostik.

Christel Eick

Hilfe für betroffene Eltern – Erfahrungsbericht einer Selbsthilfegruppe „Eltern mit lernbehinderten Kindern"

Ich bin Gruppensprecherin der Selbsthilfegruppe „Eltern mit lernbehinderten Kindern". Unsere Gruppe hat sich vor einem Jahr gegründet und trifft sich regelmäßig an jedem zweiten und vierten Donnerstag im Monat in der Potsdamer Informations- und Kontaktstelle für Selbsthilfe, einigen vielleicht als PIKS bekannt.

Die PIKS ist eine Beratungseinrichtung für alle Menschen, die einen Zugang zu Selbsthilfegruppen haben möchten oder, wie in meinem Fall, mit gleich betroffenen Eltern eine Selbsthilfegruppe gründen wollen.

Die Motivation, eine Selbsthilfegruppe zu gründen, war folgende: In zahlreichen Veranstaltungen der Schule, wie Elternversammlung, Projekttage etc. oder im direkten Gespräch mit anderen Eltern spürte ich die Schwierigkeit, die Behinderung der Kinder als Behinderung anzunehmen. Ich selbst suchte den Austausch, das Gespräch über die Behinderung und auch den Rat anderer betroffener Eltern und bemerkte dabei die Probleme, darüber zu sprechen.

Das ist auch nachvollziehbar: Behinderung ist nicht normal und was nicht normal ist, fällt auf. Und was auffällt, wird beachtet. Wer lässt sich schon gern ohne Scham betrachten? Mit dem „Nicht-normal-Sein" sind Minderwertigkeitskomplexe verbunden und es bedarf schon einer großen Selbstsicherheit, in der Öffentlichkeit damit umzugehen.

Das fiel mir auch auf, als ich mein Kind aus der Normalschule in die Förderschule umschulte. Lehrer und Erzieher waren und sind auch heute erstaunt, wie offen ich mit dem Problem meines Kindes umgehe, nachfrage und Aufklärung will.

Meine Souveränität im Umgang mit der Behinderung meines Kindes kam nicht von selbst, sondern entstand in einem langen Prozess. Obwohl ich schon sehr früh erkannt hatte, dass mein Kind anders war als andere, versuchte man lange, mich zu beruhigen. Ich hatte den Eindruck, man glaubte mir nicht und wollte etwas nicht anerkennen, was doch ganz offensichtlich war. Das Entwicklungsniveau meiner Tochter entsprach nicht dem anderer Kinder im Kindergarten. Obwohl ich immer wieder darauf aufmerksam machte, bekam ich keine Hilfe. Meine Tochter wurde in die Normalschule eingeschult.

Damit war der Misserfolg vorprogrammiert. Meine Tochter wurde seelisch und organisch krank: Sie bekam alle Krankheiten, die man sich nur denken kann. Bergauf ging es erst wieder, als meine Tochter erfuhr, daß sie nicht sitzen bleibt sondern in die zweite Klasse der Förderschule umgeschult wird. Von dem Moment an war ihr und auch uns eine seelische Last genommen.

Darum war es für mich wichtig, mich mit ähnlich betroffenen Eltern auszutauschen, und zwar über den Rahmen der Schule hinaus. Ich fragte andere Eltern, ob sie auch Interesse hätten, in so einer Gruppe mitzuarbeiten. Mein Ziel war und ist es, durch Öffentlichkeitsarbeit mehr Verständnis für diese Art von Behinderung zu erreichen und gleichzeitig auch eine aktive Mitbeteiligung an der Arbeit von Schule und Hort mit zu gestalten.

Ein großes Problem besteht in der Diskrepanz zwischen Schule und Hort, die sehr schnell deutlich wurde. Am Vormittag werden die Kinder entsprechend ihrer Behinderung gefördert. Am Nachmittag dagegen orientiert man sich an den Maßstäben für normal entwickelte Kinder. Hier haben wir uns eingemischt und immer wieder gefordert, dass die Förderung ganztägig erfolgen muss und nicht jäh nach der Schule abbrechen darf.

Allerdings möchte ich etwas vorausschicken: Bis zur dritten Klasse war es ein Hort mit Erziehern, die unsere Kinder von Anfang an kannten und sehr einfühlsam mit ihnen umgingen. Danach kamen die Kinder in einen Integrationshort (Kinder aus der Förder- und Normalschule). Damit fingen die Schwierigkeiten an, denn Erzieher wurden umgesetzt. So gingen wichtige Bezugspersonen für unsere Kinder verloren und wir beobachteten ein Abfallen der Leistungsfähigkeit unserer Kinder, das verbunden war mit dem erneuten Auftreten seelischer Probleme. Auch wir Eltern fühlten uns betroffen, waren verunsichert und hilflos.

Jetzt wurde der Weg zu einer Selbsthilfegruppe noch wichtiger.

Bei unserer ersten Zusammenkunft unter Leitung von Frau Tornow von der Potsdamer Kontaktstelle wurde deutlich, dass wir eigentlich alle in einem Boot saßen. Wir hatten die gleichen Empfindungen, Ängste und Sorgen. Hierdurch wurde sehr schnell klar, dass wir nur gemeinsam etwas erreichen können. Der Alltag zeigt uns immer wieder an vielen Beispielen der betroffenen Eltern, dass die Umwelt damit nicht umgehen kann, denn unsere Kinder sehen aus wie du und ich und sind doch ganz anders. Und gerade in diesem Widerspruch liegt das Problem.

Das Unverständnis der Menschen ist für uns, die engagiert sein wollen, immer wieder wie eine Ohrfeige. Nur wenn wir als Eltern, so finde ich, hinter unseren Kindern stehen, können wir ihnen helfen, mit ihren Problemen besser umzugehen.

Denn auch wir wollen, dass unsere Kinder selbständig und sicher im Alltag zurecht kommen. Wenn ein Kind dann aber zum Beispiel beim Einkaufen um die Hilfe der Verkäuferin bittet und mit den Worten „Du bist doch schon groß genug, um das selbst zu lesen." abgewiesen wird, so ist das für die seelische Entwicklung des Kindes wie ein Schlag ins Gesicht. All unsere Liebe, all unser Verständnis und Trost waren in diesem Moment umsonst. Das Kind wird unsicher, geht nicht mehr einkaufen und zieht sich zurück.

Ich als Mutter habe in dieser Situation reagiert und bin mit meinem Kind zu der betreffenden Verkäuferin gegangen. Für mich war dieser Schritt wichtig, damit Vertrauen und Selbstbewusstsein bei meinem Kind wieder gestärkt werden. Denn nicht mein Kind hat sich falsch verhalten sondern die Verkäuferin. Ich machte ihr vor meinem Kind klar, dass es neben Menschen mit sofort erkennbaren Behinderungen auch solche gibt, die zwar „normal" aussehen, das Leben aber auf Grund nicht sofort erkennbarer Behinderungen nur erschwert bewältigen können und ebenfalls auf Hilfe im Alltag angewiesen sind. Ich erklärte ihr, dass mein Kind zu dieser Gruppe gehört und nicht lesen und schreiben kann.
Von nun an gab es in dieser Verkaufsstelle keine Schwierigkeiten mehr, denn mein Kind hat inzwischen auch gelernt, selbst zu sagen „Ich kann das nicht lesen – helfen sie mir bitte!". Nicht jede Mutter kann in solch einem Moment so engagiert sein. Doch diese Alltagsprobleme treten immer wieder auf und müssen gelöst werden.

Zum Abschluss möchte ich bemerken, daß die Selbsthilfegruppe durch diesen Austausch von Sorgen und Problemen schon sehr viel erreicht hat. So haben wir z.B. an einer Wanderausstellung der PIKS im Potsdamer Stern-Center mitgewirkt. Dort nahm ich die Gelegenheit wahr, mich an Frau Dr. Regine Hildebrandt, die damalige Ministerin für Arbeit, Soziales, Gesundheit und Frauen des Landes Brandenburg, zu wenden. Ich überreichte ihr einen Brief, in dem es mir darum ging, dass es endlich einen anerkannten Förderhort geben muss. Diese Förderhorte könnten dann ganz anders unterstützt werden.

Aber unsere Selbsthilfegruppe bietet auch noch andere Möglichkeiten der Hilfe und Entlastung für Eltern. So haben sie hier die Möglichkeit, in aller Ruhe über ihre Ängste und die damit verbundenen familiären Probleme zu sprechen. Sie holen sich Rat und Unterstützung. Zu Anfang haben viele der Mütter oft geweint. Jetzt sind sie viel selbstsicherer, auch beim Anpacken der Alltagsprobleme. Wir rufen uns gegenseitig an, um uns mit Rat und Tat zur Seite zu stehen. Oft treffen wir uns mit unseren Kindern zu Sonntagsausflügen. So kämpfen wir gemeinsam gegen das Gefühl der Einsamkeit und Hilflosigkeit. Besonders gut finden wir, dass auch Horterzieherinnen an unseren Gruppentreffen teilnehmen. So wird gegenseitiges Verständnis für Probleme entwickelt und das wiederum ist förderlich für die Entwicklung der Kinder.

Eine Selbsthilfegruppe läuft aber nicht von allein. Sie benötigt einen Leiter, der bereit sein muss, Verantwortung zu übernehmen und Kraft und Zeit zu investieren. Mir macht es Spaß und es gibt mir auch Kraft, diese Verantwortung zu tragen und die damit verbundene Arbeit zu leisten.
Deshalb kann ich jeden anderen Betroffenen nur ermutigen, ebenfalls Eigenverantwortung zu übernehmen und im Sinne von Selbsthilfe auch etwas zu bewegen. Uns ist hier in Potsdam die Unterstützung der PIKS eine wertvolle Hilfe. Sie stellt uns kostenfrei Räume zur Verfügung. Wir werden beim Gestalten unserer Info-Blätter beraten und können sie dort kostenfrei kopieren. Auch bei fachlichen Fragen steht uns immer jemand zur Seite. Deshalb sind wir froh, dass es diese Einrichtung in Potsdam gibt.

Es ist aus unserer Sicht besonders wichtig, die infolge von Lernbehinderung auftretenden Probleme in enger Zusammenarbeit von Profis und Betroffenen anzugehen. Diese Tagung kann meiner Meinung nach wesentlich zu dieser notwendigen Zusammenarbeit beitragen und damit vielleicht einen Beitrag zur Verbesserung der Situation lernbehinderter Kinder und ihrer Familien leisten.

Bernd Müller, Gitta Pötter

Das entwicklungsverzögerte bzw. -auffällige Vorschulkind in der Frühförderung - Angebote in Brandenburg und ihre Vernetzung

Was ist Frühförderung?

Der Fachbegriff **Frühförderung** hat sich etabliert als zusammenfassende Beschreibung von pädagogisch-psychologischen (i.d.r. heilpädagogischen), medizinisch-therapeutischen und sonstigen Hilfen für geistig, körperlich und seelisch behinderte bzw. von einer solchen Behinderung bedrohte, im weiteren Sinne auch entwicklungsverzögerte und -gefährdete Kinder im Vorschulalter und für ihre Familien. Frühförderangebote umfassen mittlerweile ein breites Spektrum an Hilfs- und Fördermaßnahmen verschiedener Professionen und in verschiedenen Einrichtungen, so dass es sinnvoll ist, diese Gesamtheit an Angeboten unter dem Begriff **System Frühförderung** zusammenzufassen.

Die wesentlichen Aufgaben umfassen in diesem Kontext:
- die Beratung und Unterstützung der Eltern,
- das frühe Erfassen der Entwicklungssituation des Kindes,
- die interdisziplinäre Diagnostik,
- medizinisch/therapeutische, pädagogische/psychologische und soziale Entwicklungsbegleitung des Kindes,
- Einbeziehung des sozialen Umfeldes von Familie und Kind und
- Öffentlichkeitsarbeit.

Im Mittelpunkt des Systems Frühförderung stehen die **regionalen Frühförder- und Beratungsstellen**. Bundesweit stehen Frühförderstellen für das Angebot ambulanter und mobiler Frühförderung, sie verstehen sich in ihren Einzugsbereichen als wohnortnahe Anlauf- und Koordinationsstellen. Ihre Arbeit ist durch einige übergreifende und verbindende **Grundprinzipien** gekennzeichnet:

- **Familienorientierung**: Ebensowenig wie das behinderte oder entwicklungsgefährdete Kind ist die Familie ein „Objekt" der Förderung. Die Fachleute haben darauf zu achten, Familien nicht ihre eigenen Normen aufzuoktroyieren. Es gilt nicht, „Unzulänglichkeiten", „Defizite" oder „Erziehungsversagen" der Eltern aufzuspüren, sondern ihre Ressourcen und Stärken. Hierbei ist eine systemische Sichtweise auf die Familie hilfreich, die personenspezifische Probleme nicht als nur individuelles Problem begreift, sondern nach dem „Sinn" dieser Probleme für das Funktionieren bestimmter systemischer Kontexte fragt. Entsprechend sollte bei der Zielplanung der Frühförderung die Achtung der Autonomie der Familie ebenso immer im Bewusstsein bleiben wie das Primat, die Lebensformen der Familien möglichst wenig umzuformen.

- **Interdisziplinarität**: Frühförderung als offenes Hilfesystem ist auf die Zusammenarbeit seiner professionellen Teilsysteme angewiesen. Keines dieser Teilsysteme, sei es das medizinisch-therapeutische, das psychologische, das pädagogische, das sozialfürsorgerische, kann für sich allein kompetent Frühförderung betreiben. Frühförderung kann als kooperativ abgestimmtes System nur dann sinnvoll wirksam werden, wenn es Bestreben jeder einzelnen Berufsgruppe ist, die Sichtweisen der anderen zu verstehen und in das eigene Handeln zu integrieren. Die einzelnen Maßnahmen sind als Bestandteil eines integralen und nicht lediglich additiven Rehabilitations- und Förderkonzeptes zu verstehen. Eine solche Sichtweise der Interdisziplinarität erfordert in starkem Maße Koordination und Bereitschaft zur Kooperation.

- **Ganzheitlichkeit**: Ziel der Frühförderung ist insbesondere, die Kinder in ihrer Entwicklung so zu begleiten, dass sie ihre Anlagen und Fähigkeiten entfalten und am Leben in der Gemeinschaft teilnehmen können. Frühförderung orientiert sich nicht in erster Linie am Nachvollzug der „normalen" Entwicklung, sondern an den individuellen Bedürfnissen und Möglichkeiten des einzelnen Kindes in seinem Umfeld. Damit ist eine ganzheitliche Sichtweise das genaue Gegenteil einer defizitorientierten Sichtweise: Der Fokus der Aufmerksamkeit liegt nicht auf **der** Behinderung des Kindes, die es zu beheben, zu mindern oder wegzutherapieren gilt, sondern auf der gesamten, kognitive, motorische und sozial-emotionale Bereiche umfassenden, Lebenssituation des Kindes, insbesondere seinen individuellen Ressourcen und Stärken.

- **Früherkennung** und **Prävention**: Frühförderung setzt oftmals zu spät ein; viele Entwicklungsprobleme werden erst mit der Einschulung erkannt. Von daher ist es ein wichtiges gesundheitspolitisches Ziel, Maßnahmen der Früherkennung zu effektivieren, im Sinne früher Prävention Maßnahmen der Frühförderung bereits mit der Geburt des Kindes beginnen zu lassen. Die Bedeutung der Prävention von Entwicklungsfehlentwicklungen beinhaltet auch die verstärkte Hinwendung auf soziale Risikofaktoren.

Zusammenfassend kann festgestellt werden: Es ist ein wesentliches Ziel der Frühförderung, die individuelle Lebenssituation jeder Familie zu respektieren. So sollen Angebote bereitgestellt werden, die die betroffenen Familien tatsächlich erreichen und ihnen Hilfen für das Gestalten familiärer Prozesse geben und die Lebenswirklichkeit des Kindes berücksichtigen. Die Prozessbegleitung in der Familie stellt den Schwerpunkt aller Frühförderaktivitäten dar. Darüber hinaus gilt es, das

Darüber hinaus gilt es, das soziale Gefüge rund um die jeweilige Familie angemessen in seiner Wechselwirkung mit der Familie zu beachten.

Das System Frühförderung in Brandenburg

Innerhalb des Systems Frühförderung kooperieren die regionalen Frühförder- und Beratungsstellen mit anderen Institutionen und Leistungsanbietern wie:

- überregionalen Sozialpädiatrischen Zentren,
- überregionalen ambulanten/mobilen Frühförderstellen für blinde und sehgeschädigte Kinder,
- überregionalen Leiteinrichtungen für Hörgeschädigtenpädagogik in Potsdam und Eberswalde und für Sehgeschädigtenpädagogik in Königs Wusterhausen,
- kommunalen Ämtern (insbesondere Kinder- und Jugendgesundheitsdienst des Gesundheitsamtes, Sozial-, Jugend- und Schul-/Schulverwaltungsamt) sowie z.T. überörtlichen Ämtern (Landessozialamt),
- Sonderpädagogischen Förder- und Beratungsstellen,
- Sonder-Kindertagesstätten und Kitas mit Integration (teilstationäre Einrichtungen bzw. Einzelintegration),
- Praxen niedergelassener Ärzte, Physiotherapeuten, Logopäden und Ergotherapeuten und Psychologen.

Weitere Angebote stammen u.a. von Behindertenverbänden und Selbsthilfegruppen. Schließlich haben auch die „normalen", nicht als teilstationäre Einrichtung anerkannten Kindertagesstätten ihren Platz in diesem System aufgrund ihrer Hinweise auf Hilfe- und Förderbedarf und fallweise mit den Angeboten spezieller Förderung z.B. bei Wahrnehmungsstörungen im Vorschulalter.

Gesetzliche Grundlagen der Frühförderung

Frühförderung verstanden als ein multiprofessionelles Hilfesystem, das sich auf die Angebote und die Mitarbeit von unterschiedlichen Diensten aus dem Gesundheits-, Sozial-, Jugend- und Bildungsbereich stützt, basiert konsequenterweise auf einer ganzen Palette an unterschiedlichen gesetzlichen Grundlagen. Im Folgenden sind die wesentlichen (Bundes- und Brandenburger Landes-)Gesetzestexte, die für die Frühförderung behinderter und von Behinderung bedrohter Kinder maßgeblich sind, überblicksartig zusammengefasst:

Sozialhilfe (Eingliederungshilfe):
Die §§ 39 und 40 des Bundessozialhilfegesetzes (BSHG) regeln die Eingliederungshilfe für (wesentlich) körperlich und geistig behinderte (und von einer solchen Behinderung bedrohte) Kinder und machen Angaben über den anspruchsberechtigten Personenkreis und mögliche Leistungen. Die Verordnung nach § 47 BSHG (Eingliederungshilfe-Verordnung, kurz EinglH-VO) definiert u.a.: „körperlich, geistig und seelisch wesentlich behindert"; „nicht nur vorübergehend behindert".

Jugendhilfe (Eingliederungshilfe und Hilfen zur Erziehung):
Die §§ 22 - 26 des SGB VIII (Kinder- und Jugendhilfegesetz, KJHG) regeln die Förderung von Kindern in Tageseinrichtungen und in Tagespflege; die §§ 27 - 35 SGB VIII die Hilfen zur Erziehung; der § 35a SGB VIII die Eingliederungshilfe für seelisch behinderte (und von seelischer Behinderung bedrohte) Kinder. Als Brandenburgisches Ausführungsgesetz zum KJHG definiert das Kita-Gesetz in den §§ 1 - 3 den pädagogischen Auftrag der Kita (u.a. Förderung, Erziehung, Bildung; Förderung des Zusammenlebens von Kindern mit und ohne Behinderungen).
§ 4 und § 9 der Kita Personalverordnung beinhalten Regelungen des Personalmehrbedarfes und der Personalqualifikation bei Eingliederungshilfe bzw. Erziehungshilfe in der Kita.

Öffentlicher Gesundheitsdienst:
§ 8 und § 13 des Brandenburgischen Gesundheitsdienstgesetzes regeln die Aufgaben des Kinder- und Jugendgesundheitsdienstes und der Behindertenberatung. Die Kinder- und Jugendgesundheitsdienst-Verordnung legt u.a. die Kita-Reihenuntersuchungen des Kinder- und Jugendgesundheitsdienstes (KJGD) fest.

Leistungen der Krankenkassen:
§ 119 des SGB V (Gesetzliche Krankenversicherung) definiert die Stellung der ärztlich geleiteten Sozialpädiatrischen Zentren im Frühförder-Verbund neben niedergelassenen Ärzten und Frühförderstellen; § 124 regelt die Zulassung von Heilmittelerbringern (insbesondere Physiotherapie, Sprachtherapie, Ergotherapie).

Bildung:
§ 29 des Brandenburgischen Schulgesetzes beschreibt die sonderpädagogischen Aufgaben im Vorschulalter im Bereich des Hörens, des Sehens und der sprachlichen Entwicklung; § 51 regelt den Übergang in die Grundschule und die Zurückstellung vom Schulbesuch. Die Aufgaben der sonderpädagogischen Förder- und Beratungsstellen werden in § 17 der Sonderpädagogik-Verordnung festgelegt.

Bereits dieser Überblick zeigt, dass Frühförderung ein Hilfesystem ist, das durch ein sehr weitverzweigtes gesetzliches Netzwerk abgesichert ist. Dies ist einerseits von großem Vorteil, da so die fachlich unbestritten notwendige Partizipation der verschiedenen Dienste und Professionen sichergestellt werden kann; andererseits aber erschwert gerade dieses umfangreiche gesetzliche Netzwerk oft die notwendige Mitwirkung, da mitunter bis in die beteiligten Ämter hinein viele diesen „Gesetzesdschungel" nicht durchdringen.

Wer hat Anspruch auf Frühförderung?

Die Eingliederungshilfe-Verordnung versucht, die anspruchsberechtigten Personenkreise näher einzugrenzen, die Anspruch auf Leistungen nach BSHG (und z.T. auch nach KJHG) haben.

Wesentliche körperliche Behinderung:
Die EinglH-VO definiert in § 1 als wesentliche körperliche Behinderung: „Körperlich wesentlich behindert im Sinne des § 39 Abs. 1 Satz 1 des Gesetzes sind Personen, bei denen infolge einer körperliche Regelwidrigkeit die Fähigkeit zur Eingliederung in die Gesellschaft in erheblichem Umfange beeinträchtigt ist."

Hierunter fallen laut § 1 der EinglH-VO u.a.: Einschränkung der Bewegungsfähigkeit durch eine Beeinträchtigung des Stütz- oder Bewegungssystems; Einschränkung des körperlichen Leistungsvermögens infolge Erkrankung, Schädigung oder Fehlfunktion eines inneren Organs oder der Haut; Seh- und Hörbehinderte; Stimm-, Sprech- und Sprachgestörte.

Neben „typischen" körperlichen Beeinträchtigungen wie angeborenen Körperbehinderungen (z.B. infantile Cerebralparesen), im nachgeburtlichen Leben auftretenden und teilweise progredient verlaufenden Erkrankungen oft unklarer Genese (z.B. Muskeldystrophien) sowie erworbenen Körperbehinderungen traumatischer oder entzündlicher Genese (z.B. Unfallfolgen, Kinderlähmung) (Definition nach Steinhausen 1988) sind hier also explizit auch Sinnes- und Sprachbehinderte erwähnt.

Nach dem gängigen medizinischen Klassifikationsschema der Weltgesundheitsorganisation, der Internationalen statistischen Klassifikation der Krankheiten und verwandter Gesundheitsprobleme (ICD-10), zählen zu den Erkrankungen, die eine wesentliche körperliche Behinderung im Sinne der Eingliederungshilfe-Verordnung begründen, vor allem die Kennziffern G 80 (Infantile Cerebralparese) und Q 00 bis Q 89 (Angeborenen Fehlbildungen und Deformitäten, z.B. Spina bifida).

Wesentliche geistige Behinderung:
§ 2 der EinglH-VO definiert als wesentliche geistige Behinderung: „Geistig wesentlich behindert im Sinne des § 39 Abs. 1 Satz 1 des Gesetzes sind Personen, bei denen infolge einer Schwäche ihrer geistigen Kräfte die Fähigkeit zur Eingliederung in die Gesellschaft in erheblichem Umfange beeinträchtigt ist."

Hierunter fallen u.a. Chromosomenanomalien wie das Down-Syndrom sowie schwere intellektuelle Beeinträchtigungen, jedoch nicht eine leichte geistige Behinderung, Lernbehinderung oder Legasthenie.

Gemäß ICD-10 greifen hier vor allem die Kennziffern F 70 ff (Leichte Intelligenzminderung: IQ von 50 bis 69; mittelgradige Intelligenzminderung: IQ von 35 bis 49; schwere oder schwerste Intelligenzminderung: IQ bis maximal 34) und Q 90 ff (Chromosomenanomalien wie Down-Syndrom).

Seelische Behinderung:
§ 3 der EinglH-VO definiert als wesentliche seelische Behinderung: „Seelisch wesentlich behindert im Sinne des § 39 Abs. 1 Satz 1 des Gesetzes sind Personen, bei denen infolge seelischer Störungen die Fähigkeit zur Eingliederung in die Gesellschaft in erheblichem Umfange beeinträchtigt ist."

Zu den Krankheiten, die zu einer seelischen Behinderung führen, nennt die Fachliteratur üblicherweise die „körperlich nicht begründbaren Psychosen". Für das Kindesalter fällt hierunter praktisch nur der „Frühkindliche Autismus" - und gerade dieses Störungsbild wird von Fachleuten zunehmend als eine eigenständige Behinderungsform angesehen, die sich der Zuordnung nur zur geistigen oder zur seelischen Behinderung entzieht.

Es wird deutlich, dass die Definition der „seelischen Behinderung" nach der EinglH-VO für das Vorschulalter nicht brauchbar ist!

Über diese Definition hinausgehend werden gemäß den Vorschlägen Fegerts (1994) und anderer mittlerweile folgende ICD-10-Kennziffern der seelischen Behinderung im Vorschulalter (§ 35a SGB VIII nimmt für die seelische Behinderung keine Beschränkung auf "wesentlich" Behinderte vor) zugeordnet: F 80 bis 83 (Umschriebene Entwicklungsstörungen wie Sprech- und Sprachstörungen, Legasthenie), F 84 (Tiefgreifende Entwicklungsstörungen / Autismus), F 90 ff (Verhaltens- und emotionale Störungen mit Beginn in der Kindheit und Jugend, z.B.: Hyperkinetische Störungen / Aufmerksamkeitsdefizitsyndrom; Störungen des Sozialverhaltens wie dissoziales, aggressives, oppositionelles Verhalten; emotionale Störungen des Kindesalters wie Trennungsangst des Kindesalters; Bindungsstörungen u.a.).

An der letztgenannten Aufzählung zeigt sich, dass das heutige Klientel der Frühförder- und Beratungsstellen mit den traditionellen Behinderungskategorien der EinglH-VO nur sehr unzureichend zu erfassen ist. Zunehmend finden sich in den regionalen Frühförderstellen entwicklungsauffällige bzw. entwicklungsverzögerte Kinder, Kinder aus sozialem Mangelmilieu oder sonstige „Grauzonenkinder", bei deren eindeutiger Zuordnung zu einer bestimmten Hilfeart die beteiligten Fachleute sich schwertun, deren grundsätzlicher Hilfebedarf zur Vermeidung von Fehlentwicklungen aber unstrittig ist. Statt hier zu versuchen, formale Zuständigkeiten zu regeln, sollte im Einzelfall die jeweilige Angemessenheit der vorgesehenen Maßnahme im Mittelpunkt des Blickfeldes stehen. Dabei ergibt es sich beinahe zwangsläufig, dass verschiedene Einrichtungen/Anbieter im Bereich früher Hilfen miteinander zu tun bekommen, dass sie untereinander eine sinnvolle Zuordnung der betroffenen Kinder regeln und über den Einzelfall hinausgehende Kooperationen entwickeln.

Dass es nach wie vor einen großen Förder- und Hilfebedarf für alle im System Frühförderung tätigen Anbieter gibt, zeigt bereits eine kurzer Blick auf die spärlichen vorliegenden Versorgungszahlen: Ausgehend von Erfahrungswerten wird geschätzt, dass bundesweit etwa sechs Prozent eines Geburtsjahrganges wesentlich behindert bzw. von einer solchen Behinderung bedroht sind (das hieße für Brandenburg über 5.000 Kinder); zählt man die förderbedürftigen „Grauzonenkinder" hinzu, erhält man vermutlich eine mindestens doppelt so hohe Zahl. Nach einer aus dem Jahre 1997 stammenden Übersicht befanden sich aber nur wenig mehr als 1.600 Kinder in der Betreuung durch regionale Frühförder- und Beratungsstellen (Förderung mobil in der Familie, mobil in der Kita - Einzelintegration - oder ambulant in der Frühförderstelle), also weniger als ein Drittel der genannten über 5.000 Kinder. Selbst unter Berücksichtigung der Tatsache, dass neben den Frühförderstellen viele Kinder auch ausschließlich durch den überörtlichen Sozialhilfeträger in Sonder- bzw. Integrationskitas gefördert werden, weitere Kinder in Kitas einzelintegriert sind über eine Personalaufstockung durch die örtlichen Sozial- oder Jugendhilfeträger und schließlich Kinder ausschließlich durch niedergelassene Therapeuten bzw. durch Sozialpädiatrische Zentren versorgt werden, bleiben sicherlich zahlreiche unter- bzw. nicht versorgte Kinder. Die zum Teil gravierenden Probleme, die alljährlich bei den Schuleingangsuntersuchungen bekannt werden, sprechen hier für sich.

Was können nun speziell die regionalen Frühförder- und Beratungsstellen für entwicklungsverzögerte bzw. -auffällige Kinder tun?

Angebote regionaler Frühförder- und Beratungsstellen

Frühförder- und Beratungsstellen verstehen sich als offene Anlaufstellen für Familien, die bezüglich einer möglichen Risikoentwicklung ihrer Kinder Beratung und Förderung suchen. Qualifizierte Fachkräfte sind zunächst Zuhörer für Fragen, Wünsche und Sorgen der Eltern. Gemeinsam mit den Eltern werden Möglichkeiten der Hilfe entwickelt.

Aus einem Pool von Leistungen werden die für das einzelne Kind und seine Familie erforderlichen ausgewählt. Die Auswahl wird an Hand der sich ständig verändernden Situation des Kindes und seiner Familie in einem koordinierten Konzept immer wieder neu festgelegt, um Effektivität und Effizienz von Frühförderung dauerhaft sicherstellen zu können. Leistungsstandards müssen sich am fachwissenschaftlichen Fortschritt orientieren und weiterentwickeln. Leitlinien der Arbeit bilden die genannten Grundsätze der Familienorientierung („Die Familie ist Auftraggeber!"), der Interdisziplinarität und der Ganzheitlichkeit.

Hieraus folgt, dass eine kompetente Beratung der Eltern je nach Wunsch in der Beratungsstelle oder im vertrauten Umfeld des Familienalltags stattfindet. Priorität in der alltäglichen pädagogischen Förderarbeit ist die Hausfrühförderung. Die Stärke liegt in der familiennahen, vorwiegend mobilen Arbeitsweise.

Es ist eine fachwissenschaftlich gut bestätigte Erkenntnis, dass für die erfolgreiche Entwicklung eines Kindes die Qualität der frühen Eltern-Kind-Interaktionen eine entscheidende Bedingung ist. Deshalb ist die Zusammenarbeit mit den Eltern Dreh- und Angelpunkt. Offenheit, Wahrhaftigkeit und gegenseitige Würdigung sind Voraussetzungen dafür, dass eine vertrauensvolle Zusammenarbeit aufgebaut werden kann. Dazu gehört auch, die Eltern als Experten für ihr Kind zu akzeptieren und zu respektieren. Realistische Förder- und Therapieziele - jeweils immer für die nächste Zeit - können nur gemeinsam gefunden und umgesetzt werden. Das Familiensystem muss ebenso Berücksichtigung finden wie der geistige, körperliche und sozialemotionale Entwicklungsstand des Kindes. Im Elternhaus liegen oft die Wurzeln kindlicher Auffälligkeiten, betrachtet man die Auffälligkeit als eine normale Reaktion des Kindes auf die sich verändernde Umwelt.

Die Frühförder- und Beratungsstellen im Land Brandenburg sind bemüht, durch regelmäßige Sprechzeiten und durch Hausbesuche den hohen Anspruch der genannten Prinzipien einzulösen; der zunehmenden Zahl an Entwicklungsverzögerungen bzw. -auffälligkeiten können sie aber nicht allein begegnen. Eine koordinierte Zusammenarbeit mit anderen Einrichtungen bzw. Angeboten ist unumgänglich. Dabei spielen Kindertagesstätten als wesentliche Lebensorte der Kinder eine besondere Rolle. Das geschilderte facettenreiche Herangehen an das Förderkind und seine Familie basiert daher nicht nur auf einer fundierten Kompetenz der Fachkräfte in ihren eigenen Disziplinen, sondern auch auf dem Verständnis der Sichtweisen anderer beteiligter Professionen, auch aus anderen beteiligten Einrichtungen, und der Integration dieser in das eigene Handeln. Notwendig sind dabei der wechselseitige Austausch und gegenseitiges Vertrauen.

Frühförder- und Beratungsstellen können beispielsweise Kitas bei der Förderung entwicklungs- bzw. verhaltensauffälliger Kinder beraten. Insgesamt sind Kooperationsformen notwendig, die einzelne Systeme nicht ausgrenzen, sondern die ermöglichen, voneinander zu lernen und die Inhalte des anderen zu verstehen und zu achten, auch unter der Voraussetzung, dass z.B. Frühförderstelle und Kindertagesstätte in ihren Ansätzen und Rahmenbedingungen, in ihrem Menschenbild und ihren Ressourcen etc. unterschiedlich sind.

Kooperation der am Frühförderprozess Beteiligten

Solche Kooperationen bedürfen einer intensiven Vorbereitung und Pflege. Nach den Erkenntnissen des im Auftrag des Landesjugendamtes Brandenburg durchgeführten ISA-Projektes „Formen der Kooperation von Jugendhilfe und anderen an der Eingliederung von Kindern mit Behinderung Beteiligten" und der überregionalen Arbeitsstelle Frühförderung Brandenburg aus ihren Vor-Ort-Aktivitäten erscheint die Einrichtung regionaler Fachgremien (regionaler „Arbeitskreise Frühförderung interdisziplinär") mit Fachleuten aus der Praxis und Vertretern der Ämter bzw. Leistungsträger als sinnvoll für die Verbesserung der Kooperationsformen.

Mögliche Aufgaben solcher regionaler Arbeitskreise Frühförderung können u.a. sein:
- die Koordination und Vernetzung verschiedener Förder- und Hilfsangebote innerhalb der Region für Kinder mit Behinderungen und Förderbedarf im Vorschulalter,
- die Entwicklung von Kooperationsformen und einfachen bzw. einheitlichen Verfahrensweisen,
- ggf. die Prüfung aller oder einzelner zur Antragstellung anstehender Fälle und fachliche Empfehlungen an das Sozial- und Jugendamt über die geeigneten Hilfsmaßnahmen (z.B. unter Beteiligung der jeweils mit dem Kind befassten Fachkräfte),
- konkrete Fallbesprechungen im Einzelfall,
- die fachliche Beratung von Vertretern aus Ämtern und Einrichtungen.

Personell könnte ein solcher regionaler Arbeitskreis Frühförderung Fachkräfte der regionalen Frühförder- und Beratungsstelle, der sonderpädagogischen Förder- und Beratungsstelle, aus Kindertagesstätten, aus beteiligten Ämtern (z.B. Gesundheitsamt: Kinder- und Jugendgesundheitsdienst; Sozialamt: Sachgebiet Eingliederungshilfe, Jugendamt: Sachgebiete Hilfen zur Erziehung und Kita, Schulamt: Förderschulbereich und schulpsychologische Beratung), Vertreter der Krankenkassen sowie weitere Fachkräfte wie Kinderärzte, Psychologen, Therapeuten etc. umfassen. Vertreter der Ämter in den regionalen Arbeitskreisen sollten dabei erfahrene Fachleute sein, die regelmäßig mitarbeiten können, Strukturen und Probleme vor Ort kennen und bereit sind, in die Einrichtungen zu gehen; die schließlich in rechtlichen Fragen fundierte Kenntnisse besitzen und aufgrund ihrer fachlichen Qualifikation gemeinsam fundierte Empfehlungen zu geben vermögen, welche Ämterentscheidungen weitgehend vorbereiten können.

Kooperation ist nicht zu verordnen. Aber Kooperation ist zu erlernen und fördert nach allen vorliegenden Erfahrungen nicht nur die Effektivität der Arbeit, sondern auch die Zufriedenheit aller am Frühförderprozess Beteiligten.

Franz Peterander

Der Kooperationsprozess Eltern - Fachleute als bedeutsames Element einer qualitätsvollen Frühförderung

Die familiäre Umwelt beeinflusst insbesondere in den ersten Lebensjahren in entscheidender Weise die soziale, emotionale und intellektuelle Entwicklung von Kindern. Früh erlernte Beziehungsmuster sowie Interaktions- und Kommunikationsstrukturen zwischen Eltern und Kindern prägen den kindlichen Entwicklungsprozess. Bei Kindern mit Beeinträchtigungen sind diese Lern- und Erfahrungsmöglichkeiten häufig eingeschränkter, diese Kinder reagieren ängstlicher, sensibler und sind in ihrer gesamten Entwicklung gefährdeter als andere Kinder (Oerter et al. 1999). Bereits aus präventiven Gesichtspunkten kommt daher der Unterstützung der Familien von entwicklungsverzögerten und behinderten Kindern durch Fachleute eine herausragende Bedeutung zu. Die Kooperation Eltern - Fachleute stellt nicht zuletzt mit Blick auf den Erfolg der Kindförderung eine der wesentlichsten Bedingungen für eine qualitätsvolle Frühförderung dar. Angesichts eines oft mehrjährigen Prozesses der Kooperation Eltern - Fachleute und der Bedeutung der Kooperation für den Erfolg der Förderung stellt sich die Frage nach der bestmöglichen Zusammenarbeit im Einzelfall.

Nützlich könnten hier Kriterien für eine qualitätsvolle Zusammenarbeit zwischen Eltern und Fachleuten sein,
- die als Leitlinie für das fachliche Handeln dienen,
- die Arbeit in der Frühförderung professionalisieren und
- eine erfolgreiche Kooperation insbesondere auch in schwierigen Lern- und Fördersituationen wahrscheinlicher werden lassen (Peterander 1998).

Aus der Kenntnis empirisch fundierter Kriterien ließen sich in Verbindung mit theoretischen Überlegungen und praktischen Erfahrungen neue Ansätze für die Kooperation Eltern - Fachleute entwickeln, die beiden Seiten helfen könnten, ein qualitätsvolles Handeln zum Wohl der beeinträchtigten Kinder zu realisieren. Eine Vielzahl von Untersuchungen mit noch zahlreicheren Einzelergebnissen über positive Kriterien einer qualitätsvollen Frühförderung liegen heute bereits vor (Guralnick 1997). Eine sicherlich nicht einfache aber dennoch notwendige Bündelung dieser vielfältigen Befunde zu einem effektiven Kooperationsmodell steht jedoch noch aus.

Nachfolgend möchte ich in diesem Zusammenhang besonders auf zwei Aspekte näher eingehen:
1. Welche Ziele und Aufgaben stehen im Mittelpunkt einer qualitätsvollen Kooperation Eltern - Fachleute?

2. Welche Indikatoren einer qualitätsvollen Kooperation Eltern - Fachleute lassen sich aus den Ergebnissen einer von uns durchgeführten Elternbefragung für die Praxis der Frühförderung ableiten?

Ziele und Aufgaben einer qualitätsvollen Kooperation Eltern-Fachleute

Nach 25 Jahren Frühförderung in Deutschland haben sich eine Vielzahl von Konzepten zur Zusammenarbeit Eltern - Fachleute entwickelt, die sich im Laufe der Zeit gewandelt haben (Speck & Warnke 1983). Vom sogenannten Laien- bzw. Kotherapeutenmodell in den 70er und 80er Jahren bis zum heute gültigen Modell einer partnerschaftlichen Kooperation, das nicht mehr durch eine Prädominanz und Lernabhängigkeit der Eltern gekennzeichnet ist, sondern durch einen interaktionalen wechselseitigen Annäherungsprozess zwischen Eltern und Fachleuten. In einer engen Abstimmung ergänzen sich das generalisierte Expertenwissen auf der einen Seite und das individualisierte Wissen und Verstehen der Eltern auf der anderen Seite zu einem ganzheitlichen Verständnis von Situation und Aufgabe. Die Beiträge beider Seiten sind gleich wichtig für den Fördererfolg beim Kind.

In den letzten Jahren haben sich Forscher und Praktiker verstärkt mit der Frage beschäftigt, unter welchen Bedingungen der Wirkungsgrad der Förderung entwicklungsverzögerter und behinderter Kinder und die Kooperation mit den Eltern dieser Kinder verbessert werden kann. In einem ersten Schritt haben wir anhand einer Literaturanalyse bedeutsame Aufgaben und Ziele für eine wirksame Kooperation der Fachleute mit den Eltern in der Frühförderung herausgearbeitet. Sie beschreiben zugleich wichtige Kriterien für die Realisierung einer hohen Qualität der Zusammenarbeit.

Als bedeutsam hat sich hierbei vor allem *die Beratung der Eltern über die Entwicklungschancen ihres Kindes* erwiesen. Die Beratung der Eltern durch die Frühförderung wird als eine der wirksamsten Methoden der Kooperation betrachtet. Einerseits sollen die Eltern durch Gespräche mit Fachleuten Kompetenzen für die spezifische Erziehung und Förderung ihres beeinträchtigten Kindes erwerben sowie positive Bewältigungsstrategien für das gemeinsame Leben mit ihrem Kind aufbauen können. Diese Beratung umfasst Hilfen zur realistischen Einschätzung der kindlichen Behinderung und seiner Entwicklungschancen durch die Eltern, die Förderung der elterlichen Entscheidungsfähigkeit in allen das Kind betreffenden Fragen und die Unterstützung der Eltern bei der Umsetzung ihrer Entscheidungen, z.B. Integration in Kindergärten, Fragen der Einschulung. Durch die Beratung sollen die Eltern andererseits über ihre Erfahrungen im Familienalltag hinausgehendes Wissen und Kompetenzen zur Gestaltung von Erziehungs- und Förderprozessen erwerben sowie Mut und Hoffnung für die Zukunft schöpfen können, so dass sich verstärkt protective Faktoren ausbilden (Opp et al. 1999) und eine Langzeitwirkung der Frühförderung gesichert werden kann (Ramey & Ramey 1998).

Einen zweiten wichtigen Faktor stellt der *Aufbau eines Dialogs Eltern - Fachleute über die Kindförderung* dar. Die aktive Einbeziehung der Eltern in den Förderprozess der Kinder und der damit verbundene Wissens- und Erfahrungstransfer fördern die Schaffung positiver familiärer Bedingungen für das Kind, verbessern die Eltern-Kind-Interaktion und sind von großer Bedeutung für das Erkennen der kindlichen Stärken durch Eltern und Fachleute. Nicht zuletzt sichert die Einbeziehung der Eltern in die Kindförderung mit höherer Wahrscheinlichkeit eine Langzeitwirkung der Frühförderung (Ramey & Ramey 1998). Im Kontext der Kindförderung werden Ziele der Förderung formuliert, einzelne Förderschritte diskutiert, die Eltern an den Problemlösungen beteiligt und durch Modelllernen in die einzelnen Förderschritte eingeführt, damit die spezielle Erziehung und Förderung des Kindes harmonisch in den familiären Alltag integriert werden kann. Die von der Frühförderung angestrebte ganzheitliche Förderung des Kindes wird auf diese Weise wahrscheinlicher. Keine andere Förder- bzw. Kooperationssituation vereint so viele der für den gemeinsamen Erfahrungs- und Lernprozess von Kindern, Eltern und Fachleuten wichtigen Elemente und Möglichkeiten.

Ein in der Literatur weiterhin als sehr bedeutsam aufgeführter Faktor ist die *Gestaltung der Interaktion und Kommunikation zwischen Eltern und Kind*. Das Thema der Vermittlung von Interaktions- und Erziehungskompetenzen an die Eltern wird bei der Diskussion um die Bedeutung der Kooperation zwischen Eltern und Frühförderung mit Nachdruck hervorgehoben. In vielen Arbeiten zeigt sich, welch große Bedeutung einer entwicklungsförderlichen Eltern-Kind-Interaktion zukommt, wie diese Interaktion nach Möglichkeit aussehen soll (Peterander 1993) und unter welchen Bedingungen sie ermöglicht bzw. unter welchen sie gehemmt wird. Als günstige Voraussetzung für die Einbeziehung der Mütter in den Förderprozess hat sich erwiesen, wenn die Mütter von vornherein eine qualitätsvolle Interaktion mit ihrem Kind haben. Eine qualitätsvolle Mutter-Kind-Interaktion ist z.B. gekennzeichnet durch elterliche Responsivität, d.h. einer Haltung, die dem Kind Raum und Zeit für eigene Aktivitäten lässt und andererseits sehr sensibel, bestätigend und gestaltend auf diese Aktivitäten eingeht (Grossmann et al. 1985). Eltern sollten ferner in der Lage sein auf Signale des Kindes zu „antworten" und ihr Verhalten auf die aktuelle psychische Situation des Kindes abzustimmen. Kinder sollen in der Interaktion mit den Eltern auch die Wirkungen ihrer eigenen Initiativen erfahren und die eigenen Fähigkeiten erproben können, um daraus (Lern-)Erfahrungen und Selbstvertrauen zu gewinnen. Gegenseitiges Verständnis und die Bereitschaft, auf den anderen einzugehen, sowie die Reduzierung elterlicher Dominanz fördern die kindliche Selbständigkeit und sind daher wichtige Aspekte einer qualitätsvollen Interaktion.

In der Literatur hervorgehoben wird ferner die *Schaffung entwicklungsförderlicher Bedingungen in der Familie.* Die Optimierung der Lebensbedingungen des Kindes wird als einer der entscheidenden Wirkfaktoren für eine positive Kindsentwicklung gesehen (Maccoby & Martin 1983). Im Mittelpunkt der Kooperation mit den Eltern steht deshalb stets die Frage, in welcher Weise das familiäre Zusammenleben, die psychische und physische Lebenswelt des Kindes so gestaltet werden kann, dass sie den individuellen Bedürfnissen des beeinträchtigten Kindes entspricht. Neben der Sicherung der materiellen Grundlagen wird gefordert, dass die Eltern in der Lage sind, ihr Kind zu verstehen, zu beobachten, auch noch so kleine Entwicklungsfortschritte zu erkennen und in geeigneter Weise - und integriert in den Alltag der Familie - den kindlichen Entwicklungsprozess zu unterstützen sowie das Kind in seinem Selbstvertrauen zu stärken. Aufgabe der Frühförderung ist in diesem Zusammenhang eine familienzentrierte Beratung der Eltern. Bereits diese führt häufig zu Veränderungen des Familienalltags sowie zur emotionalen Entlastung der Eltern. Die Eltern bedürfen der Hilfe, um ihre Rolle und Aufgabe im Sinne der Erziehung und Förderung des Kindes besser wahrnehmen zu können (Speck & Peterander 1994).

Als fünfter Faktor ist die *Stärkung der elterlichen Kompetenzen* zu nennen. Die Tatsache der kindlichen Behinderung bringt in der Regel eine Vielzahl von Erschwernissen und Belastungen für die Familien mit sich. Viele AutorInnen sehen daher eine vorrangige Aufgabe der Frühförderung darin, die Eltern in ihrer Fähigkeit zur Gestaltung des familiären Zusammenlebens zu stärken. Den Eltern sollte es möglich sein, ihren Alltag so zu gestalten, dass neben der Erziehung und Förderung des Kindes auch für die Familie freie Zeit zur Verfügung steht, die Außenkontakte gepflegt werden und die eigenen Bedürfnisse der Eltern und der Geschwister der geförderten Kinder befriedigt werden können. Auf diese Weise erhöht sich die Wahrscheinlichkeit, dass das familiäre System in seiner Funktionsfähigkeit erhalten bleibt bzw. gestärkt wird. Gespräche, Beratung, Information, Unterstützung der Eltern durch die Frühförderung sind hier von zentraler Bedeutung.

Auch die *Bearbeitung personaler und familialer Dynamiken* stellt einen wichtigen Wirkfaktor dar. Der „Annahme" der kindlichen Behinderung durch die Eltern wird eine herausragende Bedeutung für eine erfolgreiche Frühförderung beigemessen. Einige Eltern tun sich schwer, ihr „Schicksal" anzunehmen und ihr Kind so zu akzeptieren, wie es ist. In diesem Fall ergeben sich nicht nur für Eltern, sondern auch für das Kind eine Reihe von Problemen. Die Qualität der Akzeptanz der individuellen Fähigkeiten der Kinder durch die Eltern beeinflusst entscheidend die Entwicklungsmöglichkeiten von Kindern mit Behinderungen. Gelingt den Eltern dieser Schritt, so beeinflusst dies die Interaktions- und Kommunikationsprozesse mit dem Kind in positiver Weise und unterstützt signifikant die emotionale, soziale und intellektuelle kindliche Entwicklung. Aufgabe der Frühförderung ist hierbei die Förderung des emotionalen Gleichgewichts in der Familie sowie der Rollenzufriedenheit der Mütter. Aufgabe der Frühförderung ist es auch, den Eltern Raum und Hilfen zu geben, um ihre emotionalen Belastungen ansprechen zu können; den Eltern zu helfen, die kindliche Behinderung „realistischer" wahrzunehmen sowie sie bei der Bewältigung der durch die Behinderung ihres Kindes hervorgerufenen Belastungen und Probleme zu unterstützen. Diese Belastungen liegen zumeist im emotionalen Bereich und führen häufig zu einer Verunsicherung in der Elternrolle wie auch zu Problemen in der Partnerschaft (Weiß 1989).

Letztlich ist auch auf die Bedeutung des *Aufbaus von Sozialbeziehungen* für das Gelingen der Frühförderung hinzuweisen. Die Beeinträchtigungen der Kinder führen nicht selten zu einer sozialen Isolation der Familien und hier insbesondere der häufig in der Verantwortung für das Kind allein gelassenen Mütter (Dunst et al. 1997). Familien mit nur geringer sozialer Unterstützung berichten häufiger über Probleme bei der Bewältigung kritischer Lebensereignisse sowie verstärkt über eigene psychische Beeinträchtigungen (Peterander et al. 1992). Zentrales Ziel der Kooperation mit den Eltern ist daher der Aufbau eines unterstützenden, tragfähigen sozialen Netzwerks für diese Familien. Elterngruppen können in diesem Zusammenhang oft ein erster wichtiger Schritt sein.

Diese Analyse von Forschungs- und Entwicklungsarbeiten hat bereits die Schwerpunkte einer qualitätsvollen Kooperation Fachleute - Eltern in der Frühförderung erkennen lassen: Es geht in erster Linie um die Stärkung der persönlichen Kompetenzen der Eltern im Hinblick auf ihre schwierige Lebens- und Familiensituation mit einem beeinträchtigten Kind. Die Eltern müssen sich vielen neuen Herausforderungen stellen, um letztlich selbstverantwortlich Wege und Lösungen für ihre individuelle Situation entwickeln zu können. Wenn man allerdings nicht bereits um die Leistungsfähigkeit und Effektivität der Frühförderung wüsste (Guralnick 1997), müsste man angesichts der hohen fachlichen und persönlichen Anforderungen an die Person des Frühförderers und der Multidimensionalität dieser Aufgaben Sorge haben, ob sie von den Fachleuten geleistet werden können. Es gibt heute keine allgemein anerkannten und differenzierten Aus- und Fortbildungskonzepte, die den Fachleuten aus Pädagogik, Psychologie und Medizin notwendiges Wissen und Kompetenzen für ihr professionelles Handeln zur Verfügung stellen. Zu unterschiedlich sind bisher die theoretischen und praktischen Ausgangsbedingungen für die Zusammenarbeit mit Eltern. Verstärkte Forderungen nach einem Gesamtkonzept der Aus- und Weiterbildung, das theoretische Grundlagen, Forschungsergebnisse und Trainingsverfahren umfasst, sind erst ansatzweise auf nationaler und internationaler Ebene erkennbar (Winton & DiVenere 1995; Bailey 1996).

Indikatoren einer qualitätsvollen Kooperation Eltern - Fachleute

Im Hinblick auf die zweite Fragestellung nach den Indikatoren einer qualitätsvollen Kooperation Eltern - Fachleute haben wir eine eigene umfangreiche Untersuchung in 110 Frühfördereinrichtungen in Bayern durchgeführt. Wir befragten dabei 1.099 Eltern mit Hilfe eines eigens entwickelten 26-seitigen Inventars u.a. darüber, welche Formen und Inhalte ihre Kooperation mit den Fachleuten hat, inwieweit sie diese Kooperation als positiv erleben und welche Erwartungen die Eltern an eine qualitätsvolle Kooperation mit der Frühförderung haben. Von großem Interesse für uns war ferner die Erfassung von (Moderator)-Variablen, die möglicherweise den Kooperationsprozess beeinflussen (Peterander & Speck 1993). Die Ergebnisse unserer Studie ergänzen in wesentlichen Punkten die zuvor genannten Ziele und Aufgaben einer wirksamen Kooperation Eltern - Fachleute, zu einem besseren Verständnis der Dynamik der Kooperation beizutragen und helfen, den Weg zur Realisierung einer qualitätsvollen Kooperation zu beschreiben. Es zeigte sich in der Studie, dass eine qualitätsvolle Kooperation entsteht,

- wenn die Leistungen der Fachleute hohen professionellen Standards genügen, die auch den Erwartungen der Eltern an fachliches Handeln entsprechen;
- wenn die Eltern über familienbezogene Einstellungen verfügen, die sie in besonderer Weise für aktive Zusammenarbeit mit der Frühförderung motivieren;
- wenn das Familienklima positiv und die Interaktion und Kommunikation der Eltern mit ihrem Kind entwicklungsförderlich ist;
- wenn ein dichter Informationsaustausch zwischen Frühförderern und Eltern vorhanden ist und
- wenn viele kindorientierte Gespräche und Beratungen stattfinden.

Diese Ergebnisse weisen darauf hin, in welch großem Umfang die Qualität des Kooperationsprozesses nicht nur von der Professionalität der Fachleute, sondern auch von externen Variablen wie z.B. dem Familienklima, den individuellen Kompetenzen der Eltern zur Interaktion mit ihrem Kind und ihren persönlichen Copingstrategien beeinflusst wird. Nachfolgend sind einige Indikatoren zusammengefasst, die das Gelingen einer qualitätsvollen Kooperation Eltern - Fachleute wahrscheinlicher machen:

- Für die meisten Eltern erweisen sich Gespräche mit Fachleuten und Modelllernen während der Kindförderung als besonders hilfreiche Methoden des „Lernens" für den Umgang mit ihrem Kind. Andere Formen des Lernens wie Rollenspiel, Videofeedback, Lehrfilme werden als weniger bedeutsam bewertet.
- Eine hohe Übereinstimmung zwischen Eltern und Fachleuten hinsichtlich der Ziele und Wege bei der Kindförderung unterstützt nachhaltig die Qualität des Kooperationsprozesses. Dieser Konsens erleichtert die Kommunikation.

- Die Kindförderung im familiären Setting beeinflusst den Kooperationsprozess positiv. Eine partnerschaftliche Kommunikation wird in dieser Situation erleichtert und Lernprozesse der Eltern werden unterstützt.
- Bemühungen der Fachleute um die Einbeziehung der Väter wirken sich förderlich auf den Kooperationsprozess mit den Müttern aus. Die Mütter fühlen sich dadurch in ihrer eigenen Mitarbeit gestärkt und unterstützt.
- „Familienbezogene Einstellungen" der Eltern fördern einen intensiven und positiven Kooperationsprozess. Eltern müssen von der Wichtigkeit ihrer Mitarbeit bei der Frühförderung ihrer Kinder überzeugt sein.
- Die Qualität von Partnerbeziehung und Familienklima erweist sich als bedeutsam für den Kooperationsprozess. Positive familiäre Bedingungen wirken sich förderlich auf Kommunikations- und Lernprozesse zwischen Eltern und Fachleuten aus.
- Die psychische Befindlichkeit der Eltern beeinflusst den Kooperationsprozess nachhaltig. Eltern mit Problemen bei der Erziehung und Förderung ihres Kindes erleben sich oft als überlastet bzw. überfordert und können sich seltener auf einen konstruktiven Kooperationsprozess einlassen.
- Entwicklungsförderliches Verhalten der Eltern im Umgang mit ihrem Kind steht in engem Zusammenhang mit einer intensiven und qualitätsvollen Kooperation zwischen Eltern und Fachleuten. Die Qualität der Eltern-Kind-Interaktion und die Qualität der Kooperation Fachleute - Eltern scheinen sich reziprok zu bedingen.
- Die Kontinuität der Kooperation mit einem/er bestimmten Frühförderer/In ist zu sichern. Ständige Wechsel der Fachleute beeinträchtigen nach den Ergebnissen unserer Studie den Aufbau einer längerfristigen vertrauensvollen Zusammenarbeit.

Abschließende Bemerkungen

Die Bemühungen der Fachleute bei der Förderung beeinträchtigter Kinder sind stets auch auf die Schaffung einer positiven Eltern-Kind-Interaktion und der Stärkung der elterlichen Kompetenzen zur Gestaltung eines positiven familiären Zusammenlebens gerichtet. Weitgehend ungeklärt ist hingegen die Bedeutung dieser Variablen für den Prozess der Kooperation Eltern - Fachleute. Wie die Ergebnisse unserer Studie jedoch zeigen, wäre mit Blick auf die Erarbeitung von Qualitätskriterien auch die Frage von Interesse, ob und wie diese „Familien-Variablen" zum Gelingen der Kooperation beitragen. Zudem scheint es bedeutsam die Veränderung der Kooperationsdynamik über die Zeit hinweg zu untersuchen. Möglicherweise gibt es unterschiedliche Phasen der Kooperation, deren jeweilige Auswirkungen auf die Familien mit einem behinderten Kind wir heute noch nicht kennen. Notwendig sind zukünftig Prozess- und Langzeitstudien zur Untersuchung von Kooperationsprozessen von Eltern und Fachleuten in der Frühförderung. Im Mittelpunkt dieser Bemühungen müsste die Entwicklung einer empirischfundierten *Kooperationsdiagnostik* stehen, die den Fachleuten in der Praxis Leitlinien für die systematische Gestaltung einer effektiven Kooperation mit den Eltern in die Hand gibt. Diese Forderung sollte auch den Maßstab für Weiterentwicklungen in einem bisher so erfolgreichen System wie dem der Frühförderung bilden. Immerhin haben über 90 % der von uns befragten Mütter und Väter die Arbeit der Fachleute in der Frühförderung als sehr positiv bewertet: Sie waren sehr zufrieden sowohl mit dem Erfolg der Kindförderung als auch mit den Fachkompetenzen der FrühförderInnen.

Literatur

Bailey, D.B. (1996). Preparing early intervention professionals for the 21st century. In: Brambring, M.; Rauh, H.; Beelmann, A.. (Eds.). Early Childhood Intervention: Theory, Evaluation, and Practice. Berlin, New York: de Gruyter; 1996: 488 -503.

Dunst, C.J.; Trivette, C.M.; Jodry, W. (1997). Influences of social support on children with disabilities and their families. In: Guralnick, M.J. (Ed.) The Effectiveness of Early Intervention. Baltimore, London: Brookes; 1997:499-522.

Grossmann, K.; Grossmann, K.E.; Spangler, G.; Suess, G.; Unzner, L. (1985). Maternal sensitivity and new borns´ orientation responses as related to quality of attachment in Northern Germany. In: Bretherton, I., Waters, E. (Eds.) Growing points of attachment theory and research. Monographs of the Society for Research Child Development. 1985; 50(1-2):233-256.

Guralnick, M.J. (1997). Second-generation research in the field of early intervention. In: Guralnick, M.J. (Ed.).The effectiveness of early intervention. Baltimore, London: Brookes; 1997:3-20.

Maccoby, E.E.; Martin, J.A. (1983). Socialization in the context of the family: parent-child interaction. In: Mussen, P.H. (Ed.) Handbook of Child Psychology. Vol 4. New York: Wiley; 1983:1-101.

Oerter, R.; von Hagen, C.; Röper, G.; Noam, G. (Hrsg.) (1999). Klinische Entwicklungspsychologie. Weinheim: Beltz.

Opp, G.; Fingerle, M.; Freytag, A. (Hrsg.) (1999). Was Kinder stärkt. München/Basel: Ernst Reinhardt Verlag.

Peterander, F. (1993). Skalen zur Messung entwicklungsförderlichen Elternverhaltens. System Familie, 6, 36-47.

Peterander, F. (1998). Die Gestaltung des Kooperationsprozesses zwischen Eltern und Frühförderung als Ausgangspunkt für Veränderungen - Möglichkeiten und Grenzen. In: Fuchs, E.; Zeschitz, M. (Hrsg.). Fleckerlteppiche und Frühförderung. Würzburg: edition bentheim; 1998:161-193.

Peterander, F., Speck, O. (1993). Eltern in der Frühförderung. Unveröffentlichter Fragebogen, Ludwig-Maximilians-Universität, München.

Peterander, F.; Bailer, J.; Henrich, G.; Städler, T. (1992). Familiäre Belastungen, Elternverhalten und kindliche Entwicklung. Zeitschrift für Klinische Psychologie. 1992;XXI(1):411-424.

Ramey, C.T.; Ramey, S.L. (1998). Early Intervention and early experience. American Psychologist. 1998;53(2):109-120.

Speck, O.; Peterander, F. (1994).Elternbildung, Autonomie und Kooperation in der Frühförderung. Frühförderung interdisziplinär. 1994;13:108-120.

Speck, O.; Warnke, A. (Hrsg.) (1983). Frühförderung mit den Eltern. München/ Basel: Ernst Reinhardt.

Weiss, H. (1989).Familie und Frühförderung. München/Basel: Ernst Reinhardt.

Winton, P.J.; DiVenere, N. (1995).Family-professional partnerships in early intervention personnel preparation: guidelines and strategies. Topics in Early Childhood Special Education. 1995;15(3):296-313.

Hans-Joachim Laewen

Grenzsteine der Entwicklung als Instrument der Früherkennung von Auffälligkeiten bei Kindern in Kindertagesstätten – eine empirische Untersuchung zu den Prädiktor-Eigenschaften über den Zeitraum eines Jahres

Dieser Beitrag stellt die bislang vorliegenden Ergebnisse einer Untersuchung vor, die im Auftrag des Ministeriums für Bildung, Jugend und Sport des Landes Brandenburg am Institut für angewandte Sozialisationsforschung/Frühe Kindheit e.V. (INFANS) durchgeführt wurde. Ziel der Studie war es, vorhandene Instrumente zur Früherkennung von Entwicklungs- bzw. Verhaltensauffälligkeiten bei Kindern daraufhin zu überprüfen, inwieweit sie für einen Einsatz als erste Stufe eines Frühwarnsystems in Kindertagesstätten geeignet sein könnten. Angestrebt war damit keine Diagnostik durch Erzieherinnen, sondern die Bereitstellung eines systematisch von den pädagogischen Fachkräften in den Kindertagesstätten einsetzbaren Instruments, mit dessen Hilfe Erzieherinnen zu einem möglichst frühen Zeitpunkt auf eventuelle Risikoentwicklungen der von ihnen betreuten Kinder aufmerksam gemacht werden können.

Die Initiative des MBJS hängt mit der seit Mitte der 90er Jahre bundesweit verstärkt geführten Diskussion über den als unbefriedigend bewerteten Anteil von Kindern zusammen, die jedes Jahr vom Schulbesuch zurückgestellt werden (zwischen 5 % und 14 % je nach Bundesland), die schließlich zu einem Prüfauftrag der KMK zu möglichen Ursachen und Möglichkeiten der Besserung der Situation führte. Die Thematik wurde in Brandenburg durch das MBJS aufgegriffen und fand einen ersten Ausdruck in der Durchführung einer Fachtagung mit dem Thema „Der Übergang von der Kindertagesstätte in die Grundschule", zu der 1996 eine Dokumentation herausgegeben wurde. 1997 begann unser Institut mit der Überprüfung vorhandener Instrumente, die möglicherweise in der Hand der Erzieherin geeignet sein konnten, die Grundlage für ein System der Früherkennung zu bilden, das zukünftig eine frühzeitige Identifizierung von entwicklungsauffälligen und deshalb ggf. von einer Rückstellung vom Schulbesuch bedrohten Kindern ermöglichen soll.

Im Vorfeld der Untersuchung hatten wir bereits mit einer kleineren empirischen Erprobung der Eignung des zu dieser Zeit gerade von Karlheinz Barth herausgegebenen Instruments begonnen, den „Diagnostischen Einschätzsskalen" (DES, Barth 1997) (Altersgruppe ab 5 Jahre). Es war jedoch sehr bald klar, dass die „DES" mit über 200 Items für unsere Zielstellung zu aufwendig für breit angelegte Screenings und wegen ihrer Beschränkung auf das Alter ab 5 Jahren für ein **Früh**warnsystem wenig geeignet waren.

Nach Durchsicht der vorhandenen Instrumentarien[1] wurden die „Grenzsteine der Entwicklung" von Michaelis & Haas (1994) (Altersgruppe 0 – 6 Jahre) sowie der „Verhaltensbeurteilungsbogen für Vorschulkinder" (VBV) von Döpfner et al. (1993) (Altersgruppe 3 bis 6 Jahre) für eine empirische Erprobung ausgewählt. Der VBV ist für den Gebrauch durch Erzieherinnen und Eltern entwickelt worden, während die Eignung der Grenzsteine in dieser Hinsicht noch offen war.

Beschreibung der Instrumente

Die sogenannten „**Grenzsteine der Entwicklung**" sind 1994 von Michaelis und Haas in einem Beitrag zu dem von Schlack et al. herausgegebenen Band „Praktische Entwicklungsneurologie" publiziert worden. Die beiden Autoren gehen davon aus, dass bei der Beurteilung der kindlichen Entwicklung mit drei wesentlichen Bedingungen zu rechnen ist:

1. eine hohe **inter**individuelle Variabilität, d.h. verschiedene Kinder entwickeln sich unterschiedlich,

2. eine **intra**individuelle Variablilität, d.h. ein und dasselbe Kind entwickelt sich in verschiedenen Bereichen unterschiedlich schnell,

3. transitorische Regressionen, d.h. vorübergehende Rückfälle auf frühere Stufen der Entwicklung.

Dieses Problem eines relativ breiten zeitlichen Spielraums, innerhalb dessen Entwicklungsschritte noch als normal angesehen werden müssen, versuchen Michaelis und Haas dadurch zu begegnen, dass sie „Durchgangsstadien eines bestimmten Entwicklungsverlaufs ... definieren, die für dieses Stadium essentiell sind. Für die motorische Entwicklung ist z. B. nicht essentiell, dass Kinder das Stadium des Krabbelns durchlaufen, wohl aber muss als Voraussetzung für den Erwerb einer aufrechten Körperhaltung zunächst die Fähigkeit eingetreten sein, über eine perfekte Kopf- und Rumpfkontrolle zu verfügen" (S. 96).

In dem „Grenzstein-Instrument" haben die Autoren für 5 Entwicklungsbereiche solche essentiellen Durchgangsstadien zusammengestellt, die von 90 % - 95 % der Kinder unseres Kulturkreises bis zu einem bestimmten Alter durchlaufen werden.

---

[1] An dieser Stelle ist Bernd Müller von der Arbeitsstelle Frühförderung Brandenburg für seine sachkundige Unterstützung zu danken.

Diese Bereiche sind:
1. Körpermotorik
2. Handmotorik
3. Expressiver Spracherwerb
4. Kognitive Entwicklung
5. Soziale Kompetenz

Das Instrument enthält Items für die Altersstufen: 1, 3, 6, 9, 12 und 18 Monate sowie für 2, 3, 4, und 5 Jahre, jeweils auf die vollendete Altersstufe berechnet. Für unsere Untersuchung haben wir aus praktischen Gründen die Altersstufen ab 15 Monate ausgewählt. Auf jeder Altersstufe werden lediglich 5 mehr oder weniger komplexe Verhaltensweisen auf ja-nein-Niveau abgefragt, so dass das Screening in relativ kurzer Zeit pro Kind durchgeführt werden kann.

Das Instrument war 1994 noch nicht an größeren Normpopulationen untersucht worden, hatte sich aber nach Angabe der Autoren in der Praxis bewährt. „Das Konzept der Grenzsteine ... ist für Screeninguntersuchungen gut geeignet. Diagnosen können damit aber nicht erstellt werden" (S. 97).

Das zweite Instrument, das wir eingesetzt haben, ist der „Verhaltensbeurteilungsbogen für Vorschulkinder", der von M. Döpfner, W. Berner, Th. Fleischmann und M. Schmidt in zwei Versionen jeweils für Eltern und Erzieherinnen entwickelt worden ist. Die Bögen sind für Kinder zwischen 3 und 6 Jahren anwendbar und wurden an einer Stichprobe in Mannheim normiert (N = 241 Erzieherbögen, N = 151 zusätzliche Elternurteile). Der Bogen für Erzieherinnen, der von uns in Teilen benutzt wurde, besteht aus insgesamt 110 Verhaltens-Items, die auf einer 5-stufigen Skala nach der Häufigkeit ihres Auftretens beurteilt werden. Die Items sind 4 Subskalen mit folgenden Bezeichnungen zugeordnet:

1. Oppositionell-aggressives Verhalten
2. Hyperaktivität vs. Spielausdauer
3. Sozial-emotionale Kompetenzen
4. Emotionale Auffälligkeiten

Wegen ihrer Korrelation mit klinischen Diagnosen des Entwicklungsstandes (visuell, motorisch, verbal und multipel) und der Intelligenz der Kinder (2. und 3. Achse des Multiaxialen Klassifikationsschemas) und um den Umfang der Arbeit für die Erzieherinnen nicht zu hoch werden zu lassen, haben wir die beiden Subskalen „Hyperaktivität vs. Spielausdauer" und „Sozial-emotionale Kompetenzen" mit insgesamt 39 Items ausgewählt und in der Untersuchung parallel zu den Grenzsteinen verwendet.

Die Rohwerte der Skalen werden summiert und in Normwerte einer neunstufigen Skala umgerechnet. Normwerte von 8 und 9 bzw. (je nach Polung der Skala) 1 und 2 gelten als Indikator für eine Behandlungsbedürftigkeit des betreffenden Kindes.

In einem zweiten Untersuchungsteil, den wir durchschnittlich 13 Monate nach der ersten Erhebung durchgeführt haben, ist ein weiteres Instrument eingesetzt worden, das kurz zuvor publiziert worden war. Es handelt sich dabei um den am Staatsinstitut für Frühpädagogik in München für die Altersgruppen 4 bis 6 Jahre entwickelten „Beobachtungsbogen zur Erfassung von Entwicklungsrückständen und Verhaltensauffälligkeiten bei Kindergartenkindern" (BEK, Mayr 1998). Das Instrument enthält 30 Items, die den Problembereichen Sprache und Sprechen, Kognitive Entwicklung, Wahrnehmung – Orientierung, Motorik und Verhalten zugeordnet sind und auf 3-stufigen Skalen (unauffällig, leicht ausgeprägt, stark ausgeprägt) beurteilt werden. Ergänzend werden weitere Informationen zu einigen Problembereichen auf 13 Items abgefragt.

Ebenso wie der VBV ist der Bogen für die Hand der Erzieherin konzipiert. Auch dieses Instrument ist nicht für Diagnosezwecke geeignet. Eine diagnostische Abklärung wird empfohlen, wenn in einem Bereich eine Einstufung mit 2 (also stark ausgeprägt) oder viele Einstufungen mit 1 (leicht ausgeprägt) vorliegen. Wir haben in der Auswertung „viele" mit „sieben" übersetzt und Kinder, deren Bögen für 7 und mehr Items Einstufungen mit 1 hatten, denen mit einer oder mehreren 2er Einstufungen gleichgestellt.

Zur Durchführung der Untersuchung

Zwischen Januar und Mai 1998 wurden jeweils 160 Exemplare einer von uns bearbeiteten Fassung der „Grenzsteine" und zwei der vier Subskalen (Hyperaktivität vs. Spielausdauer; sozial-emotionale Kompetenz) des VBV an Kindertagesstätten verschickt, die sich zu einer Zusammenarbeit bereit gefunden hatten. Die Rekrutierung des Samples erfolgte über die Beraterinnen der Kreisjugendämter, von denen Kindertagesstätten, die sie für geeignet und interessiert hielten, auf eine Teilnahme hin angesprochen worden sind. Die Stichprobe ist im engeren Sinne nicht repräsentativ, sondern zumindest durch die Teilnahmebereitschaft der Kindertagesstätten verzerrt.

Der Einsatz zweier verschiedener Instrumente sollte dabei insbesondere eine Beurteilung der Übereinstimmung der Ergebnisse des einfacheren Instruments (Grenzsteine) im Vergleich mit einem anspruchsvolleren und (zumindest an einer kleineren Kinderpopulation) normierten Instrument (VBV) ermöglichen.

Insgesamt 27 Kindertagesstätten und 50 Erzieherinnen haben sich an der Erhebung beteiligt. Für 124 Kinder wurden ausgefüllte Bögen zurückgeschickt, davon waren jeweils knapp 100 (96 Grenzsteine bzw. 97 VBV) korrekt bearbeitet und für eine Auswertung brauchbar. Für 75 Kinder liegen aus der ersten Stufe der Untersuchung auswertbare Datensätze von beiden Instrumenten vor.

Die Hauptfehlerquelle bei der Datenerhebung zu den Grenzsteinen ebenso wie für den VBV waren falsche Alterszuordnungen. Die Beobachtung von Kindern mit Hilfe des „Grenzsteine"-Instruments muss zu bestimmten Stichtagen erfolgen (in unserer Studie wenn das Kind 15 Monate/18 Monate/2 Jahre/3 Jahre/4 Jahre/5 Jahre alt ist). Formulierungen wie „am Ende des 2. Lebensjahres" wurden dabei oft fehlinterpretiert, so dass in diesem Fall die Erhebung zum 3. Geburtstag des Kindes erfolgte anstatt (wie es korrekt gewesen wäre) zum 2. Geburtstag. Eine kleinere Anzahl von Erzieherinnen hat die Festlegung auf bestimmte Beobachtungszeitpunkte völlig übersehen, so dass eine verhältnismäßig hohe Zahl (22 %) von **nicht** auswertbaren Datensätzen vorliegt. Hier müssen bei zukünftigen Verwendungen Erläuterungen zum Gebrauch der Skalen angeboten werden, die diesen Fehlerquellen Rechnung tragen. Als korrekt wurden die Beobachtungen akzeptiert, die in einem Zeitraum von 30 Tagen vor bzw. nach dem Erreichen der jeweiligen Altersgrenze durchgeführt worden waren.

Die Zahl der durch eine falsche Alterszuordnung bedingten Ausfälle wurde dadurch etwas verringert, dass bezüglich der „Grenzsteine" auch die Kinder in die Auswertung einbezogen wurden, die einerseits **nach** dem korrekten Zeitpunkt beobachtet wurden und trotzdem Auffälligkeiten zeigten oder andererseits **vor** dem korrekten Zeitpunkt beobachtet wurden und keine Auffälligkeiten aufwiesen.

Auswertung der 1998 erhobenen Daten - Grenzsteine

Die **Tabelle 1** gibt einen Überblick über die Alters- und Geschlechtsverteilung der untersuchten Kinder, für die auswertbare Datensätze der „Grenzsteine" vorliegen. Knapp ein Viertel der Kinder (23 %) war zum Zeitpunkt der Erhebung zwischen 15 und 36 Monate alt, liegt also außerhalb des Bereichs, den der VBV erfasst. Die 3- und 4-jährigen Kinder sind mit fast identischen Anteilen in der Auswahl vertreten (21 % bzw. 22 %), während die Kinder im Alter von 5 Jahren und älter mit 31 % vertreten sind. Bei den Kindern bis 3 Jahre sind etwas mehr Mädchen als Jungen vertreten (13 zu 10), während bei den älteren Kindern die Anzahl der Jungen etwas größer ist (41 zu 32).

Tabelle 1
Anzahl der Kinder nach Altersgruppe und Geschlecht
(nur valide Grenzsteine-Tests)

Altersgruppen	Anzahl der Kinder	Prozent Gesamt	davon Mädchen (Anzahl)	davon Jungen (Anzahl)
bis 15 Monate	1	1 %	1	0
über 15 bis 18 Monate	4	4 %	2	2
über 18 bis 24 Monate	8	8 %	5	3
über 24 bis 36 Monate	10	10 %	5	5
über 36 bis 48 Monate	21	22 %	12	9
über 48 bis 60 Monate	22	23 %	9	13
über 60 Monate	30	31 %	11	19
	96	100 %	45	51

Tabelle 2 zeigt die Anteile der Kinder mit und ohne Auffälligkeiten in den Grenzsteinen, aufgegliedert nach Jungen und Mädchen. 56 % der Kinder waren unauffällig (53 % der Mädchen und 59 % der Jungen), bei 46 % der Kinder wurden von den Erzieherinnen eine oder mehrere Abweichungen von den Normen der „Grenzsteine" festgestellt. Die Unterschiede zwischen Mädchen und Jungen sind nicht signifikant (Chi^2-Test). 22 % der Kinder weisen Auffälligkeiten in 2 und 3 (von maximal 5 Bereichen der Grenzsteine) auf.

Der Anteil auffälliger Kinder erscheint dabei insgesamt unverhältnismäßig hoch, was einerseits darauf zurückzuführen sein könnte, dass Erzieherinnen dazu tendieren, für solche Erhebungen auffällige Kinder bevorzugt auszuwählen, andererseits eine besondere Empfindlichkeit des Instruments anzeigen. In dieser Frage konnte einiger Aufschluss aus dem Vergleich mit den VBV-Daten erwartet werden (siehe unten). Darüber hinaus war die Klärung dieser Frage einer der Gründe, die eine Wiederholung der Erhebungen ein Jahr später sinnvoll und wünschenswert machten.

Tabelle 2
Anzahl der Kinder mit Auffälligkeiten in den Grenzsteinen
(nur valide Grenzsteine-Tests)

Anzahl von Bereichen mit Auffälligkeiten	Anzahl der Kinder	Prozent		
		Gesamt	davon Mädchen	davon Jungen
keine	54	56 %	53 %	59 %
1	21	22 %	24 %	20 %
2	15	16 %	18 %	14 %
3	6	6 %	4 %	8 %
	96	100 %	100 %	100 %

Tabelle 3 stellt die gefundenen Auffälligkeiten mit Bezug auf die 5 Bereiche der „Grenzsteine" dar, in denen sie beobachtet wurden. Mit 27 Nennungen liegt der Anteil der Probleme im Bereich 2kognitive Entwicklung" deutlich über den anderen Bereichen, gefolgt vom Bereich „expressiver Spracherwerb" mit 16 Nennungen. Die bei den Kindern beobachteten Rückstände in der Entwicklung konzentrieren sich auf diese beiden Bereiche, die mit zusammen 43 Nennungen annähernd doppelt so hoch liegen wie in den 3 anderen Bereichen zusammengenommen (23 Nennungen). Auch hier sind die Unterschiede zwischen Jungen und Mädchen nicht signifikant.

Tabelle 3
Häufigkeit von Auffälligkeiten in
den 5 Bereichen der Grenzsteine
(nur valide Grenzsteine-Tests)

Grenzstein-Bereiche	Anzahl	Prozent Gesamt	davon Mädchen (Anzahl)	davon Jungen (Anzahl)
Körpermotorik	6	6 %	3	3
Handmotorik	9	9 %	4	5
expressiver Spracherwerb	16	17 %	9	7
kognitive Entwicklung	27	28 %	13	14
soziale Kompetenz	11	11 %	4	7

Tabelle 4 schließlich gibt einen Überblick über die Verteilung der Auffälligkeiten der Kinder in den Altersgruppen.

Tabelle 4
Häufigkeit von Auffälligkeiten
nach Altersgruppen
(nur valide Grenzsteine-Tests)

Altersgruppe	Anzahl nicht auffälliger Kinder	Anzahl auffälliger Kinder	Kinder gesamt	Prozent auffälliger Kinder
bis 15 Monate	1	0	1	0 %
über 15 bis 18 Monate	3	1	4	1 %
über 18 bis 24 Monate	6	2	8	2 %
über 24 bis 36 Monate	5	5	10	5 %
über 36 bis 48 Monate	10	11	21	11 %
über 48 bis 60 Monate	13	9	22	9 %
über 60 Monate	16	14	30	15 %
	54	42	96	44 %

Auswertung der 1998 erhobenen Daten - VBV

Die beiden in der Untersuchung verwendeten Subskalen des VBV enthalten 21 Items (Sozial-emotionale Kompetenzen) bzw. 18 Items (Hyperaktivität vs. Spielausdauer), die jeweils auf 5-stufigen Skalen (0 - 4) beurteilt werden. Für jede der beiden Subskalen wird aus den 21 bzw. 18 Skalenwerten ein Rohwert durch Aufsummierung der Skalenwerte errechnet. Diese Rohwerte können mit Hilfe einer Tabelle in Normwerte (Standard-Nine-Werte von 1 bis 9) umgerechnet werden. Von den Autoren des VBV werden für die Subskala „Sozial-emotionale Kompetenzen" Standard-Nine-Werte von 1 und 2 als Indikator für eine Behandlungsbedürftigkeit angegeben, für die Subskala „Hyperaktivität vs. Spielausdauer" sind die entsprechenden Werte 8 und 9.

Nach diesen Kriterien waren 8 (von 94 Kindern, für die gültige Daten vorlagen) nach ihren Werten auf der Subskala „Sozial-emotionale Kompetenzen" behandlungsbedürftig, und 14 (von 94) Kindern nach ihren Ergebnissen auf der Subskala „Hyperaktivität vs. Spielausdauer". Dies sind deutlich niedrigere Häufigkeiten von auffälligen Kindern als in den Grenzsteinen, was darauf hinweist, dass die „Grenzsteine" tatsächlich empfindlicher, d.h. unterhalb der Ebene der Behandlungsbedürftigkeit messen könnten.

Tabelle 5
Häufigkeit von behandlungsbedürftigen Auffälligkeiten in den Subskalen des VBV
(nur valide VBV-Tests)

VBV-Subskalen	Anzahl der Kinder	Prozent		
		Gesamt	davon Mädchen Anzahl	davon Jungen Anzahl
Sozial-emotionale Kompetenzen (Standard-Nine-Werte 1 oder 2)	8	9 %	2	6
Hyperaktivität vs. Spielausdauer (Standard-Nine-Werte 8 oder 9)	14	15 %	4	10

Da keines der Kinder auf beiden Subskalen Werte erreichte, die eine Behandlungsbedürftigkeit nahelegen würden, addiert sich die Zahl der nach den Kriterien des VBV behandlungsbedürftigen Kinder auf 22 (23 %).

Die **Tabelle 6** vervollständigt den Überblick mit einer Aufstellung der Verteilung der behandlungsbedürftigen Kinder beider Subskalen über die Altersgruppen.

Tabelle 6
Häufigkeit von behandlungsbedürftigen
Auffälligkeiten nach Altersgruppen
(nur valide VBV-Tests)

Subskala: Sozial-emotionale Kompetenzen				
	Anzahl			Prozent
Altersgruppe	nicht auffällige Kinder	auffällige Kinder	Kinder gesamt	auffällige Kinder
über 36 bis 48 Monate	23	4	27	4 %
über 48 bis 60 Monate	29	3	32	3 %
über 60 Monate	34	1	35	1 %
	86	8	94	9 %

Subskala: Hyperaktivität vs. Spielausdauer				
	Anzahl			Prozent
Altersgruppe	nicht auffällige Kinder	auffällige Kinder	Kinder gesamt	auffällige Kinder
über 36 bis 48 Monate	22	5	27	5 %
über 48 bis 60 Monate	28	3	31	3 %
über 60 Monate	30	6	36	6 %
	80	14	94	15 %

Auswertung der 1998 erhobenen Daten - Vergleich der Instrumente

Eine der ersten zu klärenden Fragen war es, inwieweit die Auffälligkeiten in den Grenzsteinen mit den kritischen Werten der beiden VBV-Subskalen übereinstimmten.

Die **Tabellen 7 und 8** zeigen das Ergebnis des Vergleichs, zunächst getrennt nach Subskalen des VBV. Für die Subskala „Sozial-emotionale Kompetenzen" lagen für 73 Kinder gültige Daten für beide Instrumente vor. Von den 6 Kindern, die im VBV auf dieser Dimension als behandlungsbedürftig angesehen werden müssen, wurden alle auch auf den Grenzsteinen als auffällig beurteilt. Allerdings wurden auf den Grenzsteinen noch 28 (also etwa die Hälfte) weitere Kinder als auffällig eingestuft, die nach dem VBV auf der Subskala „Sozial-emotionale Kompetenzen" als nicht behandlungsbedürftig gelten. 39 Kinder waren auf beiden Instrumenten entsprechend der jeweiligen Kriterien unauffällig.

Für die Subskala „Hyperaktivität vs. Spielausdauer" werden 10 der 13 Kinder, die nach dem VBV als behandlungsbedürftig gelten, von den Grenzsteinen ebenfalls als auffällig eingeordnet, 3 Kinder gelten dort als unauffällig. Auf dieser Subskala wären 24 Kinder nicht behandlungsbedürftig, die in den Grenzsteinen als auffällig eingestuft wurden.

Tabelle 7

Vergleich der Instrumente
(nach Subskalen getrennt)

VBV	Grenzsteine		
	Kind auffällig	Kind unauffällig	alle Kinder
Subskala „Sozial-emotionale Kompetenzen"			
Kind behandlungsbedürftig	6	0	6
Kind nicht behandlungsbedürftig	28	39	67
	34	39	73
Subskala „Hyperaktivität vs. Spielausdauer"			
Kind behandlungsbedürftig	10	3	13
Kind nicht behandlungsbedürftig	24	35	59
	34	38	72

Wie bereits oben erwähnt ist kein Kind auf beiden Dimensionen des VBV als behandlungsbedürftig eingestuft, so dass ein Vergleich der Instrumente sinnvollerweise Auffälligkeiten auf beiden Dimensionen einbeziehen muss. **Tabelle 8** zeigt den Vergleich für Kinder, wenn beide Subskalen des VBV berücksichtigt werden.

Tabelle 8

Vergleich der Instrumente

VBV	Grenzsteine		
	Kind auffällig	Kind unauffällig	alle Kinder
Subskalen „Sozial-emotionale Kompetenzen" und „Hyperaktivität vs. Spielausdauer"			
Kind behandlungsbedürftig	16 (84 %)	3 (14 %)	19 (25 %)
Kind nicht behandlungsbedürftig	19 (34 %)	37 (66 %)	56 (75 %)
	35	40	75

Insgesamt sind 19 der 75 Kinder (25 %), für die gültige Werte auf beiden Instrumenten vorliegen, nach den Kriterien der VBV behandlungsbedürftig, die „Grenzsteine" erfassen 16 davon (84 % der nach VBV behandlungsbedürftigen Kinder). 3 der 19 Kinder würden nach den VBV-Ergebnissen als behandlungsbedürftig gelten, werden aber durch die „Grenzsteine" als unauffällig eingestuft. Für ein einfach zu handhabendes Instrument wie die „Grenzsteine" muss dies als ein ausgezeichnetes Ergebnis angesehen werden. Allerdings sind auf dieser Datenbasis keine Aussagen darüber möglich, ob die 19 Kinder, die durch die Grenzsteine, nicht aber durch den VBV als auffällig eingestuft wurden, von Entwicklungsrisiken bedroht sind oder nicht.

Um in der Beantwortung dieser Frage nicht auf Spekulationen angewiesen zu sein, war die Durchführung einer weiteren Erhebung vorgesehen, die etwa ein Jahr nach der ersten Datenerhebung erfolgte. Dabei wurde nochmals der VBV mit den beiden Subskalen eingesetzt, die auch in der ersten Untersuchung Verwendung fanden, darüber hinaus jedoch als weiteres Instrument der BEK, der zwischenzeitlich entwickelt und in Bayern mit gutem Erfolg eingesetzt worden ist (vgl. Mayr 1998). Ziel dieser Erhebung war es, die Vorhersagekraft der „Grenzsteine" für die weitere Entwicklung der Kinder zumindest über den Zeitraum eines Jahres sowohl noch einmal hinsichtlich des VBV als auch mit Bezug auf ein zweites, im Vergleich mit den Grenzsteinen aufwendigeres Instrument zu überprüfen.

Anfang 1999 wurden für die Kinder, die bereits an der 1. Erhebung beteiligt waren, nochmals die beiden Subskalen des VBV zusammen mit dem zwischenzeitlich am IFP München erarbeiteten „Beobachtungsbogen zur Erfassung von Entwicklungsrückständen und Verhaltensauffälligkeiten bei Kindergartenkindern" (BEK) (Mayr 1998) (Altersgruppe 4 bis 6 Jahre) an die Kitas verschickt. Für 83 Kinder kamen ausgefüllte Bögen zurück, davon 65 mit auswertbaren Daten. Vollständige Datensätze für beide Erhebungen liegen für 47 (Grenzsteine+BEK) bzw. 48 (Grenzsteine+VBV) Kinder vor.

Auf diese Kinder beziehen sich die nachfolgenden Analysen, bei denen es wesentlich um die Frage geht, inwieweit über die (einfach zu handhabenden) „Grenzsteine" aus der ersten Erhebung eine Vorhersage der Daten in der zweiten Erhebung möglich war.

Tabelle 9 zeigt, dass etwa die Hälfte der in der 2. Erhebung nach den Kriterien des VBV als behandlungsbedürftig zu beurteilenden Kinder durch die Grenzsteine vorhergesagt werden (7 von 13), 23 von 35 nach VBV-Kriterien nicht behandlungsbedürftigenKindern (66 %) wurden auch auf den Grenzsteinen als unauffällig eingestuft, 12 als auffällig.

Berücksichtigt man, dass die Vorhersage über mehr als ein Jahr ein relativ anspruchsvolles Kriterium darstellt, kann dies als ein zufriedenstellendes Ergebnis gelten, zumal der VBV-Pretest den VBV-Posttest bei den kritischen Kindern ebenfalls nur zu 50 % vorhersagt.

Tabelle 9

Vergleich der Instrumente

VBV – Posttest	Grenzsteine		
	Kind auffällig	Kind unauffällig	alle Kinder
Subskalen „Sozial-emotionale Kompetenzen" und „Hyperaktivität vs. Spielausdauer			
Kind behandlungsbedürftig	7	6	13
Kind nicht behandlungsbedürftig	12	23	35
Alle Kinder	19	29	48

Tabelle 10 zeigt die Ergebnisse mit Bezug auf den BEK. 85 % (17 von 20 Kindern) der auf dem (BEK) auffälligen Kinder sind bereits ein Jahr zuvor mit Hilfe der „Grenzsteine" als auffällig zugeordnet wurden. 5 von 27 Kindern (23 %) waren auf den Grenzsteinen auffällig, nicht aber 1 Jahr später auf dem BEK.

Tabelle 10

Vergleich der Instrumente

BEK – Posttest	Grenzsteine		
	Kind auffällig	Kind unauffällig	alle Kinder
Kind auffällig	17 (85 %)	3 (15 %)	20 (43 %)
Kind unauffällig	5 (23 %)	22 (77 %)	27 (57 %)
	22 (47 %)	25 (53 %)	47 100 %

Mit aller Vorsicht und vorbehaltlich der Ergebnisse der abschließenden Auswertung darf unseres Erachtens daraus geschlossen werden, dass die „Grenzsteine" für einen Einsatz im Rahmen eines Frühwarnsystems geeignet sind, d.h. eine Auffälligkeit auf dem Grenzsteininstrument sollte zum Anlass zumindest für eine aufmerksame Beobachtung des betreffenden Kindes und ggf. für eine diagnostische Abklärung genommen werden.

Wie und durch wen eine solche Abklärung und ggf. die Förderung des Kindes erfolgen sollte, ist damit noch nicht entschieden und bedarf weiterer fachlicher und fachpolitischer Diskussion. Hinsichtlich des Grenzstein-Instruments wäre als nächster Schritt ein wissenschaftlich begleiteter Einsatz in einem größeren Rahmen in Verbindung mit einer diagnostischen Abklärung des Status der als auffällig erscheinenden Kinder sinnvoll.

Literatur

Barth, K. (1997). Lernschwächen früh erkennen im Vorschul- und Grundschulalter. München/Basel.

Döpfner, M.; Berner, W.; Fleischmann, Th. & Schmidt, M. (1993). Verhaltensbeurteilungsbogen für Vorschulkinder (VBV 3-6). Weinheim: Beltz Test GmbH.

Ministerium für Bildung, Jugend und Sport des Landes Brandenburg (Hrsg.) (1996). Der Übergang von der Kindertagesstätte in die Grundschule. Dokumentation der Referate und der Diskussion der Fachkonferenz am 27. und 28.11.1995 in Potsdam.

Mayr, T. (1998). Beobachtungsbogen zur Erfassung von Entwicklungsrückständen und Verhaltensauffälligkeiten bei Kindergartenkindern (BEK). München: Staatsinstitut für Frühpädagogik (IFP).

Michaelis, R. & Haas, G. (1994). Meilensteine der frühkindlichen Entwicklung - Entscheidungshilfen für die Praxis. In: Schlack, H.G.; Largo, R.H.; Michaelis, R.; Neuhäuser, G. & Ohrt, B. (Hrsg.) (1994). Praktische Entwicklungsneurologie. München: Hans Marseille Verlag GmbH, S. 93-102.

Detlef Häuser, Bernd-Rüdiger Jülisch

„Kitaintegrierte Förderung" - ein Projekt integrativer Förderung Konzepte, Implementation und erste Ergebnisse

Das Konzept „Integrative Förderung" ist eine mögliche Problemlösung im Kontext der Probleme, die sich durch die Tatsache der Zunahme beobachtbarer Auffälligkeiten bei Kindern im Vorschul- und Grundschulalter ergeben. Das Konzept und das hier vorzustellende Projekt „Kitaintegrierte Förderung" kann als eine Konkretisierung des Konzepts „Integrative Förderung" für den Bereich elementarer Bildung und Erziehung verstanden werden.

Zunächst werden die sich in den letzten 10 Jahren veränderten familiären Sozialisationsbedingungen als mögliche Bedingungen für die Zunahme von Entwicklungsauffälligkeiten bei Vorschul- und Grundschulkindern diskutiert. Die Konzepte der integrativen und der kitaintegrierten Förderung werden dargestellt und ein sowohl entwicklungs- als auch pädagogisch-psychologisch begründetes Setting für die Förderung von entwicklungsauffälligen Kindern in der Kita beschrieben. Das Konzept und Setting kitaintegrierter Förderung sind entstanden im Kontext der Arbeit der Erziehungs- und Familienberatungsstelle des Landkreises Märkisch-Oderland (Bundesland Brandenburg). Das diesem Ansatz der Frühförderung entsprechende Förderprojekt, das ebenfalls durch die Erziehungs- und Familienberatungsstelle des Landkreises initiiert, angeleitet und fachlich begleitet wurde, wird gegenwärtig in 12 Kitas des Landkreises erprobt. Erste Ergebnisse zu den Effekten dieser Form der Förderung werden dargestellt und diskutiert.

Auffälligkeiten bei Kindern im Kontext veränderter Sozialisationsbedingungen

Grundschullehrer berichten über eine zunehmende Heterogenität in den Lern- und Handlungsvoraussetzungen ihrer Schüler. Veränderte soziodemographische und sozialpsychologische Merkmale der Schüler, Veränderungen in deren sozialer und psychischer Konstitution, einen Wandel in den Normen des Sozialverhaltens sowie einen veränderten kulturellen Habitus im Ergebnis der Mediennutzung benennt Edelstein (1998) als Bedingungen, die Bildung und Erziehung in Schule und Unterricht zunehmend komplizierter werden lassen. Aufmerksamkeits- und Konzentrationsprobleme, die mit motorischer Unruhe einhergehen, Motivationsprobleme, Leistungs- und Sprechstörungen als die prägnantesten Auffälligkeiten bei Schülern aus Lehrersicht (Berg 1998) können gleichsam auch als Indikatoren stattfindener sozialisationsbedingter Veränderungs- und Wandlungsprozesse verstanden werden. Wird die Frage nach den konstituierenden Bedingungen solcher sozialisationsbedingter Veränderungs- und Wandlungsprozesse gestellt, so sind zum einen die sozialökonomischen Existenzbedingungen vieler Familie und zum anderen der fast allumfassende Einfluss elektronischer Medien auf Familie und Kindheit zu nennen. Hinsichtlich der Auswirkungen der sozialökonomischen Rahmenbedingungen auf die familiärer Sozialisation ist bekannt, dass sich Armut, Einkommensverluste und Arbeitslosigkeit abträglich auf ein unterstützendes, einfühlsames und entwicklungsförderliches Elternverhalten auswirken (Schneewind 1998). Ebenso wird der extensive Fernseh- und Videokonsum von Kindern, die auf sich allein gestellt sind, und bei denen ein Mangel an elementaren Sozialerfahrungen besteht, als eine der möglichen Bedingung für die Erosion traditioneller familiärer Beziehungsmuster diskutiert (Ahrbeck 1996).

Für eine zunehmend größere Anzahl von Kindern im Vorschulalter bewirken solche Bedingungen Entwicklungsumgebungen, die es diesen Kindern nicht mehr ausreichend ermöglichen, ihre vorhandenen Lern- und Entwicklungspotentiale im Sinne gelingender Entwicklung angemessen zu realisieren. Dafür spricht z.B. auch der wachsende Anteil von Schulrückstellern, der nicht nur im Landkreis Märkisch-Oderland registriert wird, sondern in vergleichbarer Weise auch im Land Brandenburg. Für den Landkreis Märkisch-Oderland wurde z.B. 1997 für über 12 % der einschulungspflichtigen Kinder auf Grund der Schulreihenuntersuchung eine Rückstellung empfohlen, im Land Brandenburg beträgt die Rückstellungsquote ca. 9 %. Für eine breite Öffentlichkeit sind solche Zahlen ein besonders alarmierendes Signal für die Zunahme von Entwicklungsauffälligkeiten, die mit veränderten Sozialisationsbedingungen korrespondieren, und für die in der Literatur bereits Syndrombezeichnungen wie z.B. „Neue Kinder" (Schwarzbach 1998) zu finden sind.

Auch wenn noch keine epidemiologisch gesicherten Erkenntnisse zur gültigen Beschreibung des Phänomens, zu den Bedingungen, zur Prävalenz und zum weiteren Entwicklungsverlauf der „Neuen Kinder" vorliegen, so gestatten doch die bislang aus der Beratungspraxis gewonnenen Erfahrungen erste Hinweise auf vorfindbare Risikobedingungen sowie auf die vermutlichen Auswirkungen kumulierter Risikobedingungen auf die alltäglichen sozialen Existenz- sowie innerfamiliären Interaktions- und Kommunikationsbedingungen. Ein niedriger Sozialstatus der Familie, geringe schulische und berufliche Qualifikation der Eltern, Arbeitslosigkeit, geringes Familieneinkommen etc. stellen wohl die wichtigsten psychosozialen Risikofaktoren dar, durch die die Wahrscheinlichkeit eines familiären Mangelmilieus bzw. von Störungen in der Eltern-Kind-Interaktion erhöht wird.

Solche Risikobedingungen, die sich vor allem in einer Störung der Eltern-Kind-Interaktion bemerkbar machen sind u.a.:

1. eine Verringerung der Eltern-Kind-Interaktion bzw. -Kommunikation mit Folgen für die kognitive, sprachliche und sozial-emotionale Entwicklung der Kinder;
2. eine geringe emotional-soziale Bindungssicherheit von Kindern mit der Folge, dass Kinder durch ihre Eltern deutlich weniger Hilfen, Orientierungen und Vorselektionen bei der Erschließung ihrer komplexen Umwelt erhalten;
3. eine visuellen Reizüberflutung des Kindes durch den kaum oder zu wenig kontrollierten elektronischen Medienkonsum, wobei die Perzeption elektronischer Medien nichts mit dem ganzheitlichen Sensorik und Motorik umfassenden Prozess der natürlichen Wahrnehmung und geistigen Durchgliederung der Umwelt des Kindes zu tun hat;
4. eine Überflutung der sich entwickelnden kindliche Phantasie durch die über Medien gesendeten visuellen Fremdphantasien;
5. eine Sprache, insbesondere geboten durch die elektronischen Medien, die bezogen auf das Klein- und Vorschulkind nicht handlungs- und situationsbezogen ist, eine Sprache, die im Vergleich zum realen, lebendigen Dialog, weitgehend frei ist von emotionalen, gestischen, mimischen und intonativen Untermalungen, die sich nicht auf das einzelne Kind orientiert, d.h. die sich nicht selbstkorrigierend auf das Sprach- und Verständnisniveau des einzelnen Kind einpegelt und der im Vergleich zum natürlichen Mutter-Kind-Dialog alle lernunterstützenden Merkmale fehlen, die das Klein- und Vorschulkind für den Erwerb der Sprache benötigt;
6. ein Mangel an traditionellen, kindorientierten Beschäftigungen wie Bauen mit Bausteinen, mit Holzklötzen, das Malen, Basteln, Schneiden, Bewegungsspiele, d.h. von Tätigkeiten, die Motorik, die Wahrnehmung, das Denken, die Sprache, die eigene Phantasie des Kindes herausfordern.

Eng bezogen auf die Auswirkungen kumulierter sozialer und innerfamiliärer Risikobedingungen im kindlichen Entwicklungsverlauf ist die Suche nach geeigneten Problemlösungen.

So kann die Flexibilisierung der Schuleingangsstufe gemäß der KMK-Empfehlungen von 1997 und der Bundesmodellversuch „Neue Schuleingangsstufe" (vgl. Burk et al. 1998) als ein solcher Ansatz zur Problemlösung betrachtet werden, der eine Lösung anstrebt, indem nunmehr die Erzeugung von Schulfähigkeit zu einer Aufgabe der Schule wird. Unberücksichtigt bei einem solchen Lösungsversuch bleiben die möglichen Ressourcen zur Entwicklungsförderung im Elementarbereich von Bildung und Erziehung, in den seit dem Kita-Gesetz von 1995 auch bundesweit zunehmend mehr Kinder integriert sind. Ein entsprechendes Kita-Gesetz mit einem darin enthaltenen Bildungsauftrag gibt es auch im Land Brandenburg, wobei bildungspolitisch bisher nicht verbindlich geklärt wurde, ob dazu auch die zielgerichtete Schulvorbereitung gehört.

Die den Frühförder- und Erziehungsberatungsstellen innewohnende Orientierung auf familienbezogene und familienunterstützende Maßnahmen der Entwicklungsförderung bei sozialisationsbedingten Entwicklungsauffälligkeiten halten wir als Beitrag im Rahmen einer systemisch angelegten Frühförderung für unverzichtbar, aber als „stand alone"-Problemlösung für nur begrenzt wirksam. Begrenzt deshalb, weil ein für das Kind nicht förderliches Familienmilieu das Ergebnis eines durchaus funktionalen Anpassungsprozesses des Familiensystems an außerfamiliäre ungünstige gesellschaftliche Bedingungen sein kann. Nur in Ausnahmefällen werden aber sozialstrukturell und dann auch langfristig stabil solche äußeren Bedingungen für Familien herstellbar sein, die eine stabile Neugestaltung familiärer Aufgaben, Funktionen und Regulationsprozesse ermöglichen. Entsprechend geeignete Maßnahmen müssten sowohl auf das Kind, auf die Familie und auf die sozialökonomischen und kulturellen Lebensumstände der Familie bezogen sein.

Mit Blick aber auf die Anzahl von Familien, die in sozial-ökonomisch gefährdeten Situation leben und dem eher zunehmenden Umfang sozialisationsbedingter Entwicklungsauffälligkeiten ist eine solche im beschriebenen Sinne systemisch operierende familienorientierte Herangehensweise unter Berücksichtigung des dafür erforderlichen und zu finanzierenden Aufwandes wohl nicht als „Mainstream" der Problemlösung geeignet.

„Integrative Förderung" - ein Ansatz zur Förderung von Kindern mit primär sozialisationsbedingten Lern- und Verhaltensauffälligkeiten im Vorschul- und Grundschulalter

Ein möglicher Lösungsansatz zur Förderung von Kindern mit primär sozialisationsbedingten Entwicklungsauffälligkeiten wäre es, förderpädagogische Ressourcen in den Bereichen zu erschließen, die zu den natürlichen Feldern der kindlichen Sozialisation gehören.
Im Land Brandenburg, wo über 90 % der 3-6 jährigen den Kindergarten besuchen, gehört auch die Kita traditionell dazu.

DAS KONZEPT "INTEGRATIVE FÖRDERUNG"

(Familie — Kind — Kita — Schule / Hort)

Der Grundgedanke "Integrativer Förderung":
Im natürlichen Lebenskontext der Kinder
in den Bereichen
elementarer und primärer Bildung und Erziehung
werden verfügbare Ressourcen
für die Aktivierung
von Entwicklungspotentialen der Kinder mobilisiert.

Abb. 1: Integrative Förderung

Für das Konzept „Integrative Förderung" sind drei Grundgedanken zentral bedeutsam:

1. Integration der Förderung in die natürlichen Lebensumgebungen der Kinder (z.B. in die Kita) und die Realisierung der Förderung durch die natürlichen Bezugspersonen der geförderten Kinder (z.B. Erzieherinnen).
2. Horizontale Integration (z.B. Kita / Familie) und die vertikale Integration (z.B. Kita / Hort) der jeweils kontextspezifischen Fördermöglichkeiten.
3. Integration von Früherkennung, pädagogischer Förderung und psychologischer Intervention.

Integrative Förderung ist kein kurzfristiges Funktions- oder Kompetenztraining, sondern eine langfristig auf entwicklungsauffällige Kinder bezogene Lern- und Entwicklungsförderung, die Einzel- und Gruppenförderung in Abhängigkeit vom individuellen Förderbedarf kombiniert. Die Notwendigkeit der Langfristigkeit der

Förderung resultiert aus den Erfahrungen von follow-up-Studien zu Programmen der Frühförderung und zur Förderung im Schulbereich. Diese Studien belegen, dass zeitlich stabile und nachhaltige Effekte nur dann zu erwarten sind, wenn erstens die Förderung nicht kurzfristig und einmalig, sondern entwicklungsbegleitend erfolgt, wenn zweitens die Förderung auf die spezifischen Fördermöglichkeiten in den Lebensumwelten der Kinder integrierend Bezug nimmt, wenn drittens die Förderung differentiell erfolgt und wenn viertens die Übertragung in die natürliche Lern- und Verhaltenssituation durch abgestimmte Lern- und Verhaltensgelegenheiten unterstützt und auch gefordert wird (Reynolds & Temple 1998; Galper, Wigfield & Seefeldt 1997).

Vor diesem Hintergrund ergeben sich die 5 Grundprinzipien integrativer Förderung:

1. Förderung muss dann erfolgen, wenn Förderbedarf identifizierbar wird.
2. Förderung muss differenziell erfolgen.
3. Förderung muss integrativ erfolgen.
4. Förderung muss mit dem Ziel der Nachhaltigkeit erfolgen.
5. Förderung muss kontrolliert erfolgen.

Das Prinzip, dass Förderung dann einsetzen sollte, wenn Förderung identifizierbar wird, ist selbsterklärend. Das Prinzip differenzieller Förderung meint eine hinsichtlich der Entwicklungs-, Lern- und Handlungsvoraussetzungen der Kinder bedarfsgerechte Förderung. Das Prinzip der integrativen Förderung wurde bereits erläutert. Nachhaltige Förderung meint das Nachhalten von Fördereffekten im weiteren Entwicklungsverlauf im Sinne einer sich zunehmend selber tragenden wünschenswerten Entwicklung. Um eine sich selbst tragende Entwicklung zu bewirken, bedarf ein in seiner psychosozialen Entwicklung gefährdetes Kind möglichst frühzeitiger und dann längerfristiger Unterstützung. Dies gilt insbesondere für die Bewältigung ökologischer Übergänge, wie z.B. den Schuleintritt und gilt natürlich auch für die Bewältigung nicht normativer bedeutsamer Lebensereignisse im Leben des Kindes.

Das Prinzip kontrollierter Förderung bedeutet, dass eine integrative Förderung Qualitätsstandards zu genügen hat.
Dies betrifft die Transparenz sowohl von Förderstrategien als auch die Transparenz in der Organisation bei der Vorbereitung und im Ablauf der Förderung, bezieht sich auf den Einsatz qualitätsgeprüfter, sprich evaluierter Verfahren, die Absicherung der Professionalität im Einsatz von Verfahren, die förderbegleitende Supervision und den replizierbaren Nachweis von Fördereffekten.

Bedeutet integrative Förderung nun nur einen weiteren Versuch kompensatorischer Förderung? Kompensatorische Förderung setzt ein Defizitmodell mit Annahmen zu entwicklungsbedingten Defiziten des Kindes voraus. Neurobiologische und psychologische Erkenntnisse belegen übereinstimmend, dass Kinder (sofern nicht biologisch bedingte Störungen vorliegen) individuelle mit dem Alter sich verändernde Entwicklungspotentiale haben, die ihnen in ihren Umgebungen ein aus der Perspektive des Kindes „optimales Funktionieren" ermöglichen. Nun kann es aber durchaus sein, dass ein aktuell „optimales Funktionieren" in einem Lebenskontext sich nicht förderlich auf die Bewältigung von Anforderungen in anderen Lebensumgebungen auswirkt oder aber das Bewältigen zukünftiger Anforderungen gefährdet. Mit anderen Worten: die regulative Anpassung des Kindes an ein Mangelmilieu kann die Entfaltung seiner Entwicklungspotentiale behindern. Es wäre dann die Verantwortung von Erziehern in den gegenwärtigen Umgebungen, den auffälligen Kindern solche Entwicklungs- und Lerngelegenheiten zu bieten, die es diesen Kindern er-möglichen, ihre Chancen für eine gelingende Entwicklung zu verwirklichen. Dabei wird die Bedeutung der Familie keinesfalls unterschätzt. Integrative Förderung kann nicht gegen die Familie, sondern nur mit der Familie erfolgreich sein. Deshalb ist der Wunsch der Eltern nach Förderung ihrer Kinder eine elementare Wirkvoraussetzung integrativer Förderung und begleitende kooperative Einbeziehung der Eltern eine der elementaren Wirkbedingungen.

Die Realisierung eines solchen Konzepts „Integrative Förderung" setzt die Kooperation von Jugendpolitik, von Jugend- und Schulamt, Eltern, Erzieherinnen, Lehrern und Psychologen voraus. Ganz besonders wichtig ist aber erstens die kooperative Mitwirkung der Eltern und zweitens die Professionalisierung der Tätigkeit von Erzieherinnen und Lehrern mit Blick auf die Erfordernisse der Förderung, denn eine solche integrative Förderung erfordert von Erzieherinnen und Lehrern u.a. Kompetenzen in Diagnostik, Indikation und Intervention, um differenziellen Förderbedarf zu erkennen und Förderung angemessen zu realisieren.

Das Konzept „Kitaintegrierte Förderung"

Das Konzept „Kitaintegrierte Förderung" ist für den Bereich elementarer Bildung und Erziehung eine Konkretisierung des Konzepts „Integrative Förderung".
Der Vorschlag, Bereiche der Frühförderung in die Kita zu verlegen, ist nicht neu, sondern wird in der einschlägigen Fachliteratur immer wieder diskutiert. Klein (1994), er hatte vor allem die Verhältnisse in den alten Bundesländern vor Augen, forderte eine Förderung in der Kita vor allem für Kinder, die in sozialen Brenn-

punkten bzw. in einem deprivierenden Milieu leben. Weiß (1998) verweist darauf, dass besonders bei multidimensional belasteten Familien schon in den Anfangszeiten der Frühförderung auf die Dringlichkeit familienergänzender Formen wie „... z.B. die (Re)Aktivierung der Tagesmütter, flexibel organisierte Kleingruppen in Kindergärten ..." hingewiesen wurde. Wobei er einräumt, dass diese Vorschläge bestenfalls in Einzelfällen umgesetzt wurden. Mayr (1998, S. 98), der auch für Bayern ein beträchtliches Anwachsen von Kindern, die im engeren Sinne zwar nicht „behindert" sind, aber doch verschiedene Entwicklungsauffälligkeiten aufweisen, feststellte, formuliert für die Arbeit in den Kindergärten u.a. folgende Konsequenzen: „Verbesserung der Erzieherausbildung im heilpädagogischen Bereich und Überprüfung der pädagogischen Ansätze und Konzeptionen in Hinblick auf die Eignung für die Betreuung von Problemkindern".

Werden Erzieherinnen nach solchen „Problemkindern" befragt, so werden häufig einzelne bzw. Kombinationen von folgenden Auffälligkeiten genannt:

- Symptome aus dem Bereich des hyperkinetischen Syndrom wie motorische Unruhe, fluktuierende bzw. schwer zu fokussierende Aufmerksamkeit, Konzentrationsstörungen und geringe Belastbarkeit und Anstrengungsbereitschaft,
- deutlicher allgemeiner Sprachentwicklungsrückstand und/oder Schwierigkeiten in der Lautbildung und/oder mehr oder minder ausgeprägter Dysgrammtismus;
- Vermeidung von Beschäftigungen oder Themen, die differenzierte Wahrnehmungs-, Denk- oder Gedächtnisleistungen erfordern wie Malen, Puzzle, Memory usw; Klassifikations- und Vergleichsprozesse werden oberflächlich, unsystematisch und sehr langsam realisiert; ein ständiges Wiederholen ist notwendig; bereits Gekonntes wird verlernt; geringe Umweltkenntnis;
- im Spiel einfallslose, stereotype Bewegungen mit Spielmaterialien; Spielthemen werde nicht ausgestaltet bzw. schnell wieder abgebrochen. Die auffälligen Kinder werden von Gleichaltrigen als Spielpartner häufig nicht akzeptiert und spielen deswegen entweder allein oder mit jüngeren Kindern.
- Nicht selten nehmen diese Kinder schon eine Außenseiterposition hinsichtlich ihrer sozialen Einbindung in der Gruppe ein. Sie beteiligen sich kaum an gemeinsamen Beschäftigungen, sie vermeiden Anforderungen, denen sie sich nicht gewachsen fühlen. Häufig zeigen sie gegenüber Erwachsenen und z.T. auch gegenüber Gleichaltrigen eine übermäßige Schüchternheit und Ängstlichkeit.

- Sie sprechen kaum oder nur in Einwortsätzen vor der Gruppe und entziehen sich häufig altersgemäßen Aufgaben durch Tagträumen oder mit den Worten: „Ich kann nicht!" oder „Ich will nicht!".
- Die Körper- und Feinmotorik wirkt häufig ungeschickt und tapsig, die Stifthaltung und -führung ist verkrampft, oftmals sind die Arbeitsrichtungen „von links nach rechts" und „von oben nach unten" nicht verinnerlicht und die Lateralität im Sinne der funktionalen Bevorzugung einer Hand noch nicht gefestigt.

Kann nun die Kita einen Beitrag leisten, um Vorschulkinder mit solchen von Erzieherinnen beobachteten Entwicklungs- bzw. Verhaltensauffälligkeiten wirkungsvoll zu fördern? In Übereinstimmung mit den Prinzipien der integrativen Förderung wurden für die kitaintegrierte Förderung folgende konkretisierenden Ergänzungen vorgenommen:

- Die vorhandenen diagnostischen Potenzen des Kindergartens für die Früherkennung von Entwicklungsauffälligkeiten werden genutzt und durch eine berufsbegleitende Ausbildung der Fördererzieherinnen noch fachlich fundiert.
- Durch die tägliche individuelle Zuwendung und Förderung sollen die entwicklungsauffälligen Kinder (auch im systemischen Sinne) eine spürbare positive Veränderung erleben. Sie werden priviligiert hinsichtlich der besonderen sozialen Beziehung zur Fördererzieherin und in ihrem Tagesablauf.
- Das von der Fördererzieherin erworbene fachliche Wissen und die Erfahrungen im Umgang mit den „Problemkindern" sollen im Sinne der Organisationsentwicklung auf die Einrichtung ausstrahlen und auch die pädagogische Konzeption der Einrichtung qualifizieren.
- Um kooperativ mit den Eltern die Entwicklung der geförderten Kinder gemeinsam zu beraten, müssen die Erzieherinnen neben den diagnostischen und den Förderkompetenzen auch Beratungskompetenz erwerben.

Die Prinzipien integrativer Förderung einschließlich der kitabezogenen Ergänzungen begründen die Zielstellungen für die kitaintegrierte Förderung:

1. Aufbau von zeitweiligen integrativen Fördergruppen in ausgewählten Kitas, um entwicklungsauffällige Vorschulkinder der mittleren und älteren Gruppe bzw. Schulrücksteller zu fördern.
2. Förderung mit dem Ziel, bei den betreffenden Vorschulkindern eine stabile Verbesserung von Leistungspotenzialen im kognitiven, sprachlichen, wahrnehmungsmäßigen und im Verhaltensbereich zu erreichen.

3. Berufsbegleitende Weiterbildung der mit der Förderung beauftragten Erzieherinnen in einem Umfang von 140 Stunden, um die für die Förderung erforderlichen entwicklungsdiagnostischen Kompetenzen und pädagisch-psychologischen Förderkompetenzen zu vermitteln.
4. Unmittelbar vor Ort, ohne große bürokratische Wege, sollen bei bestehendem Förderbedarf und unter Einbeziehung der Eltern Entscheidungen über die Einleitung und Realisierung von Fördermaßnahmen getroffen werden;
5. Die Qualität bei eingeleiteter und realisierter Förderung wird durch eine entwicklungsdiagnostische Begleitung, durch Fallbesprechungen, durch Supervision und Weiterbildung der Erzieherinnen gesichert.

Mit der Realisierung eines so verstandenen Konzepts „Kitaintegrierte Förderung" sind eine Anzahl weiterer Vorzüge verbunden:

- Es wird ein ökologischer Ansatz verwirklicht, da Förderung im natürlichen Lebenskontext der Kinder erfolgt und sich in den Rhythmus und in den Tagesablauf der Kita einfügt.
- Kitaintegrierte Förderung ist ein dezentrales Angebot, denn Kindergärten gibt es in allen Regionen.
- Diese Form der Förderung ist niederschwellig, denn Kitas werden von Kindern und deren Eltern täglich betreten und bieten damit vielfältige Gesprächs- und Beratungsmöglichkeiten. Gleichzeitig bewirkt das Angebot kitaintegrierter Förderung unter Einbeziehung der Eltern eine weitere Öffnung von Kita und bietet die Chance, dass Kita sich auch als ein gemeindeintegriertes psychosoziales Kommunikationszentrum etablieren kann.
- Unter Berücksichtigung entwicklungspsychologischer Erkenntnisse, die auf einen Zusammenhang zwischen frühen Auffälligkeiten und späteren, vor allem im Schulalter auftretenden, Verhaltensauffälligkeiten verweisen, handelt es sich bei dem Ansatz der kitaintegrierten Förderung, aus der Sicht eines in einer EFB tätigen Psychologen, auch um eine Form primärer psychotherapeutischer Prävention.

Das Projekt „Kitaintegrierte Förderung"

Die berufsbegleitende Weiterbildung der Erzieherinnen im Projekt „Kitaintegrierte Förderung"

Eine elementare Voraussetzung kitaintegrierter Förderung sind Fördererzieherinnen, die kompetent entwicklungsauffällige Kinder zu diagnostizieren und zu fördern vermögen. Die Sicherung dieser Kompetenzvoraussetzung erfolgt durch berufsbegleitende Weiterbildung gemäß eines aus vier Modulen bestehenden Weiterbildungscurriculums. Jedes Modul besteht wiederum aus einer Anzahl von Bau-steinen. Innerhalb eines Moduls sind die Bausteine sachlogisch und didaktisch angeordnet. Zwischen den Modulen besteht eine inhaltliche Zuordnung zwischen den einzelnen Modul-Bausteinen.

Im einem **ersten Modul „Basiswissen"** werden in einem zeitlichen Umfang von 80 Stunden entwicklungspsychologische, entwicklungspsychopathologische, klinisch-psychologische, pädagogisch-psychologische und entwicklungsdiagnostische Grundlagen der Förderung entwicklungsauffälliger Kinder vermittelt.

So wurden in dem Modulbaustein **„Entwicklungspsychologie"** bezogen auf das Ziel der kitaintegrierten Förderung u.a. folgende Themen erarbeitet:

- Entwicklung im Vorschulalter - ein Überblick
  (Veränderungen der senso-motorischen, kognitiven, sprachlich-kognitiven und sozial-emotionalen Voraussetzungen kindlichen Handelns im Altersverlauf);
- Zusammenhänge zwischen kognitiver, motivationaler und emotionaler Entwicklung
  (Theory of mind; Motivsysteme; Motivmanagement);
- Sozial-emotionale Entwicklung und Sozialverhalten
  (Temperament; Bindung; Emotionsregulation; Empathie; soziale Fertigkeiten).

In dem Modulbaustein **„Entwicklungsdiagnostik"** ging es um die folgenden Themen:

- Diagnostik - ein Überblick
  (Beobachten, Messen, Beurteilen, Diagnose, Prognose, Förderung);
- Pädagogische und psychologische Diagnostik
  (Datenquellen und Arten von Verfahren; die Güte von Verfahren; Ablauf einer Diagnostik);
- Entwicklungsdiagnostik
  (Entwicklung und Entwicklungsbeurteilung; Diagnose und Förderung).

Zielstellung der Vermittlung eines solchen Basiswissens ist das vertiefende Verständnis für kindliche Entwicklung und für die Bedingungen und für den Entwicklungsverlauf bei beobachtbaren Entwicklungsauffälligkeiten. Ein solches Verständnis ist eine notwendige Wissensvoraussetzung für die Förderung entwicklungsauffälliger Kinder.

Das **zweite Modul „Training diagnostischer Kompetenzen"** hat einen Umfang von 30 Stunden. Dieses Modul ist auf drei Ziele gerichtet: Erstens auf das Erkennen und die angemessene Beurteilung ausgewählter Entwicklungsauffälligkeiten, zweitens auf die Ableitung und Begründung von Vorschlägen für kitaintegrierte Fördermaßnahmen bei Kindern mit entsprechendem Förderbedarf und drittens auf das Erkennen von solchen Entwicklungsauffälligkeiten, bei denen über die Möglichkeiten kitaintegrierter Förderung hinausgehend eine professionelle Intervention erforderlich ist.

Das Training erfolgt in zwei Phasen. In der Trainingsphase 1 wird die Handhabung ausgewählter Verfahren zunächst simuliert und nachfolgend geübt. In der Trainingsphase 2 erfolgt die Anwendung der Verfahren unter Supervision und wird durch Fallkonferenzen im Team begleitet. Auch dieses Modul besteht aus 5 thematischen Bausteinen („Beobachten und Beurteilen", „Wahrnehmung und Motorik", „Kognitive Leistungsfähigkeit", „Sprachentwicklung", „Sozial-emotionales Verhalten").

Das **dritte Modul „Training von Förderkompetenzen"** hat einen zeitlichen Umfang von 40 Stunden. Erzieherinnen sollen die Kompetenz erwerben, Förderverfahren professionell einzusetzen. Dieses Modul wird als Förder-Workshop realisiert. Demonstration, kognitives Modellieren, Simulation, Üben, problemzentrierte Gruppendiskussionen sind Methoden, die bei diesem Training eingesetzt werden. Dieses Modul umfasst folgende Bausteine:

- „Training von therapeutischem Basisverhalten (im Sinne von Kongruenz, Akzeptanz und Empathie) und von entwicklungsförderlichem Basisverhalten" (im Sinne des Konzepts der förderlichen Responsivität). Dieser Trainingsabschnitt erfolgt zum Teil videogestützt.
- „Training visueller Wahrnehmungsförderung" (beginnend mit einem psychomotorischen Teil zur Entwicklung des Köperbildes und des Körperschemas);
- „Denktraining", basierend auf dem Trainingsverfahren von Klauer (1989).

Das **vierte Modul** umfasst **Diagnostik, Förderung und Qualitätssicherung der Förderung**. Die Erzieherinnen sollen in ihren Kitas entwicklungsauffällige Kinder hinsichtlich ihres sprachlichen, kognitiven, wahrnehmungsmäßigen und sozialen Entwicklungsstandes diagnostizieren, im Team ihre Diagnosen vorstellen, kitaintegrierte Förderung nach einem Förderplan einleiten, den Verlauf der Förderung protokollieren und den Fördererfolg kontrollieren.

Dieses Modul wird arbeitsbegleitend realisiert. Fallkonferenzen im Kursteam und Supervision vor Ort sind notwendige Bedingungen für das Gelingen dieses Teils der Weiterbildung.

Fördersetting und Ablauf kitaintegrierter Förderung

Für die Förderung sind drei Gestaltungsdimensionen bestimmend:

I   Die inhaltliche Dimension der Förderung

Die inhaltliche Dimension umfasst im bisherigen Projektverlauf zunächst die Förderung basaler wahrnehmungsmäßiger, kognitiver und kognitiv-sprachlicher Kompetenzen. Es hat sich bewährt, unabhängig von dem Schwerpunkt der Entwicklungsauffälligkeiten zunächst mit dem Individualprogramm zum Wahrnehmungstraining nach M. Frostig zu beginnen. Dafür lassen sich mindestens drei Gründe angeben:

- Die Ausbildung der Wahrnehmungsfunktionen gehört im Alter zwischen 3;0 und 7;6 Jahren zu den zentralen Entwicklungsleistungen des Kindes.
- Wahrnehmungsleistungen, so wie sie dem Frostig-Konzept zugrunde liegen, sind konstitutive Voraussetzungen der kognitiven und kognitiv-sprachlichen Entwicklung des Kindes.
- Das Erlernen der Kulturtechniken wie Lesen, Schreiben und Rechnen setzt u.a. eine differenzierte Wahrnehmung, Verarbeitung und Reproduktion von visuellen Mustern voraus.

Neben dem Wahrnehmungsprogramm von M. Frostig kommen in einer zweiten Förderphase, über die hier nicht berichtet wird, noch das Denktraining von Klauer (1989) zur Anwendung, sowie Methoden der Sprachaktivierung und Sprachanimierung.
Bei all diesen genannten Förderprogrammen handelt es ich um entwicklungspsychologisch fundierte Verfahren, deren Validität und Effektivität bei Vorschulkindern in einer Vielzahl von Untersuchungen nachgewiesen wurden (siehe Hasselhorn & Hager 1996; Klauer 1999 u.a.).

II   Die kommunikative Dimension der Förderung

Die Einzelförderung bedingt für das Kind einen Wechsel von der überwiegenden Gruppenkommunikation (in der Ursprungsgruppe) zur individuellen intensiven Erzieher-Kind-Kommunikation. Nur unter diesen Bedingungen kann die Fördererzieherin sich auf das kommunikative Niveau des Kindes einpegeln und einen funktionierenden oder geglückten Dialog initiieren.
Sie ist angehalten, bewusst solche Merkmale in ihrem Sprachangebot zu produzieren, die Ferguson u.a. (1977) als Charakteristika von sensiblen, die Sprachentwicklung ihrer Kinder intuitiv fördernden Müttern beschrieben hat: Vereinfachungen durch Verwendung leichter Wörter; Verwendung eher wenig komplexer sprachlicher Strukturen; Verdeutlichungen (Erkennbarkeit der Segmentation, Übertreibung

der prosodischen Konturen) durch langsames Sprechen, Wiederholung der eigenen und Ausgestaltung der Äußerungen des Kindes; Expressiver Ausdruck von Gefühlen durch entsprechende Stimmqualität und Intonationsmuster usw. (siehe auch Szagun 1986).

Hinzu kommt, dass die Erzieherinnen angehalten wurden, bei der Realisierung des Wahrnehmungstrainings alle Handlungen des Kindes sprachlich im Sinne des modellhaften lauten Denkens zu begleiten und das Kind zu ermuntern, diese Art der verbalen Selbstinstruktion bei der kognitiven Anforderungsbewältigung zu übernehmen.

Diese Art der individualisierten Erzieher-Kind-Interaktion und das modellhafte Über-nehmen des lauten Denkens bzw. der verbalen Selbstinstruktion bewirkt neben der beabsichtigten Verbesserung der allgemeinen Sprachkompetenz noch weitere Nebeneffekte: so ein hohes Maß an emotionaler Zuwendung, Abbau von Ängsten, Stimulierung eines bewussten Reflektierens über die Aufgabe und deren Durchführung und die Reduktion eines überschießenden, ungesteuerten und unsystematischen Vorgehens bei Aufgabenerfassung und -bewältigung.

III   Die therapeutische Dimension der Förderung

Die therapeutische Dimension der Förderung ist mit der Absicht verbunden, bindungs- und selbstunsicheren Kindern neuartige Erfahrungen mit Erwachsenen zu vermitteln. Etwa solche Erfahrungen wie: Hier ist ein Erwachsener, der Zeit für mich hat, der mich so mag wie ich bin, der nicht gestresst ist, der meine Signale versteht und zuverlässig reagiert. Das erfordert bei den Erzieherinnen ein hohes Maß an therapeutischem Basisverhalten im Sinne von Echtheit, Empathie und Akzeptanz gegenüber den zu fördernden Kindern.

Um bei den Kindern ein positives Selbstbild aufzubauen, sind die Fördererzieherinnen angehalten, das Kind von dem Entwicklungsstand abzuholen, auf dem es sich gerade befindet, und ihm in jeder Sitzung Erfolgserlebnisse zu ermöglichen. Folgende therapeutische Ziele werden dabei angestrebt:

- Stärkung eines positiven Selbstbildes des Kindes in dem Sinne, dass es sich selbst als lern- und leistungsfähig wahrzunehmen beginnt;
- Abbau von Misstrauen und Ängsten gegenüber der Umwelt (Erwachsenen und Kindern) und gegenüber Anforderungen;
- Stärkung einer Beziehungsfähigkeit, die auf Vertrauen und Offenheit basiert;
- die Herausbildung einer altersgerechten Arbeitshaltung, worunter sowohl die Verbesserung der Lern- und Leistungsmotivation verstanden wird, als auch die Konzentrationsfähigkeit und die Anstrengungsbereitschaft, um die Kinder für das gemeinsame Spielen und Lernen in der gegenwärtigen und künftigen Gruppe (Klasse) vorzubereiten.

In den Fördersitzungen sind die Fördererzieherinnen angehalten, ihre Interaktion mit dem Kind so zu gestalten, dass die drei genannten Gestaltungsdimensionen möglichst gleichgewichtig zur Geltung kommen. Dies wurde im Trainingsmodul geübt und ist auch Inhalt der begleitenden Supervision.

Für die Eingangs- und Begleitdiagnostik kamen folgende entwicklungsdiagnostische Verfahren zur Anwendung:
Der Kindersprachtest für das Vorschulalter (KISTE von Häuser; Kasielke & Scheidereiter 1993); der Frostig-Entwicklungstest zur visuellen Wahrnehmung (FEW von M. Frostig in der deutschen Bearbeitung von Lockewandt 1996); der Grundintelligenztest Skala I (CFT 1 von Cattel; Weiß und Osterland 1997) und der Verhaltensbeobachtungsbogen für Vorschulkinder (VBV 3-6 von Döpfner; Berner u.a. 1993). Ausgehend von der Diagnose des kognitiven, sprachlichen, wahrnehmungsmäßigen und sozialen Entwicklungsstandes des Kindes, werden dann im Rahmen von Fallbesprechungen die Förderschwerpunkte für jedes Kind festgelegt.

Natürlich wurde und wird ein Kind nur dann diagnostiziert und in die Förderung aufgenommen, wenn die Eltern einer solchen Hilfemaßnahme zugestimmt haben und ein entsprechender Antrag im Jugendamt eingereicht ist.
Zusätzlich wird noch ein Fördervertrag zwischen den Eltern und der Kita-Einrichtung abgeschlossen, in dem die Eltern u.a. auch auf die Notwendigkeit hingewiesen werden, ihr Kind regelmäßig in die Kita zu bringen.

Organisatorisch erfolgt die Förderung so, dass die betreffenden Kinder in ihrer Ursprungsgruppe verbleiben, sie aber 4 bis 5 mal in der Woche (für etwa 30 bis 40 Minuten pro Tag) in geeigneten Räumlichkeiten die besondere Zuwendung einer Fördererzieherin erfahren[1], wobei die entwicklungsförderliche Grundlage der Intervention in der Schaffung einer tragfähigen, emotional positiv getönten Beziehung zwischen Erzieherin und Kind gemäß der therapeutischen Gestaltungsdimension der Förderung besteht.

---

[1] In den Einrichtungen, in denen die kitaintegrierte Förderung durchgeführt wurde, konnte mit Hilfe der Träger erreicht werden, dass die Fördererzieherinnen für 2 bis 3 Stunden vom Gruppendienst für die Realisierung dieser individualisierten Arbeit mit den Kindern freigestellt wurden.

Die Wirksamkeit kitaintegrierter Förderung

Mit Blick auf die möglichen Effekte der kitaintegrierten Förderung sind folgenden Fragen besonders wichtig:

- Bewirkt die kitaintegrierte Förderung tatsächlich die gewünschten Veränderungen bei den geförderten Kindern?
- Zeigen sich Effekte in unterschiedlichen Fähigkeits- und Verhaltensbereichen (visuo-motorische, kognitive und sprachlich-kognitive Leistungsvoraussetzungen, Sozialverhalten)?
- In welchem Ausmaß sind solche bereichsspezifischen Effekte von den drei Gestaltungsdimensionen der Förderung (inhaltliche, kommunikative und therapeutische Dimension) abhängig?
- Inwieweit sind Veränderungen, die im Ergebnis der Förderung feststellbar sind, von Merkmalen der geförderten Kinder abhängig? Profitieren alle Kinder der doch sehr heterogenen Gruppe der entwicklungsauffälligen Kinder im gleichen Maße von der Förderung oder gibt es Teilgruppen von Kindern, die besonders deutliche oder aber kaum Fortschritte erzielen?
- Welchen Einfluss haben Erzieherinnenmerkmale auf die Ergebnisse der Förderung?
- Sind Effekte der Förderung - im Sinne des Tranfers - auch im natürlichen Lebenskontext der Kinder beobachtbar?
- Wie stabil sind Fördereffekte?

Im Rahmen dieses Beitrages wird nur auf die ersten beiden Fragen zur allgemeinen und bereichsspezifischen Wirksamkeit der Förderung eingegangen.

Im Untersuchungszeitraum waren 65 Kindern in das Projekt einbezogen. Mehrheitlich handelte es sich um Vorschulkinder der mittleren und älteren Gruppe, aber auch schon um Grundschulkinder der 1. und 2. Klasse, die den Hort besuchten. Die Prüfung der Wirksamkeit der Förderung erfolgte an der Teilgruppe der Vorschulkinder. Für diese Teilgruppe sind soziodemographische Angaben und für zwei Erhebungszeitpunkte sowohl Daten zum Verhalten dieser Kinder (jeweils beurteilt durch Eltern und Erzieherinnen) als auch Daten aus den eingesetzten diagnostischen Verfahren verfügbar.

Hinsichtlich der soziodemographischen Angaben ist der hohe Anteil von arbeitslosen bzw. in Beschäftigungsmaßnahmen befindlichen Müttern auffallend (arbeitslos 46,2 %; ABM 7,7 %), während die Väter, sofern die Mütter nicht alleinerziehend sind, sich eher in ABM-Maßnahmen befinden (arbeitslos 8,7 %; ABM 21,7 %). Dieser hohe Anteil liegt deutlich über dem prozentualen Anteil Arbeitsloser bzw. ABM-Beschäftigter in den entsprechenden Erwachsenenkohorten sowohl bezogen auf den Landkreis als auch auf das Land Brandenburg.

Zur Abschätzung der Effektivität der kitaintegrierten Förderung wurde ein Versuch-Kontrollgruppendesign gewählt. Der Abstand zwischen den zwei Erhebungszeitpunkten (Prä- und Postmessung), beträgt jeweils 5 Monate. Eine Kindergruppe, die Fördergruppe, erhielt zwischen den Erhebungszeitpunkten als Basisförderung das Frostig-Individual-Training der visuellen Wahrnehmung in der bereits beschriebenen Weise. Eine zweite Kindergruppe, die Wartegruppe, erhielt zunächst keine Förderung. Diese Ausgangsstichprobe wurde nach den Kriterien „Alter der Kinder" und „Entwicklungsauffälligkeit" (bezogen auf die verfügbaren Messwerte) inspiziert und reduziert. Die endgültige Analysestichprobe umfasst 37 Kinder (Fördergruppe 19, davon Mädchen 8 / Jungen 11; Wartegruppe 18, davon Mädchen 6 / Jungen 12). Zwischen Förder- und Wartegruppe der Analysestichprobe gab es zum Zeitpunkt der Erstmessung keine bedeutsamen Unterschiede in den mittleren Ausprägungen der verwendeten Entwicklungsindikatoren. Die Streuungen sind bezogen auf Förder- und Wartegruppe homogen. Die Altersverteilung in der Analysestichprobe ist in der Abbildung 2 dargestellt.

Altersverteilung; N = 37

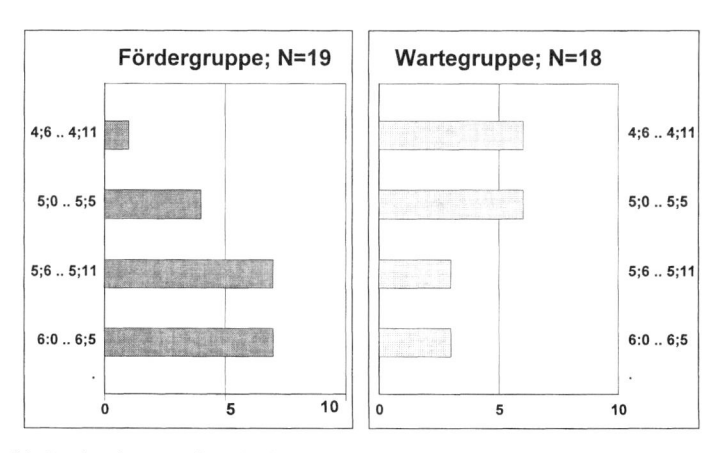

Abb. 2: Die Altersverteilung in der Förder- und Wartegruppe

Die unterschiedliche Altersverteilung zwischen Förder- und Wartegruppe ergibt sich aus der Praxislogik dieses Projektes. Alle Kinder mit Förderbedarf sollen auch gefördert werden. Um trotzdem eine Wartegruppe zur Prüfung der Fördereffekte verfügbar zu haben, wurde in Absprache mit den beteiligten Kitas entschieden, dass insbesondere solche Kinder dieser Gruppe zugeordnet werden, die zu den jüngeren Kindern der mittleren Gruppe gehören. Die dadurch erforderliche Kontrolle möglicher Alterseffekte der Förderung ergab keine bedeutsamen Altersabhängigkeiten in den Indikatoren des unmittelbaren Förderbereiches (visuo-motorische Leistungsvoraussetzungen). Alle nachfolgend mitgeteilten Ergebnisse beziehen sich deshalb auf die Gesamtheit der Förder- bzw. Wartegruppe. Die Datenanalysen wurden auf der Basis von T-Werten gemäß der Normtabellen der eingesetzten Verfahren durchgeführt.

Die bislang vorliegenden Ergebnisse belegen übereinstimmend die Wirksamkeit kitaintegrierter Förderung.

Förder- und Wartegruppe
Prä-/Post; Gesamt-T-Werte

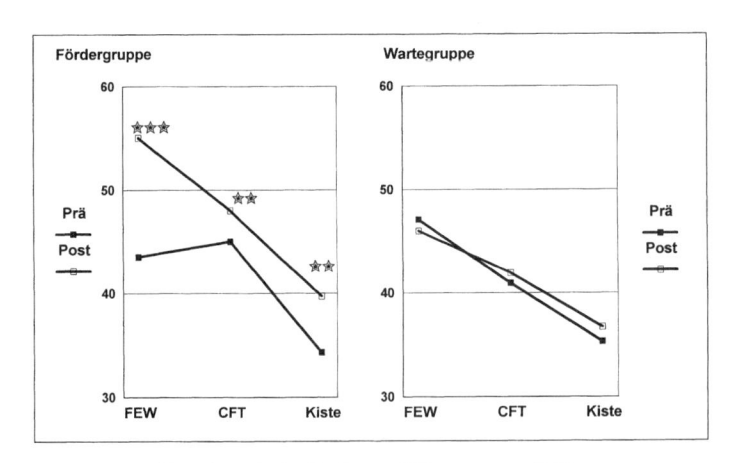

Abb. 3: Prä- und Postdaten in der Förder- und Wartegruppe; T-Werte
FEW und CFT Gesamtwerte, KISTE-Untertest sprachliche Inkonsistenz
★★: p < 0.01, ★★★ p < 0.001

Die Abbildung 3 zeigt im Vergleich zur Wartegruppe die Effekte in der Fördergruppe. Zunächst fällt hinsichtlich der Ausgangswerte auf, dass die mittleren Ausprägungen in den FEW- und CFT-Gesamtwerten in der Förder- und Wartegruppe unterdurchschnittlich sind, die deutlichsten Auffälligkeiten aber im Bereich der Sprachentwicklung zu identifizieren sind. Allerdings bleibt bei dieser Betrachtung mittlerer Messwertausprägungen unberücksichtigt, ob vielleicht bei größerer Streuung der Messwerte Teilgruppen entwicklungsauffälliger Kinder mit unterscheidbaren Mustern bezogen auf die verfügbaren Entwicklungsmaße zu finden sind. In der Tat konnten solche Teilgruppen identifiziert werden. Auf solche diffenziellen Betrachtungen wird jedoch im Rahmen dieses Beitrages nicht eingegangen.

Erwartungsgemäß sind die deutlichsten Veränderungen im Bereich visuo-motorischer Leistungsfähigkeit, dem unmittelbaren Förderbereich, zu beobachten. Aber auch im kognitiven und im sprachlich-kognitiven Bereich sind bedeutsame Veränderungen in der Fördergruppe zu beobachten, nicht jedoch in der Wartegruppe, die sich in den Ausgangswerten, wie bereits berichtet, nicht von der Fördergruppe unterscheidet.
Auch wenn die mit den FEW-Werten kovariierenden Veränderungen bei den CFT-Werten auf Grund der bekannten Zusammenhänge zwischen beiden Entwicklungsmaßen vielleicht nicht überraschen, so sind zumindest die Veränderungen in dem betrachteten Indikator der kognitiv-sprachlicher Entwicklung bei einem reinen Frostig-Training so nicht zu erwarten. Diese Veränderungen werden jedoch erklärbar, wenn die in der Förderung realisierten Gestaltungsdimensionen berücksichtigt werden. Das in der Förderung gemäß der sprachlich-kommunikativen Gestaltungsdimension realisierte Wahrnehmungstraining setzt einen funktionierenden Dialog in Gang. Es wird in diesem Dialog auch das Instruktionsverständnis bei den Kindern gefördert und der Dialog wird von den Fördererzieherinnen gleichzeitig genutzt, um das Kind zum lauten Denken bzw. zum verbalen Begleiten seiner Handlungen anzuhalten. In diesem Sinne profitierte vor allem der aktive Wortschatz der geförderten Kinder und das Bedeutungsverständnis (Erkennen von semantischen Inkonsistenzen).

Insgesamt bestätigen die in der Abbildung 3 dargestellten Ergebnisse die Wirksamkeit der inhaltlichen und der sprachlich-kommunikativen Dimensionen der Förderung.

Neben der inhaltlichen und der sprachlich-kommunikativen Dimension der Förderintervention war von den Fördererzieherinnen noch eine dritte Dimension, die therapeutische Gestaltungsdimension in der Förderung umzusetzen. In welchem Ausmaß dies gelungen ist, dazu geben die VBV-Daten in Abbildung 4 (Fremdbeurteilungen der Kinder durch die Gruppenerzieherinnen) interessante Hinweise.

Förder- und Wartegruppe
VBV-Faktoren; Prä-/Post-Werte

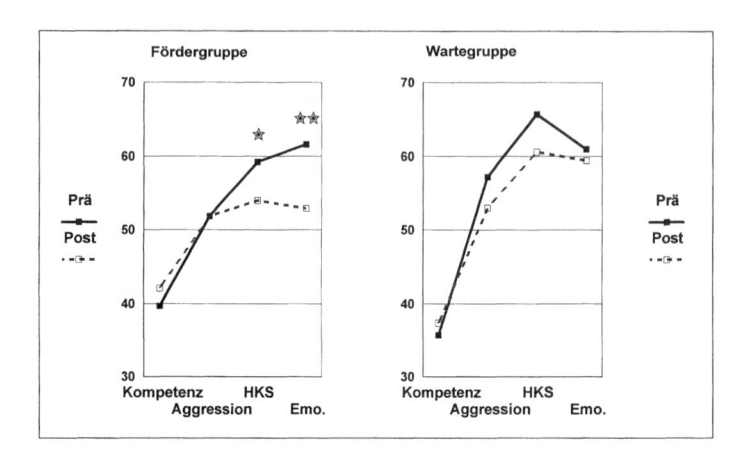

Abb. 4: Beurteilung beobachtbaren Verhaltens (VBV) durch Erzieherinnen der Ursprungsgruppen; T-Werte; Skalen: „Soziale Kompetenz", „Aggressive Verhalten", „Verhaltensweisen aus dem HKS-Syndrombereich", „Sozial-emotional unsicheres Verhalten" ★: Unterschiede signifikant mit $p < 0,05$; ★★ $p < 0,01$

Nicht unmittelbar erklärbar ist, warum auch in der Wartegruppe bezogen auf Verhaltensweisen aus dem HKS-Syndrom gleichsinnige Veränderungen wie in der Fördergruppe zu beobachten sind, auch wenn diese Veränderungen in der Wartegruppe im statistischen Sinne nicht bedeutsam sind. Klar und eindeutig ist das Ergebnis, dass die durchgeführte Förderung, insbesondere im Bereich sozial-emotional unsicheren Verhaltens, zu wünschenswerten Veränderungen bei den Kindern im Kontext ihrer Ursprungsgruppe geführt hat. Dies wird ebenfalls durch die VBV-Elterndaten belegt. Eltern berichten - so wie die Erzieherinnen - für die Kinder dieser Gruppe über eine Abnahme entsprechender Verhaltensweisen, auch wenn die Unterschiede der Elterndaten im Prä-Post-Vergleich die 5 %-Signifikanzgrenze knapp verfehlen. Auch wenn in dem bisherigen Projekt kein experimentelles Förderdesign realisiert wurde, das Kombinationen der Gestaltungsdimensionen auf ihre Wirksamkeit überprüft, können die vorliegenden VBV-Daten zumindest als Hinweis für die Wirksamkeit der Realisierung der therapeutischen Gestaltungsdimension der Förderung gewertet werden.

Eine zusammenfassende Einschätzung der Wirksamkeit der Förderung ermöglichen die Effektstärken bezogen auf die einzelnen Förderbereiche (visuo-motorische, kognitive, kognitiv-sprachliche Leistungsvoraussetzungen, Sozialverhalten).

In Tabelle 1 werden diese Effektstärken mitgeteilt:

Variable	FEW ges	CFT ges	Wortschatz	Konsistenz	soz.-emo. V
Effektstärke	1,29	1,00	0,82	0,61	0,96

Tab. 1: Die Stärke des Fördereffekts. Effektstärken im Posttest. Indikatoren visuo-motorischer (FEW), kognitiver (CFT) und sprachlicher Entwicklung (Wortschatz, semantische Inkonsistenz); sozial-emotional unsicheres Verhalten (Einschätzungen der Gruppenerzieherinnen).

Die in Tabelle 1 dargestellten Effektstärken sind überraschend hoch. Allerdings gilt es zu berücksichtigen, dass die Förderung über einen Zeitraum von vier Monaten durchgeführt wurde und täglich erfolgte. Diese Effekte könnten Auswirkungen von Kompetenzveränderungen im Bereich der geförderten Leistungsvoraussetzungen gemäß der inhaltlichen Gestaltungsdimension der Förderung sein, aber auch durch Performanzveränderungen im Ergebnis von Veränderungen selbstregulatorisch bedeutsamer weiterer Performanzbedingungen erklärbar sein. So wäre es denkbar, dass sich die deutlichen Leistungsgewinne im Bereich der visuellen Wahrnehmung und im Bereich kognitiver Leistungsfähigkeit auch positiv auf das Selbstbild und damit auch auf die sozial-emotionale Stabilität der Kinder auswirken. Ein größeres Ausmaß an beobachtbarer sozialer Sicherheit wäre das Ergebnis. Zum anderen wäre es aber auch denkbar, dass die beobachteten Leistungssteigerungen aus einer größeren sozial-emotionalen Sicherheit resultieren, zumal es sich bei den Entwicklungsauffälligkeiten der Kinder vermutlich eher um sozialisationsbedingte Auffälligkeiten handelt, die vielleicht weniger mit Beeinträchtigungen in grundlegenden Kompetenzbedingungen korrespondieren, wohl aber mit Regulationsproblemen im Leistungsvollzug. Auch wenn gegenwärtig nicht entscheidbar ist, welche Voraussetzungen kindlicher Leistungsfähigkeit in welchem Ausmaß im Ergebnis der Förderung verändert wurden, ist die Wirksamkeit kitaintegrierter Förderung insgesamt überzeugend nachgewiesen.

Natürlich ermöglichen die bisher vorliegenden Daten auch erste Aussagen z.B. zu differenziellen Fördereffekten und erste Ergebnisse zur differenziellen Förderung liegen bereits vor. In diesem Beitrag sollten jedoch die Konzepte der integrativen und der kitaintegrierten Förderung vorgestellt werden. Es war zu zeigen, wie das Konzept der kitaintegrierten Förderung in einem Förderprojekt umgesetzt wurde, und die Frage war zu beantworten, ob diese Art der Förderung überhaupt wünschenswerte Effekte bewirkt. Die Antwort auf diese Frage ist klar und eindeutig: Kitaintegrierte Förderung ist eine wirksame Förderung entwicklungsauffälliger Kinder.

Einige Schlussfolgerungen

Mit der Erprobung des Konzeptes „Kitaintegrierte Förderung" wurde ein wichtiges und weiter zu entwickelndes Teilprojekt integrativer Förderung verwirklicht. Die dargestellten Ergebnisse bestätigen die Wirksamkeit der Förderung und damit die Tragfähigkeit dieses Konzeptes der Förderung entwicklungsauffälliger Kinder im Vorschulalter. Mit den drei Gestaltungsdimensionen, (I) der inhaltlichen, (II) der kommunikativen und (III) der therapeutischen Dimension, konnte ein Fördersetting realisiert werden, das den bislang nicht befriedigten Entwicklungsbedürfnissen der von uns skizzierten „Neuen Kinder", wahrscheinlich in hohem Maße entgegenkommt. Zu den Wirkfaktoren dieses Konzeptes gehört erstens die Bindung der Förderung an eine natürliche Bezugsperson und zweitens an einen natürlichen Lebenskontext des jeweils geförderten Kindes, dazu gehören weiterhin der Aufbau einer tragfähigen, emotional positiven Beziehung, ein gut strukturiertes individuelles und kontinuierliches Lernangebot, eine individualisierte sprachliche Kommunikation und die Schaffung einer spürbaren stabilen Veränderung im Tagesablauf des Kindes.

Weitere Ergänzungen im Sinne einer umfassenden Realisierung des Konzeptes der kitaintegrierten Förderung könnten die verstärkte Einbeziehung psychomotorischer Übungs- und Spielelemente betreffen, die Einbeziehung expliziter Sprachförderung, aber auch Angebote zur Förderung des Sozialverhaltens. Hier ist einiges in Vorbereitung.

Obwohl versucht wird, die Eltern in die Förderung einzubeziehen, ist der gegenwärtige Zustand wenig befriedigend. Grundsätzlich erfolgt die Förderung natürlich nur auf Antrag der Eltern. Die Eltern werden über Inhalt und Ablauf der Förderung unterrichtet und es werden hierbei auch Fragen der familieninternen Entwicklungsressourcen thematisiert. Nach jedem Halbjahr erfolgt wiederum ein obligatorisches Elterngespräch. Es bleibt jedoch ein großer Handlungsbedarf hinsichtlich der Entwicklungsberatung und der Kooperation mit den Eltern im Verlauf der Förderung

Im Sinne der vertikalen Vernetzung gemäß des Konzeptes der integrativen Förderung sind weiterführende Förderangebote im Hortbereich der Kindertagesstätten besonders für solche Kinder erforderlich, für die eine notwendige weitere begleitende und stabilisierende Unterstützung bereits im Ergebnis der kitaintegrierten Förderung vorhersagbar ist. Solche Angebote werden von Horterzieherinnen auch dringend gewünscht.

Für ein weitere Optimierung kitaintegrierter Förderung wäre es im Rahmen formativer Evaluation sehr wichtig, mögliche Wirkbedingungen dieser Art der Förderung zu identifizieren.

Alle diese Arbeiten sind in dem bisherigen Projektrahmen nicht zu leisten. Neben dem langen Atem, um ein solches Projekt von der Idee bis zur praktischen Erprobung zu bringen, sind die bisherigen Ergebnisse vor allem der Arbeit einer eher geringen Anzahl engagierter Erzieherinnen zu danken, die sich aus berufsethischen Gründen zusammengefunden haben, um die Ressourcen in der Kita für die Förderung ihrer Problemkinder besser zu nutzen. Dies ist mit Erfolg möglich.

Es ist allerdings zu befürchten, dass diese so erfolgreichen Bemühungen sich ohne die dringende Unterstützung durch Politik und Träger weder langfristig zu einer selbstverständlichen Praxis kitaintegrierten Förderung in den jetzigen Förderkitas werden, noch dass dieses Projekt auf andere Kitas ausstrahlt. Dies ist auch deshalb bedauerlich, weil gezeigt werden kann, dass diese Form der Förderung sehr kostengünstig ist, aber eben auch nicht zum Nulltarif zu haben ist.

Wer es ernst meint mit der Sorge um die hohe Anzahl von Schulrückstellern, wer es ernst meint mit dem Wort der Chancengerechtigkeit für Kinder aus z.B. sozial schwachen bzw. nicht privilegierten Schichten, sollte auch die zur Förderung notwendigen Mittel zur Verfügung stellen. Wünschenswert wäre ein Modellprojekt „Integrative Förderung in Kita, Hort und Grundschule", um erstens das Projekt auf einer breiteren Basis in dem beschrieben Sinne weiterzuentwickeln und zweitens das im Rahmen eines solchen Modellprojektes verwirklichte Fördermodell als komplementäres Angebot für Nachnutzer anbieten zu können. Dass die erforderlichen Investionen in ein solches Modellprojekt lohnende Zukunftsinvestionen wären, dafür liegen schon jetzt hinlängliche Erfahrungen vor.

Literatur

Ahrbeck, B. (1996). Selbstwertförderung als Pädagogik der Vermeidung. In: Neue Sonderschule, 41, S. 166- 180.
Berg, D.; Imhof, M.; Kollera, S.; Schmidt, U.; Ulber, D. (1998). Häufigkeiten von Verhaltensauffälligkeiten in der Grundschule aus der Sicht der Klassenlehrer. In: Psychologie in Erziehung und Unterricht, 45, S. 280-290.
Burk, K.; Mangelsdorf, M.; Schoeler, U. (1998). Die neue Schuleingangsstufe. Weinheim: Beltz.
Edelstein, W. (1998). Selbstwirksamkeit in der Schulreform. In: Unterrichtswissenschaft, 26, S. 100-106.
Cattel, R. B.;Weiß, R. H.; Osterland, J. (1997). Grundintelligenztest Skala 1 (CFT 1). Göttingen: Hogrefe.
Döpfner, M.; Berner, W.; Fleischmann, T.; Schmidt, M. (1993). Verhaltensbeobachtungsbogen für Vorschulkinder (VBV 3-69). Göttingen: Hogrefe.

Ferguson, C. (1977). Baby talk as a simplified register. In: C. Snow & C. Ferguson (Eds.) Talking to children: Language input and acquisition. Cambridge: Cambridge University press.

Frostig, M. (1974). Individualprogramm zum Wahrnehmungstraining. Hannover: Schroedel.

Galper, A.; Wigfield, A.; Seefeldt, C. (1997). Head start parents beliefs about their childrens abilities, task values, and performances on different activities. In: Child development, 68, S. 897-907.

Hasselhorn, M.; Hager, W. (1996). Neuere Programme zur Denkförderung bei Kindern: Bewirken sie größere Kompetenzsteigerungen als herkömmliche Wahrnehmungsübungen? In: Psychologie in Erziehung und Unterricht, 43, S. 166-181.

Häuser, D.; Kasielke, E.; Scheidereiter, U. (1994). KISTE - Kindersprachtest für das Vorschulalter. Weinheim: Beltz.

Häuser, D. (1997). Veränderte Kindheit - neue Herausforderungen an die Frühförderung. In: Kita Debatte. Ministerium für Bildung, Jugend und Sport des Landes Brandenburg.

Klauer, K. J. (1989). Denktraining für Kinder I. Göttingen: Hogrefe.

Klauer, K. J. (1999). Über den Einfluß des induktiven Denkens auf den Erwerb unanschaulich generischen Wissens bei Grund- und Sonderschülern. In: Psychologie in Erziehung und Unterricht, 46, S. 7-28.

Lockewandt, O. (1996). Der Frostig-Entwicklungstest zur visuellen Wahrnehmung - Handbuch. Weinheim: PVU.

Mayr, T. (1998). Problemkinder im Kindergarten - ein neues Aufgabenfeld für die Frühförderung, Teil II: Ansatzpunkte und Perspektiven für die Kooperation. In: Frühförderung interdiszilinär, 17, S. 97-115.

Reynolds, A. J.; Temple, J. A. (1998). Extended early childhood intervention and school achievment: Age thirteen findings from the Chicago longitudinal study. In: Child development, 69, S. 231-246.

Schneewind, K. A.(1998). Familienentwicklung. In: R. Oerter & L. Montada (Hrsg.) Entwicklungspsychologie, S.128-164. Weinheim: PVU.

Schwarzbach, B. (1998). Quo vadis Frühförderung? In: Frühförderung intersisziplinär, 17, S. 72-80.

Szagun, G. (1986). Sprachentwicklung beim Kind: Weinheim: PVU.

Weiß, H. (1994). Armut, Entwicklungsgefährdung und frühe Hilfen. Bedingungen, Probleme, Möglichkeiten und Grenzen der Arbeit mit sozial benachteiligten Kindern und ihren Familien in der Frühförderung. In: Frühförderung interdisziplinär, 17, S. 145-166.

Werner Müller

Vernetzung der Vorschuleinrichtungen zur Erfassung und Förderung von Kindern mit sonderpädagogischem Förderbedarf

> Wer das erste Knopfloch verfehlt,
> kommt mit dem Zuknöpfen
> nicht zu Rande
> (Goethe)

Vorbemerkungen

Die Betonung der Praxisseite im Thema könnte leicht dazu verführen, an dieser Stelle einen reinen Erfahrungsbericht aus der eigenen Praxis abzuliefern, in etwa nach dem Motto: „So geht es!" – „Das hat sich bewährt/nicht bewährt." – „So können Sie es auch machen."...
Das entspräche der früheren Meisterlehre, bei der Arbeitsweisen und Methoden einfach weitergegeben und unreflektiert angewendet werden.

Ein solches Vorgehen widerspräche sowohl dem pädagogischen Verständnis wie auch dem wissenschaftlichen Hintergrund des Verfassers. Zudem reicht es heute angesichts der komplexen und neuen Aufgaben in pädagogischen Feldern nicht mehr aus, erweist sich als unwissenschaftlich und wenig effektiv. Bloßes Nachahmen und Transferieren von Methoden führt auch leicht zu Fehlentwicklungen und Deformierungen von Zielen und Arbeitsweisen.

Unterschiedliche Vorgaben und Rahmenbedingungen sowie Unterschiede in der finanziellen, räumlichen und personellen Ausstattung machen eigene Erfahrungen und Erprobungen notwendig, die allerdings aus einem pädagogischen Begründungszusammenhang erwachsen und auf einer theoretischen Fundierung basieren sollten.

Ziel und Aufgabe dieser Ausführungen ist es, den pädagogischen Begründungszusammenhang und die theoretische Fundierung der praxisorientierten Vernetzung im Vorschulbereich nachzuweisen und dann erst die daraus erwachsenden praktischen Beispiele aufzuzeigen. Trotz der Beschränkung hinsichtlich des Umfangs sollten Ansätze einer Theorie der pädagogischen Vernetzung aufscheinen.

Der pädagogische Begründungszusammenhang

Jedes kindorientierte pädagogische Handeln – institutionsintern und institutionenübergreifend - ist in einen vielschichtigen Begründungszusammenhang eingebunden. Notwendigkeiten, Möglichkeiten und Auswirkungen der Vernetzung im Vorschulbereich zur Erfassung und Förderung von Kindern mit sonderpädagogischem Förderbedarf wurzeln in:

1. grundsätzlichen pädagogisch–psychologisch-pädiatrischen Erkenntnissen und Forderungen;
2. bildungspolitisch-sonderpädagogischen Veränderungen und Umorientierungen;
3. gesellschaftlichen Veränderungen als neuer Herausforderung der Pädagogik;
4. medizinisch-kinderpsychiatrischen Erkenntnissen zur Situation der Kinder heute;
5. (volks- und betriebs-) wirtschaftlichen Erkenntnissen für die Organisation sozialer Einrichtungen.

Die einzelnen Aspekte sind in sich sehr komplex und umfangreich und können für unseren Zusammenhang nur „angerissen" werden.

Notwendigkeit und Effizienz von Früherkennung und Frühförderung

sind heute weltweit unbestritten. Pädiatrie und Präventiv-Medizin, (Lern- und Entwicklungs-) Psychologie und Pädagogik verweisen auf die Chancen frühen Lernens und Kompensierens in einer sehr prägsamen und bildsamen Lebenszeit, nämlich den ersten Lebensjahren. Lernangebote und Hilfen, die dem Kind verspätet zuteil werden, erfordern erheblich größere Anstrengungen, wenn sie überhaupt noch Erfolge haben. Außerdem beinhalten sie die Gefahr der Verfestigung, Kumulation und Überlagerung der ursprünglichen Problematik durch sekundäre Folgeerscheinungen zu einem sehr komplexen Erscheinungsbild.

Diese wissenschaftlichen Erkenntnisse schlugen sich bereits Anfang der 80er Jahre in den Empfehlungen, Gutachten und Studien der Bildungskommissionen des Deutschen Bildungsrates zum frühen Lernen (Deutscher Bildungsrat 1973a), zur Institutionalisierung der Früherkennung und Frühförderung (Deutscher Bildungsrat 1973b) und zur Umgestaltung des Bildungswesens (Deutscher Bildungsrat 1970) nieder.

Umdenken bzw. Neuorientierung der Sonderpädagogik

führten in jüngster Zeit zu verändertem sonderpädagogischen Orientieren, Denken und Handeln und intensivieren auch die Möglichkeiten der Früherfassung und Frühförderung, indem der individuelle Förderbedarf **rechtzeitig** festgestellt wird und das betroffene Kind nicht mehr mit einer diffamierenden Behindertenetikette versehen werden muss.
An die Stelle der Defizit-/Defektorientierung tritt die ganzheitliche Sicht der Person, an Stelle der Klassifizierung die Individualisierung, entscheidend ist der Vorrang der Prävention vor der Rehabilitation (vgl. Stuffer 1989; W. Müller 1998) und damit die Bedeutung der Frühförderung.

Die bedeutsame Neu-/ Umorientierung der Sonderpädagogik – für die die Verwendung des Begriffs ‚Paradigmenwechsel' überzogen und teilweise falsch ist (vgl. T.S. Kuhn 1967) – bedeutet in unserem Zusammenhang konkret (s. Abb. 1):

- eine Abkehr vom behindertenspezifischen Klassifizieren und Isolieren und von der Defizit-/Defektorientierung;
- eine Hinwendung zur individuellen und ganzheitlichen Betrachtungsweise des Kindes;
- eine individuumsbezogene, durch qualitative und quantitative Lebens- und Lernfeld-Analyse gewonnene Feststellung und Erfüllung des individuellen sonderpädagogischen Förderbedarfs;
- ein Verständnis des sonderpädagogischen Förderbedarfs als eine offene, relative und evtl. zeitlich begrenzte Kategorie, die personen- und nicht institutionenbezogen ist;
- eine mittels Subsidiarität und Frühförderung intendierte Integration.

Veränderte Kindheit durch gesellschaftliche Veränderungen

Bereits 1975 hat v. Hentig die heutige Kindheit u.a. als Fernseh-Kindheit, Kleinfamilien-Kindheit, Stadt-Kindheit, pädagogische Kindheit typisiert.
Der Grundschulkongress 1989 (Faust-Siehl u.a. 1989) stellte die Vereinzelung des Menschen, den Verlust an unmittelbaren Erfahrungen und die Zukunftsangst als bestimmende Merkmale der heutigen Kinder heraus, auf die die Pädagogik bis heute noch nicht angemessen zu reagieren vermochte (v. Hentig 1992).
Die Veränderung mit den entwicklungsbedeutsamen Einschränkungen, Verlusten und Defiziten in Familie und Umwelt haben zur Folge, dass immer mehr Kinder bereits im Vorschulalter einen sonderpädagogischen Förderbedarf aufweisen. Der Früherkennung und Frühförderung kommen damit vermehrt neue und intensivere Aufgaben zu.

Kellmer Pringle (1979) wies z.B. in einer Längsschnittuntersuchung nach, dass Kinder, deren emotionale Grundbedürfnisse im frühen Alter nicht erfüllt werden, später häufig von Entwicklungs-, Lern- und Verhaltensstörungen betroffen sind.

Umdenken / Neuorientierung in der Sonderpädagogik	
Von der **Sonderschulbedürftigkeit** →	zum **sonderpäd. Förderbedarf**
Attribuieren einer Persönlichen Eigenschaft: Behinderung (10 Arten)	Feststellung der besonderen (Förder-) Bedürfnisse: Förderschwerpunkt
Kriterien: Intelligenzmangel Schulleistungsdefizite	Probleme, Schwächen, Defizite in allen Persönlichkeitsbereichen: Kognition, Emotionalität, Sozialität, Motorik, Wahrnehmung, Somatik
Diagn. Instrumentarium: Tests	Lebens- und Lernfeld-Analyse: Tests Anamnese Exploration Sammlung/Analyse relevanter Daten
feste, überdauernde Größe	offener, relativer Begriff
institutionenbezogen	personenbezogen
absolute Ja/Nein-Entscheidung: Volksschule – Sonderschule	verschiedene Lernorte und Förder- und Hilfsmöglichkeiten
selektionsorientiert rein schulische Maßnahmen	förderorientiert schulische und außerschulische Hilfen
fixierend etikettierend diffamierend	subsidiär

Abb. 1: Umdenken bzw. Neuorientierung in der Sonderpädagogik (W. Müller 1998)

Psychisch und körperlich belastete Kinder

Zahlreiche medizinisch-kinderpsychiatrische Untersuchungen (u.a. Lempp/ Schiefele 1987) belegen die massive Zunahme von Allergien, Asthma, Depressionen, psychosomatischen Krankheitsbildern etc. sowie den erschreckenden Medikamentenkonsum im Kindesalter. Immer häufiger werden bereits Vorschulkindern Schlaf- und Beruhigungsmittel und Psychopharmaka verabreicht.
Eine fragwürdige Hilfe, ohne an dieser Stelle die Frage nach den komplexen und vielschichtigen Ursachen (Umweltbelastung und/oder überzogene Umwelterwartungen!?) zu erörtern.
Fakt ist: Die Zahl der Kinder, die auch schon im Vorschulalter massiv körperlich und psychisch belastet sind, nimmt ständig zu und bedarf einer frühen sonderpädagogischen Förderung in und durch spezielle Einrichtungen.

**Vorschuleinrichtungen als „lernende Organisationen"
(Kline/ Saunders 1996)**

Wegen der knapper werdenden Ressourcen und der Kritik der Öffentlichkeit am Sozialbereich sehen sich auch soziale Einrichtungen immer mehr gezwungen, (volks- und betriebs-) wirtschaftliche Erkenntnisse zur Organisationsentwicklung und zur Optimierung ihrer Arbeit einzubeziehen. Selbst- und Fremdbild einer Einrichtung, Kunden-/Adressatenorientierung, Unternehmenskommunikation und Visionen sind u.a. neue Inhalte dieser Prozesse, die den betroffenen Kindern und ihren Familien zugute kommen sollen. Für die Vernetzung von Einrichtungen sind sie ebenfalls von großer Bedeutung.

Vor dem Hintergrund dieses komplexen und vielschichtigen Begründungszusammenhanges sind die folgenden Ausführungen zur Vernetzung von Vorschuleinrichtungen zu sehen.

Einrichtungen und Institutionen im Vorschulbereich

Der Konsens über die Notwendigkeit einer frühen Förderung, die zunehmende Zahl von Kindern mit wachsendem sonderpädagogischen Förderbedarf bereits im Vorschulalter und die erfolgreiche Arbeit der bestehenden Einrichtungen führten zu einem steten Ausbau des Vorschulbereichs.

Angebot an Vorschuleinrichtungen

In Bayern stehen gegenwärtig folgende Einrichtungen mit unterschiedlichen Zuständigkeiten zur Verfügung:

	Einrichtung	Zuständigkeit
bisher	**Kindergarten**	**Sozialbereich** Sozial-Ministerium
	Frühförderung	**Medizinischer Bereich** Pädiatrie
jetzt	**Niedergel. Therapeuten** v.a. Psychologen Logopäden Ergotherapeuten Krankengymnasten	**Medizinischer Bereich** (Krankenkassen!)
	Sonderpäd. Förderzentrum Schulvorbereitende Einrichtung Mob. Sonderpäd. Dienste	**Schulischer Bereich** Kultus-Ministerium

Abb. 2: Angebote im Vorschulbereich (Bayern)

Für Eltern von förderbedürftigen Kindern stellen sich angesichts der Angebotsvielfältigkeit die für den Laien nicht leicht zu beantwortenden Fragen:

- Welche Einrichtung ist die „richtige" für mein Kind?
- Wo kann mein Kind am besten gefördert werden?

Für die Professionalität des Vorschulbereichs erwächst in Verantwortung für die Kinder auch hieraus die Aufgabe und Pflicht der Kooperation und Vernetzung.

Das Sonderpädagogische Förderzentrum als neue Einrichtung

Die Neuorientierung der Sonderpädagogik, gesellschaftliche Veränderungen und wissenschaftliche Erkenntnisse führten über eine Reihe von Schulversuchen zur Errichtung von Sonderpädagogischen Förderzentren mit unterschiedlichen länderspezifischen Ausprägungen.

Das Sonderpädagogische Förderzentrum (SFZ) definiert sich als

- zentrale Stätte
- für Erziehung, Unterricht, Förderung und Beratung
- mit vielfältigen Förderangeboten
  - präventiver
  - ambulanter und stationärer
  - kooperativer und integrativer Art
- für Kinder und Jugendliche mit sonderpädagogischem Förderbedarf

Flächendeckend und möglichst wohnortnah angeboten sind sie

Zentren für
- gesonderte Betreuung förderbedürftiger Schüler
- mobile sonderpädagogische Dienstleistungen in Kindergärten und allgemeinen Schulen
- Beratung von Eltern, Lehrern, Erziehern usw.
- sonderpädagogische Fortbildungen

Gegenüber den bisherigen Förderschulen werden die Aufgaben- und Handlungsfelder des Sonderpädagogischen Förderzentrums um den Vorschulbereich (mit Schulvorbereitender Einrichtung und mobilem sonderpädagogischem Dienst in Kindergärten) sowie um die mobilen sonderpädagogischen Dienste in allgemeinen Schulen entscheidend erweitert und umfassen nun Angebote von 0 - 15 Jahren (s. Abb. 3), wobei der schulische Bereich an dieser Stelle ausgeklammert bleibt.

```
                    Elternhaus
            Interdisziplinäre Frühförderung


  Förderschulbereich

                              SFZ              Mobile
   Schule für                                  Sonderpädagogische
   Kranke              Erkennung               Hilfe im
                       Erziehung               Kindergarten
                       Förderung
                       Unterricht              Vorschulbereich
                       Beratung

   Schulen für                                 Schulvorbereitende
   Behinderte                                  Einrichtung


              Mobile Sonderpädagogische
              Dienste an allgemeinen Schulen
              Regelschulbereich
```

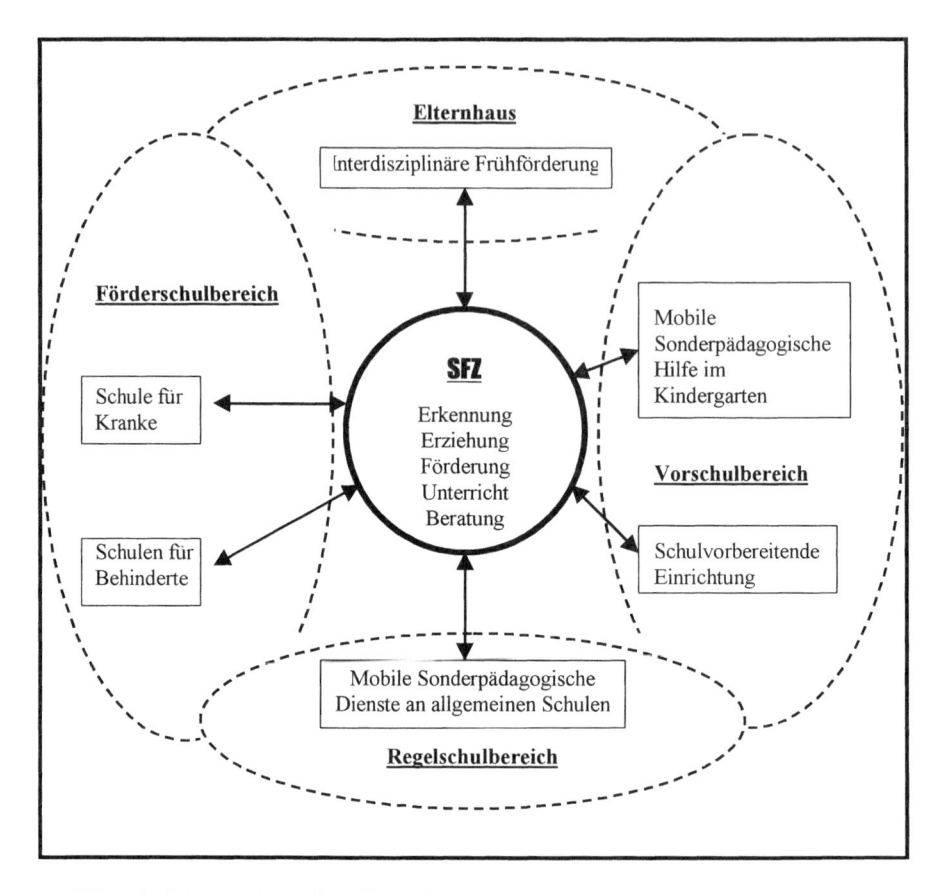

Abb. 3: Aufgaben- und Handlungsfelder eines Sonderpädagogischen Förderzentrums

Ziel aller Bemühungen des Sonderpädagogischen Förderzentrums ist die Integration durch möglichst frühe Erfassung und Förderung der förderbedürftigen Kinder. Dies wird durch enge Kooperation aller internen Bereiche und mit außerschulischen Einrichtungen angestrebt.

In der Realisierung ergibt sich für das Sonderpädagogische Förderzentrum eine Organisationsform, die von Differenzierung, Offenheit und Durchlässigkeit gekennzeichnet ist (vgl. Abb. 4)

Christophorus-Schule

Sonderpädagogisches Förderzentrum

	Schule zur individuellen Lernförderung (eigener Lehrplan) 9–4	
Mobile sonderpädagogische Hilfe	Grundschulklassen 4–3 (Grundschullehrplan)	Heilpädagogische Tagesstätte
	Diagnose- und Förderklassen "S" 2–1 (Grundschullehrplan)	Diagnose- und Förderklassen 1–Z–2 (Grundschullehrplan) 3–1
	Schulvorbereitende Einrichtung (3-6 Jahre)	
	Frühförderung (0-6 Jahre)	

Mobile Sonderpädagogische Dienste → Hauptschule (9–5), Grundschule (4–1)

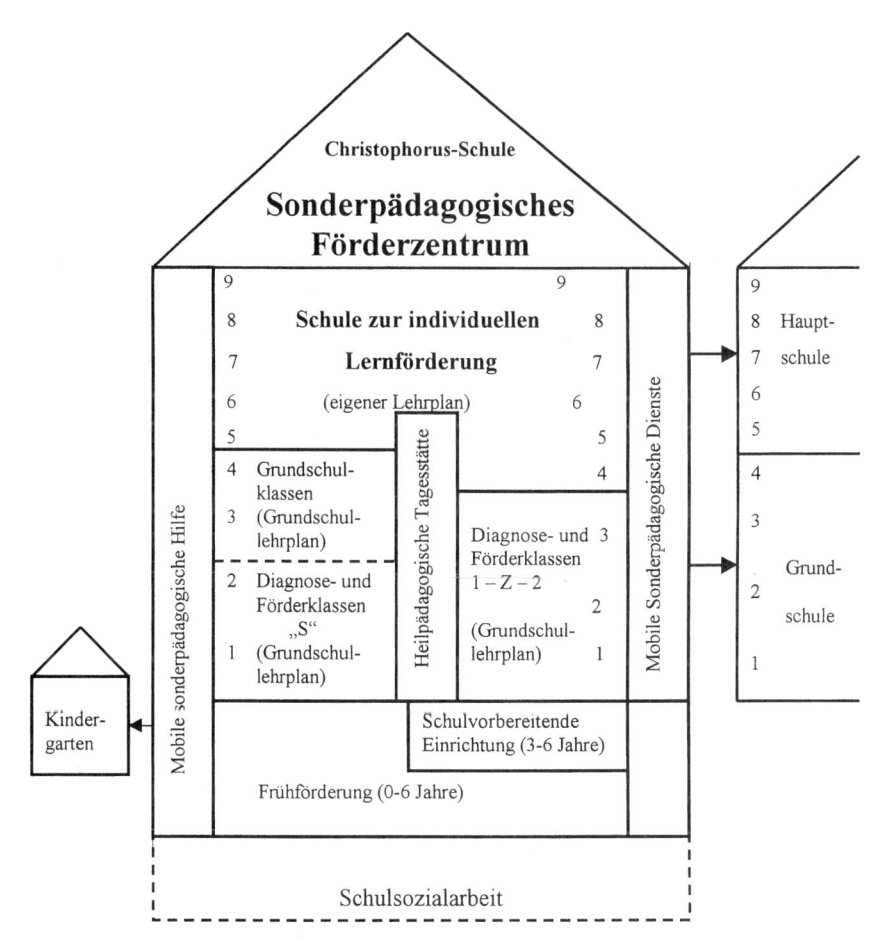

Kindergarten

Schulsozialarbeit

Abb. 4: Organisation des Sonderpädagogischen Förderzentrums

Beispiel: Das Sonderpädagogische Förderzentrum Christophorus-Schule

Die Christophorus-Schule arbeitet schon seit Jahren als Sonderpädagogisches Förderzentrum und erfuhr nun am 01. August 1999 seine offizielle Ernennung.

Zur Zeit umfasst das Förderzentrum

6	Gruppen der Schulvorbereitenden Einrichtung mit je 10 Kindern	60
9	Diagnose- und Förderklassen nach Grundschullehrplan (1. und 2. Jahrgangsstufe)	130
2	Klassen (3. und 4. Jahrgangsstufe) nach Grundschullehrplan	35
15	Klassen von der 3. – 9. Jahrgangsstufe nach dem Lehrplan der Schule zur individuellen Lernförderung	240
32	Gruppen/Klassen mit insgesamt ca.	465 Kindern/Schülern.

Darüber hinaus werden noch ca. 25 Kinder in den Kindergärten und ca. 45 Schüler in den Grund- und Hauptschulen sonderpädagogisch mobil betreut.

Auf der Grundlage der hier beschriebenen Einstellungen, Orientierungen und Arbeitsweisen erfreut sich das Sonderpädagogische Förderzentrum einer hohen Akzeptanz in der Öffentlichkeit und bei den betroffenen Eltern.

Fast alle Gruppen/Klassen haben inzwischen die zulässigen Höchstzahlen erreicht, so dass zeitweise Aufnahmebegrenzungen bestehen und Wartelisten eingeführt werden mussten. Auch die mobilen Dienste sind derzeit voll ausgelastet und müssen sich vorübergehend zum Teil auf Notfall- und Kriseninterventionen beschränken. Der dringende Ausbau ist trotz Personalknappheit vorgesehen.

Nach Beendigung des Vorschulbereichs (SVE) wechseln ca. 50 - 65 % der Kinder in die Regelschule über, aus dem Schulbereich des Sonderpädagogischen Förderzentrums sind es – mit steigender Tendenz – jährlich ca. 30 Schüler, die an die Regelschule überwechseln.

Die bereits vor Jahren begonnene Organisationsentwicklung und -weiterentwicklung haben sich sowohl intern wie auch nach außen sehr positiv ausgewirkt und sollen in der nahen Zukunft weiter vorangetrieben werden.

Vernetzung der Vorschuleinrichtungen als pädagogische Dimension

Die vielfältigen Wurzeln des Begründungszusammenhanges wie auch v.a. die umfassenden und intensiven Förderbedürfnisse der Kinder erfordern, dass die differenzierten Angebote an Vorschuleinrichtungen nicht isoliert und beziehungslos nebeneinander stehen, wenn sie professionell und effektiv fördern wollen (= Außenvernetzung). Auch eine möglichst umfassende Früherfassung der förderbedürftigen Kinder ist nur auf diesem Weg möglich.

Eine Voraussetzung dafür ist die einheitliche und abgestimmte Arbeit am Kind durch alle Mitarbeiter und Abteilungen innerhalb einer Einrichtung (= Binnenvernetzung).

Begründung der pädagogischen Vernetzung

Versteht man lt. Duden ein Netz als ein „durch Verflechten oder Verknoten von Fäden oder Seilen entstandenes Gebilde aus Maschen, das in unterschiedlichen Ausführungen den verschiedensten Zwecken dient", so bedeutet dies in pädagogischer Hinsicht für die vernetzte Vorschulförderung:

(1) „Erziehung ist unteilbar, sie wird arbeitsteilig realisiert" (Groothoff)
Erziehung und Förderung lassen sich nicht in begrenzte und eigenständige Bereiche und Phasen aufteilen, vielmehr bedürfen sie der ständigen Abstimmung aller Beteiligten und deren Ausrichtung auf das gemeinsame Ziel hin.

(2) Die Vorschuleinrichtungen unterliegen unterschiedlichen Zuständigkeiten und Zwängen. Deshalb bedarf es bei der gemeinsamen Arbeit am Kind der kooperativen Abstimmung hinsichtlich des Ansatzes, der Arbeitsweisen und der Zielausrichtung.

(3) Die Komplexität des Förderbedarfs kann im Einzelfall die Kooperation verschiedener Fachbereiche und Einrichtungen notwendig machen.

(4) Die Transparenz der einzelnen Einrichtungen und deren Vernetzung erleichtert den betroffenen Eltern die Entscheidung für eine Einrichtung, vermag kostenintensive Doppelförderungen zu vermeiden und steht dem zunehmenden „Therapie-Tourismus" entgegen.

(5) Jede Arbeit an einem Teilbereich sollte nicht vorrangig auf den Fehler, auf das Fehlende, sondern auf das Gesamte, die ganze Person ausgerichtet sein (P. Moor).

(6) Die Erziehungswissenschaft ist auch für die Arbeit im Vorschulbereich Leitidee, Planungsinstanz, Handlungsorientierung und Kontrollinstanz.

Kriterien einer pädagogischen Vernetzung

Die Arbeit von Vorschuleinrichtungen wie auch deren Vernetzung unterliegen - ebenso wie schulische Bereiche – dem Primat der Pädagogik als Voraussetzung und Bedingung für eine optimale Förderung von Kindern mit sonderpädagogischem Förderbedarf (vgl. u.a. W. Müller 1990).
Es ist der gesamten Arbeit vorgeordnet und erfordert im einzelnen

(1) ein pädagogisches Konzept,
in dem das Kind in der Ganzheit seiner Person (Kognition, Emotionalität, Motorik, Wahrnehmung, Sprache, Sozialität etc.) gesehen wird und eine ganzheitliche Förderung für das Erreichen des Ziels intendiert wird;

(2) eine pädagogische Zielorientierung,
in der alles stimmig auf die Ziele der Kompensation, der Schulfähigkeit und der Integration hin ausgerichtet ist und von dorther seinen Stellenwert erhält. Die Interdependenz von Ziel, Inhalt, Verfahren und Medien ist ein bestimmender Faktor der Förderarbeit;

(3) eine einheitliche pädagogische Grundlinie
hinsichtlich der Wertorientierungen und des Erziehungsverständnisses (u.a. Flitner 1982; Hurrelmann 1993). Alles Lernen bildet einen Zusammenhang und sollte in seiner Grundlegung später nicht mehr geändert werden müssen;

(4) die pädagogische Verantwortung
aller Mitarbeiter und Einrichtungen für das Kind in seiner Entwicklung, seinem Lernen und Verhalten sowie für sein familiäres Umfeld.

Überzogenes und unangemessenes Fachdenken, der Verlust der ganzheitlichen Betrachtungsweise des Menschen, der Glaube an die „Austestbarkeit" und Messbarkeit des Menschen sowie die einseitige Orientierung an erziehungsfremden Paradigmen wie z.B. am Medizinischen Modell oder am sozialwissenschaftlichen Denken und Handeln etc. stellen eine ständige Bedrohung des Primats der Pädagogik dar. Isolierte und zeitlich begrenzte Erfolge sind damit zwar möglich, doch langfristig werden die Erziehungs- und Förderziele so nicht erreicht.
Erst das Zusammenwirken der angeführten Voraussetzungen (s.o.) und Bedingungen (s.o.) machen das Wesen einer pädagogischen Arbeit und Vernetzung im Vorschulbereich aus (s. Abb. 5).

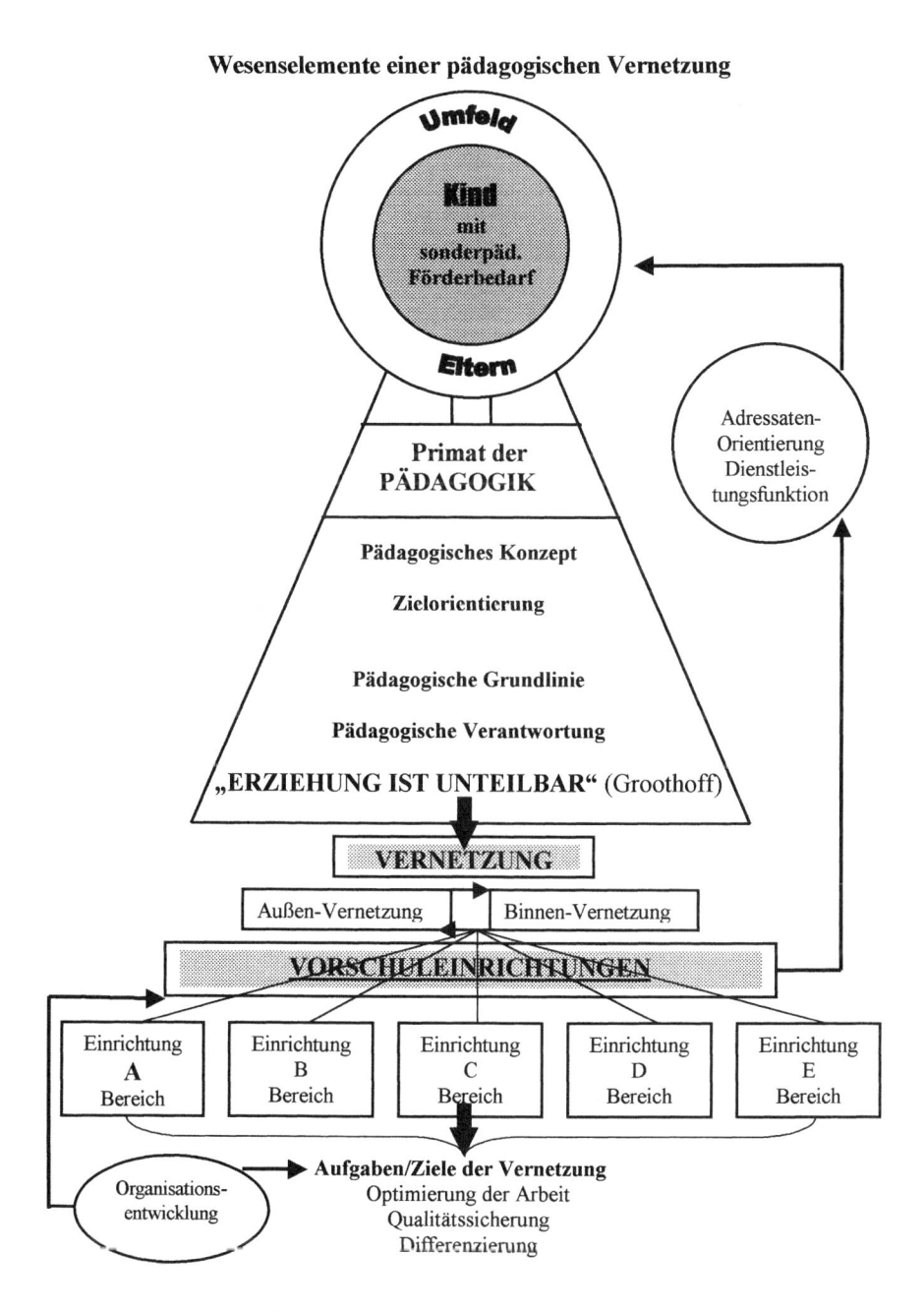

Wesenselemente einer pädagogischen Vernetzung

Umfeld

Kind mit sonderpäd. Förderbedarf

Eltern

Primat der PÄDAGOGIK

Pädagogisches Konzept

Zielorientierung

Pädagogische Grundlinie

Pädagogische Verantwortung

„ERZIEHUNG IST UNTEILBAR" (Groothoff)

Adressaten-Orientierung Dienstleistungsfunktion

VERNETZUNG

Außen-Vernetzung | Binnen-Vernetzung

VORSCHULEINRICHTUNGEN

| Einrichtung A Bereich | Einrichtung B Bereich | Einrichtung C Bereich | Einrichtung D Bereich | Einrichtung E Bereich |

Organisationsentwicklung

Aufgaben/Ziele der Vernetzung
Optimierung der Arbeit
Qualitätssicherung
Differenzierung

Abb. 5: Wesenselemente einer pädagogischen Vernetzung

Außenvernetzung

Eine pädagogisch fundierte und von Verantwortung für das Kind mit Förderbedarf getragene Arbeit macht von sich aus Kontakte mit anderen Abteilungen und Vernetzungen mit anderen Einrichtungen unumgänglich.

3.3.1 Anlässe und Partner der Außenvernetzung

Erfahrungsgemäß werden Kontakte und Kooperationen mit anderen Einrichtungen notwendig im Zusammenhang mit
- der Erkennung des Förderbedarfs eines Kindes;
- der Aufnahme in die Schulvorbereitende Einrichtung (SVE) oder in die mobile Betreuung im Kindergarten;
- Übergängen   z.B.:   von der Frühförderung in die SVE
  von der Frühförderung in den Kindergarten
  von der SVE in die Schule
  vom Kindergarten mit mobiler Betreuung in die Schule
- Elternberatungen und mit der Elternarbeit;
- der Delegation zu ergänzenden Förderungen und Therapien in anderen Einrichtungen und mit
- der Abklärung der Kostenfrage;
- Krisenintervention und Hilfen im familiären Feld;
- der Hinzuziehung spezieller Fachdienste in Extremfällen und im Bereich des Hörens und Sehens;
- der teilstationären Unterbringung in einer Heilpädagogischen Tagesstätte;
- Zweifeln der Eltern hinsichtlich der Akzeptanz der Probleme ihres Kindes;
- der Aufklärung von massiven Gefahren für Leib und Seele eines Kindes (körperliche Züchtigung, sexueller Mißbrauch etc.).

Nach Aufhebung der Schweigepflicht bereits beim Erstkontakt – die bisher in keinem Fall verweigert wurde – ist es Aufgabe von professionellen und verantwortungsbewussten Mitarbeitern, die ersten Schritte für kooperative Vernetzung mit den im Einzelfall notwendigen Einrichtungen einzuleiten.
Die Zusammenarbeit umfasst – immer nach Absprache mit den Eltern – im einzelnen:
- telefonischer Kontakt zur Vermittlung eines Erstkontaktes;
- telefonischer Erfahrungsaustausch von Mitarbeiter zu Mitarbeiter;
- Austausch von Erfahrungsberichten,
  Untersuchungsergebnissen,
  Befunden und
  Gutachten;
- telefonische Rückfragen in Not- und Krisensituationen;
- Übergabe der Abschlussberichte.

Außenvernetzung des Sonderpädagogischen Förderzentrums

Sonderpäd. Förderzentrum
Schulvorber. Einrichtung
Mobiler Dienst
Diagnose- und Förderklassen

- Kindergärten
- Frühförderung
- Grundschulen
- niedergel. Psychologen Logopäden Ergotherap.
- Qualifiz. Beratungslehrer (Schuljugendberater)
- (Kinder-) Ärzte Psychiater
- Kinderklinik Beratungs- und Behandlungszentren
- spezielle Beratungsstellen
- andere mobile Dienste (Fachdienst)
- Gesundheitsamt
- Jugendamt
- Heilpäd. Tagesstätten

Eltern mit förderbedürftigen Kindern

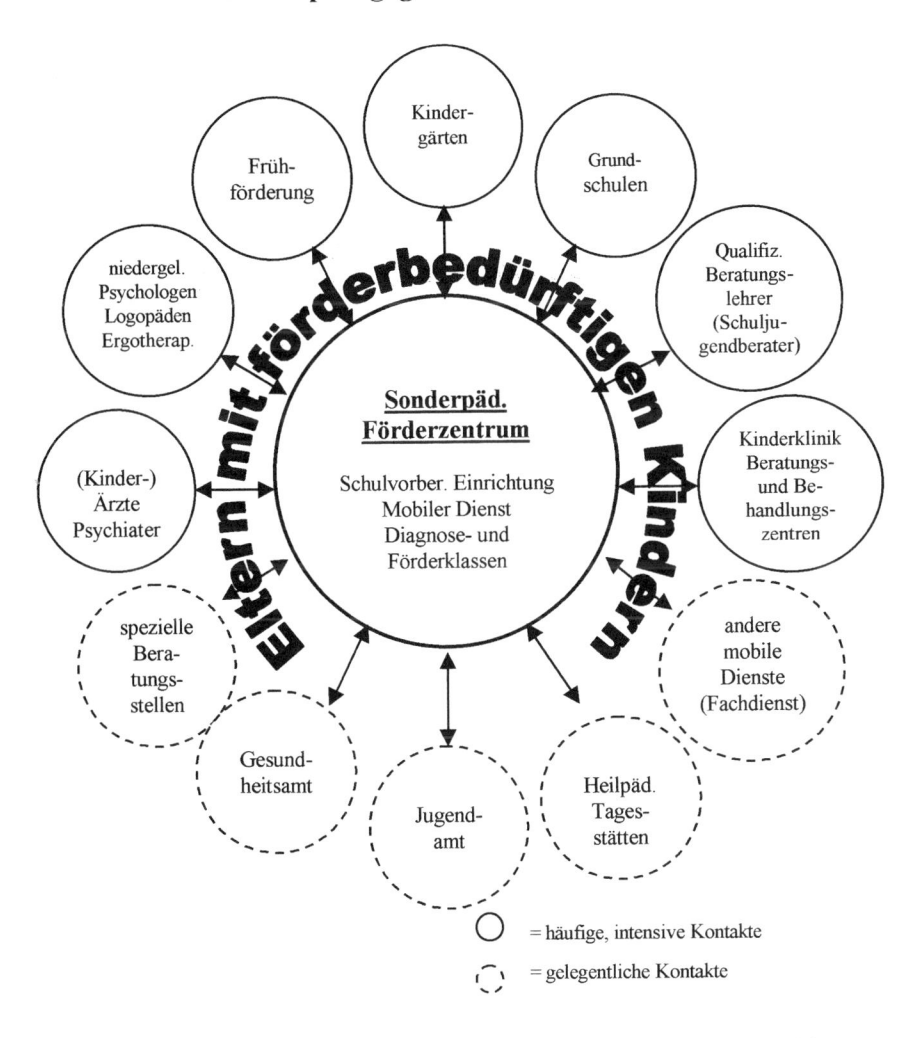

○ = häufige, intensive Kontakte
◌ = gelegentliche Kontakte

Abb. 6: Außenvernetzung des Sonderpädagogischen Förderzentrums im Vorschulbereich

Die Ansprech- und Kooperationspartner sind in Abb. 6 nach Häufigkeit und Intensität unterschieden. Die intensiven Kontakte und Kooperationen vor allem mit den Kindergärten, den Kinderärzten, -psychologen und -psychiatern sowie die Tätigkeit der mobilen Dienste in den Kindergärten sind sehr hilfreich, den Förderbedarf eines Kindes sehr früh zu erkennen und eine Förderung einzuleiten.

Möglichkeiten vernetzungsfördernder und -unterstützender Maßnahmen

Ein im Vergleich zu den etablierten Fördereinrichtungen in Medizin, Psychiatrie, Psychologie etc. relativ junger Bereich der Vorschulförderung darf nicht erwarten, dass die Initiative und Aktivität von diesen ausgeht. Oft wirken hier auch Vorurteile und Standesfragen entwicklungshemmend.

Es ist deshalb nötig, sich vorurteilslos zu öffnen, ständig den Nachweis seriöser und zuverlässiger Arbeit zu erbringen und Qualität nachzuweisen, um sich so Vertrauen zu erwerben und eine tragfähige Vertrauensbasis der Kooperation zum Wohle der Kinder zu schaffen.

Das zeigt sich auch darin, dass das anfangs sehr häufige Verschanzen hinter dem Datenschutz heute langsam abnimmt.

Die folgenden Beispiele für kooperationsfördernde und -unterstützende Maßnahmen unseres Hauses erheben keinen Anspruch auf Vollständigkeit und Ausschließlichkeit:

1. Öffnung der Einrichtung
   - Tag der offenen Tür
   - Informationstage für bestimmte Berufsgruppen
   - immer offene Türen für Informationsbesuche interessierter Eltern und Kinder und Fachkollegen
   - gezielte Einladungen
   - Einladungen zu Festen und Feiern
   - Besuche in anderen Einrichtungen

2. Öffentlichkeitsarbeit zur Darstellung der Einrichtungen
   - Presseartikel (z.B. zur Schulaufnahme)
   - Jahresberichte
   - Informationsmaterialien
   - Informationsbroschüren für Eltern, Lehrer und Erzieher
   - Mitwirkung bei Veranstaltungen in Kindergärten und Schulen etc.

3. Beratungen, Informationen und Fortbildungen
   - Herausgabe von Informations- und Arbeitsmaterialien, Arbeitshilfen
   - Einladung renommierter Referenten zu Fortbildungen (z.B. Prekop)
   - Veröffentlichungen von Sachbüchern und Fachartikeln (u.a. Roß 1995a und 1995b)
   - Fachspezifische Fortbildungen zu Ergotherapie, Sprachförderung etc. im Hause
   - Beteiligung an regionalen Fortbildungen
   - Elternhilfen

4. Gewinnung eines pädagogischen Profils/Corporate Identity für die Organisationsentwicklung (siehe Abb. 8)
   - Erhebung des Selbstbildes
   - Gewinnung der Fremdeinschätzung (Befragung von Kindergärten etc.)
   - Schaffung eines einheitlichen Designs (Logo, Name, Formalia ...)
   - Kunden-/Adressatenorientierung (Elternbefragung)

5. Präsenz, Erreichbarkeit, Ansprechbarkeit
   - klare Zuständigkeitsbereiche
   - feste Zeiten
   - Realisierung internationaler Qualitätskriterien (Rückruf, Erledigung ...)

Binnenvernetzung

Je einheitlicher und geschlossener eine Einrichtung nach außen wirkt und erscheint, je kooperationsfähiger und kooperationsbereiter sie intern funktioniert, desto qualitativer wird ihre Arbeit und desto effektiver wird ihre Außenvernetzung sein. Die Innenvernetzung ist eine der Voraussetzungen für eine erfolgreiche Außenvernetzung.

Fortschrittliche Wirtschaftsunternehmen haben dem mit der Errichtung von Abteilungen zur Unternehmenskommunikation längst Rechnung getragen.

In unserem Zusammenhang geht es um folgende, im Dienste der pädagogischen Aufgabe und der Verantwortung für jedes einzelne Kind stehende Beziehungsebenen

                Leitung ☐ Träger
                Leitung ☐ Mitarbeiter
            Verwaltung ☐ pädagogischer Bereich
          Abteilung A ☐ Abteilung B
             Mitarbeiter ☐ Mitarbeiter
      Stationärer Bereich ☐ mobiler Bereich
                Leitung ☐ Eltern
             Mitarbeiter ☐ Eltern

Den pädagogischen Wirkfaktoren, Voraussetzungen und Bedingungen ist bei den internen Verflechtungen, Verknüpfungen und Kontakten genauso Rechnung zu tragen wie bei den Außenbeziehungen. Dysfunktionalitäten und Defizite wirken sich in dieser Hinsicht sehr negativ nach außen aus.

Die hinsichtlich der internen Verflechtung notwendigen und erforderlichen Maßnahmen werden unter

    - institutionell-personellen
    - pädagogisch-didaktisch-methodischen und
    - pädagogisch-intentionalen Aspekten

dargestellt (s. Abb.7) und erheben ebenfalls keinen Anspruch auf Vollständigkeit.

Binnen-Vernetzung

Institutioneller-personeller Aspekt ↔	pädagogisch-methodischer Aspekt ↔	pädagogisch-intentionaler Aspekt
Profil/Kultur/Ethos einer Einrichtung - einheitliches Selbstbild/ Selbstverständnis - einheitliches Fremdbild/ Erscheinungsbild - einheitliche Arbeit - einheitl. päd. Grundlinie u. Zielorientierung - einheitliche Wertorientierung und einheitl. Pädagogisches Verständnis - Transparenz der Einrichtung - eine Leitung - gemeinsames Logo	**Einheitliches Instrumentarium** - Antrag/ Initiative der Eltern (s. Anlage 9) - Schweigepflichtaufhebung (s. Anlage 9) - Anamnese/ Exploration (s. Anlage 10) - diagn. Verfahren - qualitative vor quantitativer Orientierung - Feld-, Längs- und Querschnittsanalyse	**Primat der Pädagogik** - pädagogisches Konzept - pädagogische Grundlinie - Erziehungsverständnis - Wertorientierung - pädagogische Verantwortung - Zielorientierung
Gleichwertigkeit/ -rangigkeit - aller Bereiche - aller Mitarbeiter	**Kooperation und Kommunikation** - Einbeziehung aller Bereiche/Abteilungen - Austausch von Erfahrungen und Ergebnissen	**Angebotscharakter** - Freiwilligkeit
Organisationsentwicklung/ -gestaltung - Mitarbeiterführung - Konfliktmanagement - Qualitätsmanagement - Kunden-/ Adressatenorientierung - Entwicklung von Verwaltungs- und Arbeitsstrukturen - Teamarbeit	**Ganzheitl. päd. Förderansatz** - alle Förderbereiche sehen - päd. Ziel ← Einbringung aller Mitarbeiter	**Kostenbewusstsein** - effektiver Einsatz der Ressourcen - keine Mehrfachbetreuung
	interne Information und Fortbildung - Schwerpunktbildung - externe Referenten	**Interdisziplinarität** - Erkennen der eigenen Grenzen - Nutzen von Schwerpunkten und Spezialisierungen
Professionalität - der Mitarbeiter - der Arbeit	**Elternarbeit/ - Information**	

Abb. 7: Dimension der Binnenvernetzung

Einbeziehung wirtschaftlicher Erkenntnisse in Vorschuleinrichtungen

„Wer nicht mehr besser werden will, ist schon nicht mehr gut!" – so ein Schlagwort aus dem Managementbereich der Wirtschaft. In einer Zeit rasanter Veränderungen und steigender Anforderungen gilt dieses Wort auch für soziale und schulische Einrichtungen, zumal der Sozialstaat immer mehr an seine Grenzen stößt, die öffentlichen Mittel immer knapper werden und die Kritik der Öffentlichkeit an der Konstruktion, Organisation und Funktionsweise von sozialen Einrichtungen zunimmt.

Diese Kritik bezieht sich (nach Engelhart u.s. 1996) im Wesentlichen auf
- Ineffektivität und Ineffizienz,
- fehlendes Kostenbewusstsein,
- volks- und betriebswirtschaftliche Ignoranz,
- Verschleuderung öffentlicher Gelder,
- inkompetente Berufsausübung,
- mangelnde Professionalität
- fehlendes Leistungsdenken ..... u.a.m

So beschäftigen sich in jüngster Zeit Einrichtungen des sozialen und schulischen Bereichs - sicherlich nicht ganz freiwillig, aber immerhin – zunehmend mit volks- und betriebswirtschaftlichen Erkenntnissen, Modellen und Konzepten und erproben deren Übertragbarkeit zur Organisationsentwicklung und Organisationsgestaltung. Erste Ansätze und Veränderungen sind allerorts zu beobachten und auch der Vorschulbereich wird sich diesen Reformbemühungen nicht verschließen können (Kline/Saunders 1996). Überkommene Strukturen und Arbeitsweisen sind zu hinterfragen, zu überprüfen und nötigenfalls zu verändern.

Für unseren Problembereich sind von Bedeutung:
- Entwicklung eines Profils, einer Corporate Identity für eine Einrichtung (vgl. u.a. Kiessling/Spannagl 1996) (s. Abb.8)
- Entwicklung und Weiterentwicklung einer Organisation (Engelhart u.a. 1996)
- Personalmanagement (Schwarz/Beck 1997)
- Qualitätsmanagement (Bobzien u.a. 1997, Falk/Kerres 1998, Falk/Kerres 1995)
- Konfliktmanagement (Beck/Schwarz 1995, Kerres/Seeberger 1997)
- Kundenorientierung
- Betonung der Dienstleistungsfunktionen
- Reform der Verwaltung
- Steuerung komplexer Organisationen   u.v.a.m.

Damit sollen u.a. die soziale und pädagogische Arbeit optimiert, die Kunden- und Mitarbeiterzufriedenheit gesteigert, die Professionalität und Ressourcennutzung verbessert und die Kommunikation und Kooperation sowie die Transparenz gesteigert werden (s. Abb. 9).

Corporate Indentity/ Kultur/ Ethos einer Einrichtung

Identität
- Selbstbild
- Selbstverständnis
- Kultur/ Ethos der Einrichtung
- Grundsätze, Ziele
- Visionen
- Innenbeziehungen/ -wirkungen
- Wohlbefinden
- Verhalten

Image
- Fremdeinschätzung
- Fremdbild
- Kooperation / Kommunikation
- Stellung in der Öffentlichkeit
- äußeres Erscheinungsbild
- Außenwirkung
- Offenheit/ Öffnung nach außen

Arbeit
- Zielgerichtetheit
- Übernahme von Verantwortung
- Vorordnung des Primats der Pädagogik
- Arbeitsabläufe
- Kooperation und Kommunikation
- Struktur
- Arbeitsweisen/ -stil
- Transparenz
- Professionalität
- Dienstleistungscharakter
- Kundenorientierung

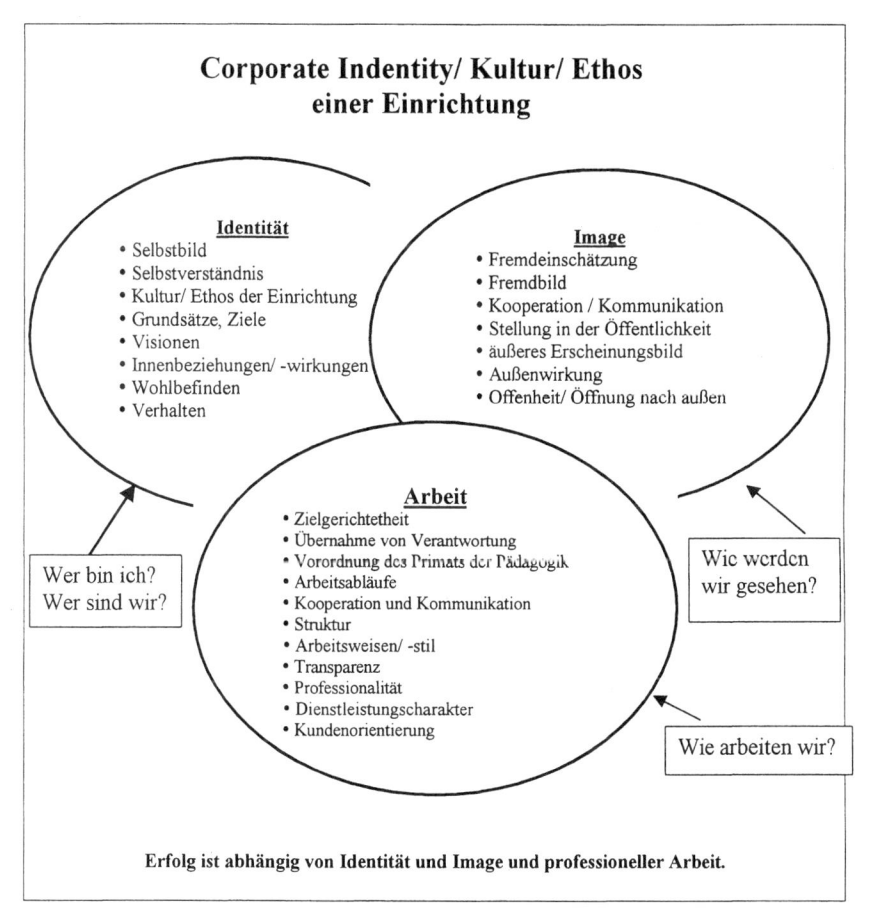

Wer bin ich?
Wer sind wir?

Wie werden wir gesehen?

Wie arbeiten wir?

Erfolg ist abhängig von Identität und Image und professioneller Arbeit.

Abb. 8: Kultur, Ethos bzw. Corporate Identity einer sozialen Einrichtung (nach Regenthal 1998)

Einwendungen und Vorbehalte von Skeptikern mit dem Hinweis auf den strukturellen Unterschied von „Profit- und Non-Profit"-Organisationen sowie die gerade im sozialen Bereich häufig anzutreffende (psychoanalytische) Abwehr gegenüber Neuerungen werden die Entwicklung nicht aufhalten können. Allerdings ist die weitere Entwicklung im Hinblick auf eine eventuelle Gefährdung des ‚Primats der Pädagogik' genau zu beobachten. Nötigenfalls muss pädagogisch gegengesteuert werden.

VORTEILE VON ORGANISATIONSENTWICKLUNG FÜR BETEILIGTE

- verbesserte Erfüllung der Versorgung
- besseres Kosten- Nutzen- Verhältnis
- Image-Verbesserung
- Erhöhung der Effizienz und Professionalität

TRÄGER

- verbessertes Betriebsklima
- materielle Belohnung
- mehr Eigenverantwortung
- bessere Kommunikation
- Verbesserung der Kompetenzen
- Transparenz der Arbeitsabläufe

MITARBEITER/INNEN

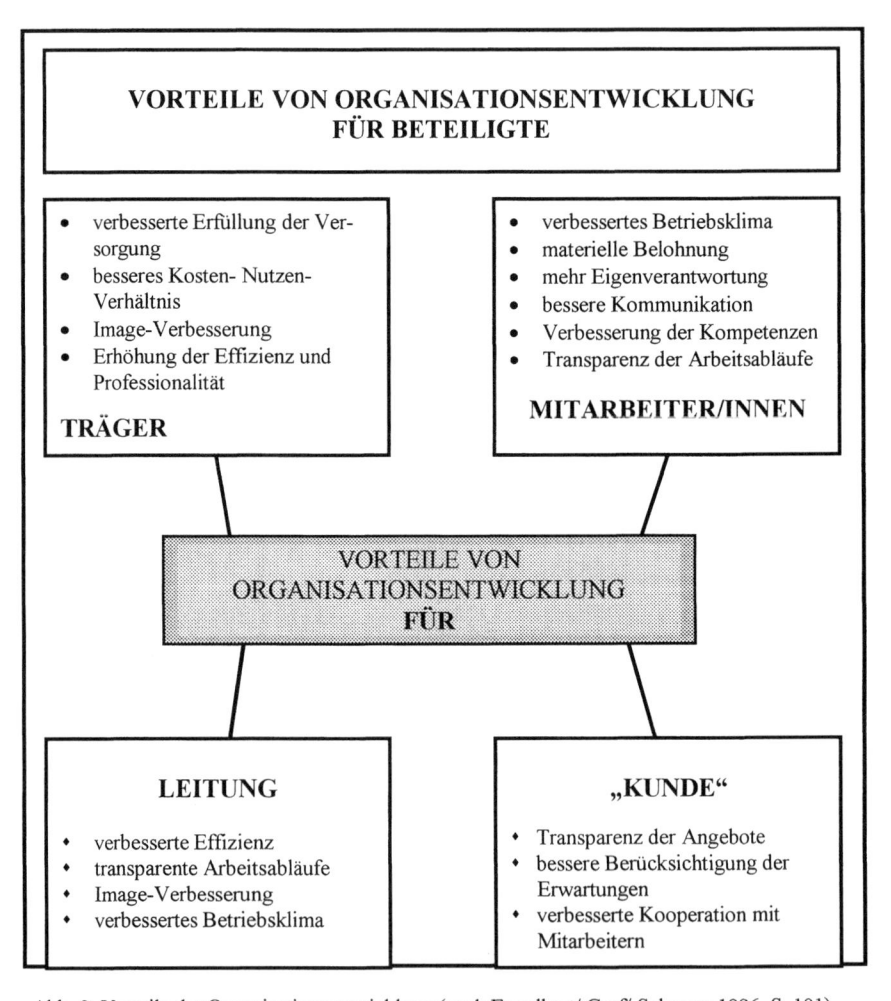

VORTEILE VON ORGANISATIONSENTWICKLUNG FÜR

LEITUNG

- verbesserte Effizienz
- transparente Arbeitsabläufe
- Image-Verbesserung
- verbessertes Betriebsklima

„KUNDE"

- Transparenz der Angebote
- bessere Berücksichtigung der Erwartungen
- verbesserte Kooperation mit Mitarbeitern

Abb. 9: Vorteile der Organisationsentwicklung (nach Engelhart/ Graf/ Schwarz 1996, S. 101)

Zusammenfassung

Die Vernetzung von Vorschuleinrichtungen – eine pädagogische Notwendigkeit

Aus einem vielschichtigen und vielfältigen Begründungszusammenhang erwächst die zwingende und wachsende Notwendigkeit einer möglichst frühen Erfassung und wirksamen Förderung von Kindern mit sonderpädagogischem Förderbedarf bereits im Vorschulbereich. Ziel ist die ausgleichende Förderung, die Schulfähigkeit und letztlich die Integration.

Im Mittelpunkt steht das Kind, das in der Ganzheit seiner Person und nicht nur in einem oder mehreren isolierten und begrenzten Teilbereich betroffen und eingeschränkt ist und deshalb einer ganzheitlichen Förderung bedarf. Die Förderung schließt auch Hilfe, Unterstützung und Anleitung für die Familie mit ein. Eine isolierte Förderung von Funktionsbereichen allein ist in den seltensten Fällen indiziert und erfolgreich.

Aus pädagogischer Verantwortung für das Kind und seine Entwicklung rückt damit das Primat der Pädagogik als Kriterium in den Mittelpunkt, das dem gesamten erzieherischen Handeln vorgeordnet ist.

Die Betroffenheit der ganzen Person wie auch Umfang, Intensität und Vielfalt der heutigen Förderbedürfnisse machen eine enge Kooperation und Verknüpfung aller Beteiligten, aller Bereiche und aller eingeschalteten Einrichtungen erforderlich, um die betroffenen Kinder früh erfassen und fördern zu können. Aus der Arbeit eines Sonderpädagogischen Förderzentrums werden dazu Anlässe, Möglichkeiten und Beispiele aufgezeigt.

Vernetzung in pädagogischer Hinsicht ist damit keine fakultative Arbeitsweise oder moderne Etikette, sondern eine aus den Erfordernissen erwachsende pädagogische Notwendigkeit einer optimalen Vorschulförderung.

Pädagogische Vernetzung kann nicht ver- oder angeordnet werden. Sie muss sich die notwendigen Voraussetzungen der Offenheit und Öffnung selbst schaffen, eine intensive Öffentlichkeitsarbeit betreiben, immer wieder aufs Neue ihre Qualität und Professionalität nachweisen, sich Vertrauen bei Betroffenen und anderen Einrichtungen erwerben und ständig zur Kooperation bereit und fähig sein. Dies erleichtert den Eltern den Zugang zur Vorschulförderung.

Alle Einrichtungen, Abteilungen und Mitarbeiter haben sich in ihrer Arbeit auf die gemeinsamen Ziele hin auszurichten und Verantwortung für die Entwicklung des

Kindes zu übernehmen. Ihre Arbeit muss kunden-/adressatenorientiert sein und Dienstleistungscharakter haben. Der Verwaltung kommt dienende Funktion zu.

Nur eine so verstandene und praktizierte Vernetzung im Vorschulbereich vermag die Kinder mit sonderpädagogischem Förderbedarf der rechtzeitigen Erkennung zuzuführen und optimal zu fördern.

„Stillstand ist Rückschritt".
Deshalb haben sich auch die Einrichtungen im Vorschulbereich weiterzuentwikkeln, um für zukünftige Aufgaben gewappnet zu sein.

Eine effektive pädagogische Vernetzung gehört mit zur Kultur, zum Profil und zum Fremdbild von Vorschuleinrichtungen.

Sie müssen ein tragfähiges Profil gewinnen, ihre Arbeit in Dienstleistungsfunktion kundenorientiert und professionell gestalten und wirksame Steuerungsmechanismen für die Förderarbeit und die notwendige innere und äußere Vernetzung gewinnen. Eine Aufgabe zum Wohle der anvertrauten Kinder.

Literatur

Beck, R.; Schwarz, G. (1995). Konfliktmanagement. Alling: Sandmann.
Bobzien, M.; Stark, W.; Strauß, F. (1997). Qualitätsmanagement. Alling: Sandmann.
Deutscher Bildungsrat. (1970). Empfehlungen der Bildungskommission. Strukturplan für das Bildungswesen. Stuttgart: Klett.
Deutscher Bildungsrat. (1973a). Empfehlungen der Bildungskommission. Zur pädag. Förderung behinderter und von Behinderung bedrohter Kinder und Jugendlicher. Beiheft 11 der Zeitschrift für Heilpädagogik.
Dirnaicher, U.; Karl, E. (Hrsg.).(1997). Förderschulen in Bayern. Kronach: Link.
Duden. (1985). Das Bedeutungswörterbuch.
Empfehlungen der Kulturministerkonferenz zur sonderpädagogischen Förderung in den Schulen der Bundesrepublik Deutschland. (1994). In: Bekanntmachungen des Bayer. Staatsministeriums für Unterricht, Kultur, Wissenschaft und Kunst. KWMBL I Nr. 21/1994.
Engelhart, H.; Graf, P.; Schwarz, G. (1996). Organisationsentwicklung. Alling: Sandmann.
Falk, J.; Kerres, A. (1995). Die DIN ISO 9000 im Gesundheitswesen. In: Pflege Management 1995, Heft 4, S. 12-18.

Falk, J.; Kerres, A. (1998). Didaktisch-methodische Anleitung zum Thema Qualitätsmanagement. B. Kunz.

Faust-Siehl, G.; Schmitt, R.; Valtin, R. (Hrsg). (1990). Kinder heute – Herausforderung für die Schule. Dokumentation des Bundesgrundschulkongresses 1989 in Frankfurt/M. Frankfurt. Arbeitskreis Grundschüler Beiträge zur Reform der Grundschule.

Flitner, A. (1982) Konrad, sprach die Frau Mama .... Über Erziehung und Nicht-Erziehung. Berlin: Severin und Siedler.

Frey-Flügge, E.; Huber, F.; Huber, W. (1992). Das sonderpädagogische Förder-Zentrum. München.

Hentig, H., von. (1975). Vorwort. In: Aries, P.. Geschichte der Kindheit. München/Wien, S. 7-44.

Hentig, H., von. (1993). Schule neu denken. München/Wien: Haraser.

Hurrelmann, K. (1993). Mitdenken – mitfühlen – mitziehen. In: Die Zeit 13 (1993).

Kellmer Pringle, M. (1979). Was Kinder brauchen. Stuttgart: Klett/Cotta.

Kerres, A.; Seeberger, B. (1997). Konfliktmanagement für Führungspersonen. In: Heilberufe 10/97.

Kiessling, W.; Spannagl, P. (1996). Corporate Identity. Alling: Sandmann.

Kline, P.; Saunders, B. (1996). Zehn Schritte zur Lernenden Organisation. Das Praxis-Buch. Paderborn: Junfermann.

Kuhn, T.S. (1967). Die Struktur wissenschaftlicher Revolutionen. Frankfurt.

Lempp, R.; Schiefele, H. (1987). Ärzte sehen die Schule.Untersuchungen und Befunde aus psychiatrischer und pädagogisch-psychologischer Sicht. Weinheim und Basel: (Beltz).

Müller, W. (1990). Die Schule für Lernbehinderte am Scheideweg – Notwendigkeiten und Möglichkeiten einer päd. Fundierung und Weiterentwicklung. In: Behindertenpädagogik in Bayern 33. (1990). Nr. 4, S. 413-437.

Müller, W. (1998). Die Christophorus-Schule – ein Sonderpädagogisches Förderzentrum. Unveröffentliches Manuskript.

Müller, W.; Roß, G. (Hrsg.). (1997). Wenn Kinder Hilfe brauchen. Ein Wegweiser für Eltern, Erzieher, Lehrer. Königsbrunn.

Muth, J. (Hrsg.). (1973). Sonderpädagogik 1. Behindertenstatistik - Früherkennung - Frühförderung. In: Deutscher Bildungsrat. Gutachten und Studien der Bildungskommission. Stuttgart: Klett.

Regenthal, G.: Schule im Jahr 2000. In: Wirtschaftsspiegel 2 (1998). S. 2-4.

Roß, G. (1995a). Ist mein Kind schulreif? Spielerische Übungen für einen erfolgreichen Start. Augsburg: Pattloch.

Roß, G.; Häusler, U. (1995b). Kinder erleben die Sinne. Spielerischpädagogisch-kreativ. Augsburg: Pattloch.

Roth, H. (Hrsg.). (1969) Begabung und Lernen. Gutachten und Studien der Bildungskommission des Deutschen Bildungsrates. Stuttgart: Klett.

Schaar, E.; Schor, B. Das Sonderpädagogische Förderzentrum – ein wirklichkeitsnahes Integrationsmodell. In: Schulverwaltung 11 (1992). S. 337-342.
Schwarz, G.; Beck, R. (1997) Personalmanagement. Alling: Sandmann.
Stuffer, G. (Hrsg.). (1989). (K)eine besondere Schule. Sonderpädagogik in Bewegung. München: Oldenbourg.

Grit Wachtel

Überlegungen zu ausgewählten familienunterstützenden Angeboten für Eltern mit entwicklungsbeeinträchtigten Vorschulkindern

Einleitung

Mit meinen Ausführungen zum Thema „Familienunterstützende Angebote für Eltern mit entwicklungsbeeinträchtigten Vorschulkindern" betrete ich ein Feld, auf dem es aus meiner Sicht viele Fragen gibt, die derzeit noch unbeantwortet sind. Ziel meiner nachfolgend vorgetragenen Gedanken ist es deshalb in erster Linie zum Nach- und Weiterdenken anzuregen.

Ich denke, es bedarf an dieser Stelle keiner ausführlichen Erläuterungen, dass Familien mit entwicklungsbeeinträchtigten Kindern oft besonderen Belastungen in verschiedenen Lebensbereichen ausgesetzt sind, ohne dass hier einer linaren Bedürftigkeit im Sinne „behindertes Kind = behinderte Familie" das Wort geredet werden soll. Die Bedürfnisse und der daraus resultierende Bedarf sind stets individuell zu bestimmen und stellen sich von Familie zu Familie qualitativ und quantitativ sehr differenziert dar. Folglich ist auch ein breites Spektrum an Unterstützungsangeboten denkbar, das diesen Bedürfnissen gerecht wird.

Der Begriff „Familienunterstützende Angebote" kann deshalb auch sehr unterschiedlich gefüllt werden. Möglicherweise denken Sie zuerst an die Betreuung von Kindern in Kinderkrippen, Kindergärten oder im Hort. Ich möchte mich in meinen Ausführungen aber nicht auf diese, in ihrer Bedeutung für die Unterstützung der Familien nicht hoch genug einzuschätzenden, teilstationären Angebote beziehen, sondern zwei Angebote aus dem Bereich ambulanter Hilfen herausgreifen, die Familien mit entwicklungsbeeinträchtigten Kindern Unterstützung im Rahmen der Alltagsorganisation geben können:

Zum einen sind es Angebote, die Familien mit entwicklungsbeeinträchtigten Kindern qualifizierte Eingliederungs-, Betreuungs- und bei Bedarf auch Pflegehilfen im Rahmen ihrer Alltagsgestaltung anbieten. Hierbei werde ich insbesondere auf die Möglichkeiten Familienentlastender Dienste (FED) eingehen.
Zum anderen möchte ich ein Blick auf Angebote werfen, die den Eltern Unterstützung oder, mit den Worten des Kinder- und Jugendhilfegesetzes gesprochen, Hilfen zur Erziehung des Kindes geben. Hier wären u.a. Erziehungsbeistand und Sozialpädagogische Familienhilfe (SPFH) im ambulanten Bereich und im teilstationären und stationären Bereich heilpädagogische Pflegestellen und Heime unter-

schiedlichen Zuschnitts zu nennen. Ich beschränke mich auf Gedanken zur sozialpädagogischen Familienhilfe.

An diesen beiden Schwerpunkten ist bereits zu erkennen, dass sich existierende ambulante familienunterstützende Angebote im Spannungsfeld zwischen Behindertenhilfe einerseits und Kinder- und Jugendhilfe andererseits bewegen. Auf der Ebene der theoretischen Fachdiskussion im Bereich der Behindertenhilfe fand dieses Wechselverhältnis bisher kaum Aufmerksamkeit. Aber auch die Praxis vor Ort ist von vielfältigen Unklarheiten und offenen Fragen geprägt.

Familienunterstützung schließt ein, dass sowohl die Bedürfnisse der Eltern als auch der Kinder mit Behinderung als auch möglicherweise der Geschwisterkinder ohne Behinderung Beachtung finden. Familienunterstützung impliziert m.E. aber auch, dass Eltern explizit als Individuen mit eigenen Wünschen, Vorstellungen und Lebensperspektiven wahrgenommen werden, dass ihre Rolle als Erzieher und Erzieherin, als Betreuer oder Betreuerin des Kindes zumindest zeitweise in den Hintergrund treten kann.

Familienentlastende Dienste (FED)

Im Vierten Bericht der Bundesregierung zur Lage der Behinderten und der Entwicklung der Rehabilitation (Bundesministerium für Arbeit 1998) beginnt das Kapitel 9, überschrieben mit dem Titel „Behinderung und Familie", folgendermaßen: „Auch für behinderte und von Behinderung bedrohte Kinder ist die Familie grundsätzlich der beste Lebensraum und bietet die besten Chancen für ihre Entwicklung. Die Integration behinderter Kinder muß daher bei der Stärkung und Unterstützung ihrer Familien ansetzen, um eine frühe Ausgrenzung ... möglichst zu vermeiden" (S. 97). Und weiter wird ausgeführt, dass ein flexibles und für die Nutzer finanzierbares Angebot an familienentlastenden Hilfen Voraussetzung dafür ist, dass nicht nur behinderte und von Behinderung bedrohte Kinder selbst, sondern auch ihre Angehörigen am gesellschaftlichen Leben teilhaben können. Betrachtet man jedoch das gesamte bestehende sozialpolitische Leistungsspektrum, so spielen im Bereich der Behindertenhilfe Unterstützungsangebote, die sich direkt an die Eltern, an die Mütter und Väter von Kindern mit Entwicklungsbeeinträchtigungen in ihrer alltäglichen Lebenssituation, richten, eine untergeordnete Rolle.

Eltern befinden sich zudem oft in einer sehr widersprüchlichen Situation: einerseits sind sie in hohem Maße gefordert und sollen bei der Inanspruchnahme von professionellen Hilfen und vor allem bei ihrer Umsetzung mithelfen, andererseits erhalten sie dabei nur in Teilen Unterstützung. Engelbert u.a. (1996) konnten im Ergebnis einer breit angelegten Studie sogar nachweisen, dass die Nutzung öffent-

licher Hilfen oft neue Probleme und Belastungen mit sich bringt, mit denen Eltern häufig allein gelassen werden, mit zwei nennenswerten Ausnahmen:
- Zum einen sind es die Frühförderstellen, die zunehmend Angebote zur Verfügung stellen, die einen starken Familienbezug aufweisen, ohne das diese Angebote schon flächendeckend zum Standardangebot gehören.
- Zum anderen sind es Angebote „Familienentlastender Dienste", die Familien in der alltäglichen Lebenssituation Unterstützung anbieten, wobei auch dieses Angebot nicht flächendeckend unterbreitet wird. Was sich konkret hinter diesem Angebot verbirgt, darauf möchte ich im folgenden näher eingehen.

Unter dem Begriff ‚Familienentlastender Dienst', abgekürzt FED, wird eine Dienstleistungsrealität in der Bundesrepublik Deutschland zusammengefasst, die nicht auf abgestimmten Standards, Strukturen und Inhalten beruht. Man könnte den Begriff wie folgt beschreiben: FED sind wohnortnahe, mobile Dienste, die Familien bzw. familienähnlichen Haushalten mit behinderten oder entwicklungsbeeinträchtigten Kindern, Jugendlichen oder Erwachsenen stunden– oder tageweise Unterstützung bei der alltäglichen Betreuung und Pflege anbieten, wobei die Regiekompetenz über Art, Ort und Umfang der Unterstützung von Beginn an idealtypisch in den Händen der Familien liegt und über den gesamten Zeitraum der Erbringung der Dienstleistung im wesentlichen dort verbleibt. FED sind gekennzeichnet durch eine regional stark divergierende, bedürfnisorientierte Angebotspalette, unterschiedliche Mitarbeiterkonstellationen und aufgrund unzureichender sozialrechtlicher Absicherungen durch eine sehr große Vielfalt oft instabiler Finanzierungsquellen (Wachtel 1998).

Ein Beispiel: Da die Mutter einmal pro Woche Spätdienst hat, der Vater beruflich auch nicht abkömmlich ist, benötigt die Familie einmal pro Woche für vier Stunden jemanden, der sich um das Kind kümmert. Sie tragen diese Bitte an den FED heran. Dort wird versucht, Möglichkeiten zu finden, ein adäquates Angebot zu unterbreiten. Ein zweites Beispiel: Die Mutter als Hauptbetreuungsperson ist erkrankt und muss ins Krankenhaus. Da der Vater allein nicht in der Lage ist, die Betreuung abzusichern, leisten Mitarbeiter des FED die entsprechende Hilfe. Oder ein letztes Beispiel, auch wenn es für die neuen Bundesländer relativ untypisch ist: die Eltern möchten ausspannen, etwas für sich tun, z.B. ins Kino gehen - auch hier könnte ein FED bereitstehen.

Ziele Familienentlastender Dienste sind auf verschiedenen Ebenen angesiedelt. Eines der wesentlichen Ziele besteht darin, durch zuverlässige Entlastungshilfen den Angehörigen sowohl Chancen zur aktiven Teilnahme am gesellschaftlichen Leben zu eröffnen als auch Freiräume zur Erholung zu bieten. Verstärkt und in den neuen Bundesländern besonders ausgeprägt zählt dazu auch, Mütter von Kindern mit Entwicklungsbeeinträchtigungen bei der Ausübung von Berufstätigkeit zu unterstützen, sie nicht durch betreuungsbedingte Notwendigkeiten aus dem ohnehin bereits hart umkämpften Arbeitsmarkt zusätzlich auszugrenzen. Angebote Familienentlastender Dienste sollen auch dazu beitragen, dass Eltern wieder (mehr) Zeit finden für Partnerbeziehungen, aber auch für Beziehungen zu den Geschwisterkindern. Sie können helfen, Lebensqualität und psychische sowie physische Gesundheit der Familienmitglieder zu fördern und sie in ihrer Betreuungs- und Pflegekompetenz zu stärken. Betrachtet man die Zielperspektive unter dem Blickwinkel der Kinder und Jugendlichen mit Behinderung, so sollen diese Angebote auch dazu beitragen, die Ablösung von Kindern mit Beeinträchtigungen vom Elternhaus und ihr Bestreben nach Selbstbestimmung und Unabhängigkeit zu unterstützen.

Eine weitere Zielperspektive ergibt sich hinsichtlich der sozialen Netzwerke der Familien. Soziale Netzwerke, die von erheblicher Bedeutung für die Alltagsorganisation in Familien sind, können durch die Nutzung Famlienentlastender Dienste gestützt werden. In diesem Bereich könnte m.E. eine ganz entscheidende Aufgabe insbesondere in der Zusammenarbeit mit sozial schwächeren Familien liegen, denn es konnte nachgewiesen werden, dass „sozioökonomisch unterpriviligierte und gesellschaftlich marginalisierte Gruppen offensichtlich besondere Defizite aufweisen bei (der) gesellschaftlich zunehmend geforderten eigeninitiativen Beziehungsarbeit" (Keupp 1992, S.151). Familien, die über mehr materielle Mittel und mehr Wissen verfügen, haben auch mehr Kontakte im Alltag und mehr Helfer in der Not. Für Familien, die über weniger materielle Mittel verfügen und weniger Zugangsmöglichkeiten zu Informationen haben, könnten Angebote der FED dazu beitragen, ggf. bestehende Einschränkungen zumindest in Teilbereichen zu überwinden.

Es besteht in der gesamten Bundesrepublik kein flächendeckendes Netz Familienentlastender Dienste. Besonders gering ist die Versorgungsdichte im ländlichen Raum. Im Land Brandenburg existieren vermutlich zwischen 20 und 30 FED, deren Angebote sich sehr differenziert gestalten: sie reichen von Diensten, die ausschließlich Ferienfahrten anbieten, bis zu Diensten, die ein äußerst breites Spektrum an ambulanten Hilfen abdecken. Dazu zählen im wesentlichen Leistungen in drei Bereichen:
- **Betreuung**, dazu gehört z.B. stundenweise Betreuung der Kinder am Tage oder am Abend, Wochenend- und Rund-um-die-Uhr-Betreuungen, Hortbetreuung, Vertretung der Hauptbetreuungsperson bei Urlaub und Krankheit, vereinzelt mittlerweile auch die Unterstützung bei der gemeinsamen Bildung und Erziehung von Kindern mit und ohne Behinderung,
- **Beratung**, z.B. als Vermittlung von Informationen oder die Organisation von Gesprächskreisen, und
- **Freizeit-/ Feriengestaltung**, z. B. Ferienspiele, Ferienfahrten; Spaziergänge, Ausflüge, Besuch von kulturellen und sportliche Aktivitäten.

Angebote zur Überbrückung von Betreuungslücken werden insbesondere bei Berufstätigkeit beider Elternteile häufig genutzt. In Regionen mit hoher Arbeitslosigkeit sowie in ländlichen Regionen spielt das Angebot einer stundenweisen Betreuung dagegen nur eine geringe Rolle. Zunehmend ist die Nachfrage nach Angeboten zur Feriengestaltung sowie zu tageweisen und längerfristigen Betreuungen bei Abwesenheit der Betreuungspersonen.

Im Rahmen der Hilfen für Familien mit behinderten und entwicklungsbeeinträchtigten Kindern in den neuen Bundesländern insgesamt ist der Anteil ambulanter Hilfen prozentual gesehen sehr gering, wie die Untersuchung von Häußler/ Bormann (1997) zeigte. Die Autoren dieser Untersuchung beschränken sich jedoch in ihrer Betrachtung auf ambulante Angebote, die dem Bereich der Behindertenhilfe zuzuordnen sind (u.a. Sozialstation, Familienentlastende Dienste, Mobile Soziale Dienste). Ambulante Angebote aus dem Bereich der Kinder- und Jugendhilfe finden in Rahmen der Untersuchung explizit keine Erwähnung, ein Umstand der die bereits erwähnte mangelnde Reflexion dieser Angebote im Bereich der Behindertenhilfe bekräftigt.

Die Autoren kommen im Ergebnis einer repräsentativen Befragung von 2.016 Familien in den neuen Bundesländern, in denen behinderte bzw. von Behinderung bedrohte Kinder unter 18 Jahren leben, zu dem Schluss, dass nur ein sehr geringer Anteil dieser Familien ambulante Dienste im allgemeinen und Familienentlastende Dienste im speziellen nutzt. Konkret sieht es wie folgt aus: Nur 14,4 % der befragten Familien nehmen ambulante Angebote im Bereich der Behindertenhilfe in Anspruch, davon weniger als die Hälfte wöchentlich und häufiger. Weit unter 10 % nutzen Angebote Familienentlastender Dienste. Diese Familien bewerten diese Hilfen für sich im Rahmen der Alltagsorganisation jedoch als sehr wichtig. Ca. 50 % der befragten Familien nutzen keine ambulanten Hilfen, wobei über die Hälfte von diesen Nicht – Nutzern auch kein Angebot in ihrem erreichbaren Umfeld kennt, welches in Anspruch genommen werden könnte. Auffällig hoch ist gleichzeitig die Quote der Nichtbeantwortung der entsprechenden Frage, die bei 35 % lag. Interessanterweise steht der verhältnismäßig geringen realen Nutzung die Tatsache gegenüber, dass 30,4 % der befragten Familien der Unterstützung durch ambulante Dienste für die Betreuung des Kindes eine hohe Bedeutung beimessen (ebd., S. 76 ff).

Hier stellt sich explizit die Frage nach den Ursachen für die Nichtnutzung, die hier nur ganz kurz angerissen werden können.

Zum einen sind Angebot und Information bei weitem nicht flächendeckend gegeben, zum anderen ist das Angebot vermutlich auch teilweise für die Familien unpassend (Häußler/Bormann 1997, S. 167). Außerdem bestehen in vielen Familien psychische Barrieren hinsichtlich der Inanspruchnahme familienexterner, ambulanter Hilfen (Wachtel 1999).

FED befinden sich ausschließlich in freier Trägerschaft. In den neuen Bundesländern und damit auch in Brandenburg dominieren FED in Trägerschaft der Lebenshilfe für Menschen mit geistiger Behinderung e.V. Im Mittelpunkt des Nutzerkreises stehen gegenwärtig folgerichtig Familien mit geistig- und mehrfachbehinderten Angehörigen, gefolgt von Familien mit körperbehinderten Angehörigen bzw. Personen mit Körperbehinderung. Die Konzentration auf den genannten Träger stellt möglicherweise z.b. für Familien mit entwicklungsbeeinträchtigten Kindern eine nicht zu unterschätzende Zugangsbarriere dar.

Eines der Hauptprobleme der Arbeit der FED stellt die Finanzierung und insbesondere die Finanzierung der Personalkosten dar, da nur in geringem Maß Rechtsgrundlagen für die Finanzierung elternbezogener Unterstützungsleistungen im Rahmen der Behindertenhilfe existieren. Die von den Leistungsträgern finanzierten Angebote richten sich überwiegend an das Kind mit Behinderung selbst. Unterstützung für die Eltern kann somit oft nur mittelbar finanziert werden. FED sind deshalb häufig gezwungen, komplizierte Systeme der Mischfinanzierung zu entwickeln. Diese Mischfinanzierung ruht unter gesetzlichem Blickwinkel im wesentlichen auf drei Säulen: Finanzierung nach dem SGB XI (Pflegeversicherung), BSHG (Bundessozialhilfegesetz, §§ 39, 40; § 69b) und in den letzten Jahren auch zunehmend, allerdings prozentual immer noch deutlich geringer als die beiden anderen Bereiche, nach dem KJHG (Kinder- und Jugendhilfegesetz, z.B. § 35a). Anzumerken ist dabei, dass die Träger die Sozialhilfe, die ursprünglich die Hauptkostenträger waren, den durch das Pflegeversicherungsgesetz geschaffenen Rechtsanspruch auf Entlastung der Hauptpflegepersonen häufig überbewerten. Zu den drei genannten Säulen kommt als weitere Säule die Finanzierung über Mittel, die als pauschale Zuschüsse oder aufgrund von Richtlinien durch Länder, Kreise und Kommunen zur Verfügung gestellt werden, hinzu. Das Problem dieser auf den ersten Blick recht glücklich erscheinenden Lösung besteht darin, dass diese Zuschüsse in Abhängigkeit von der Haushaltslage gewährt werden, somit für die Dienste perspektivisch nicht sicher kalkulierbar sind und in Zeiten knapper Kassen sehr schnell dem Rotstift zum Opfer fallen.

Für die Mehrheit der Dienste in den neuen Bundesländern müsste man noch eine fünfte Säule benennen: Mittel aus Maßnahmen der Arbeitsverwaltung. 1994 arbeiteten knapp 75 % der Koordinationskräfte und knapp 23 % der Mitarbeiterinnen in den neuen Bundesländern auf der Basis von ABM bzw. AFG – Förderung. Im Gegensatz dazu waren in den alten Bundesländern 1991 etwas über 20 % der Koordinationskräfte und unter 1 % der Mitarbeiterinnen auf ABM – Basis beschäftigt (Thimm u.a. 1997).
Eine schrittweise Überführung der Arbeitsverhältnisse der Koordinationskräfte in reguläre Arbeitsverhältnisse erweist sich aufgrund der ungeklärten Finanzierungsgrundlagen und der oft erforderlichen langen Anlaufzeit als sehr mühsam und z.T.

auch als nicht erfolgreich. Immer wieder stellen Dienste nach dem Auslaufen der Finanzierung über Mittel der Arbeitsverwaltung ihre Arbeit ein.

Zusammenfassend kann man sagen, Dienstleistungen der FED sind Angebote, für die sich die Eltern selbst entscheiden, die sie auch selbst anfordern, bei denen die Regiekompetenz in ihren Händen verbleibt bzw. idealtypisch verbleiben sollte. Es sind Angebote, welche in erster Linie auf Unterstützung der Familie zielen, darauf, den Eltern Zeit zur Verfügung zustellen, über die sie frei verfügen können, ohne dabei die Interessen der Kinder mit Beeinträchtigungen zu vernachlässigen. Diesem Angebot liegen keine Erziehungsziele o.ä., die verwirklicht werden sollen, zugrunde, sondern der von den Eltern formulierte Bedarf.

Sozialpädagogische Familienhilfe (SPFH)

Neben dem Angebot Familienentlastender Dienste, das in erster Linie dem Bereich der Behindertenhilfe zuzuordnen sind, ist auch im Bereich der Jugendhilfe nach Angeboten zu fragen, die Familien Unterstützung bei der Bewältigung alltäglicher Lebenssituationen geben können.

Das im seit 1991 geltenden Kinder- und Jugendhilfegesetz zum Ausdruck kommende veränderte Selbstverständnis der Jugendhilfe bietet dazu m. E. Ansätze. Die Abwendung von einer etwas verkürzt ausgedrückt disziplinierenden und eher ausgrenzenden Fürsorge gegenüber auffälligen Familien und Kindern hin zu einer an den Subjekten und ihren Problemen orientierten lebensweltbezogenen Jugendhilfe führt dazu, dass Jugendhilfe sich u.a. als Dienstleistungsangebot versteht, welches auch und möglicherweise sogar vorrangig präventiven Charakter trägt, ein Dienstleistungsangebot, welches auch zur Unterstützung von Familien einen entscheidenden Beitrag leisten kann.

Chassé (1997, S. 102) verweist in diesem Zusammenhang jedoch darauf, dass sich die Fachdiskussion bei den Hilfen für Familien bisher „zu sehr auf den - sicher wichtigen - Aspekt der Beratung konzentriert [hat], die existentiellen Probleme von Wohnungsuche, Vermittlung psychischer und physischer Regeneration, Hilfen zur Sicherung der materiellen Existenz, Arbeitsplatzvermittlung und Unterstützung bei der Organisation von Kinderbetreuung und andere alltagspraktische Hilfen [dagegen] eher vernachlässigt" hat.

Im Zehnten Kinder- und Jugendbericht (Bundesministerium für Familie 1998) finden Kinder mit Beeinträchtigungen und ihre Familien nur am Rande, mit sehr allgemeinen Aussagen Erwähnung. Ich habe deshalb versucht, einen Zugang zum Thema „Familienunterstützung" im Bereich der Kinder- und Jugendhilfe über die

Art der Hilfe zu finden. Exemplarisch habe ich den Bereich der Sozialpädagogischen Familienhilfe gewählt, da die Zielgruppe dieser Hilfe vor allem sozial benachteiligte Familien sind, eine Gruppe, zu der mit hoher Wahrscheinlichkeit auch ein Teil der Familien mit entwicklungsbeeinträchtigten Vorschulkindern zählt.

Was ist unter Sozialpädagogischer Familienhilfe zu verstehen? Folgt man dem KJHG (1999), so soll sie „durch intensive Betreuung und Begleitung Familien in ihren Erziehungsaufgaben, bei der Bewältigung von Alltagsproblemen, bei der Lösung von Konflikten und Krisen, in Kontakt mit Ämtern und Institutionen unterstützen und Hilfe zur Selbsthilfe geben. Sie ist in der Regel auf längere Dauer angelegt und erfordert die Mitarbeit der Familie" (§ 31). Dieses Angebot hat sich in den vergangenen Jahren zum Regelangebot fast aller Jugendämter entwickelt, wobei von Ort zu Ort oft Unterschiedliches unter diesem Begriff verstanden wird. Klein (1996) verweist in diesem Zusammenhang darauf, dass neben der mehr hauswirtschaftlich ausgerichteten Tätigkeit von Familienpflegerinnen Formen der Anleitung in Erziehung und Hauswirtschaft, Krisenbewältigung und Schuldnerberatung, Formen der Stadtteil- und Gemeinwesenarbeit oder auch ein deutlich familientherapeutisch orientiertes Vorgehen stehen.

Sozialpädagogische Familienhilfe sollte dann tätig werden, wenn eine dem Wohl eines Kindes entsprechende Erziehung nicht gewährleistet ist und wenn andere Angebote der Kinder- und Jugendhilfe wegen der besonderen, oft multiplen Schwierigkeiten der Familien nicht ausreichen oder von ihr nicht genutzt werden können (Bundesministerium für Familie 1998, S. 246). Textor (1990) verweist auf zwei unterschiedliche Problemkonstellationen, in denen SPFH im wesentlichen zum Einsatz kommt: Familien, in denen Einzelkrisen auftreten und Familien, die durch Strukturkrisen gekennzeichnet sind. Von präventiver Funktion ist leider keine Rede. Zu den konkreten Anlässen, die zum Einsatz von SPFH führen, zählen u.a.: Erziehungsschwierigkeiten, Schulschwierigkeiten und Leistungsprobleme, Depressionen, Retardierung und Sprachrückstände, bei jedem vierten Kinder unter drei Jahren aber auch eine Vernachlässigung (Bundesministerium für Familie 1998, S. 247).

SPFH bezieht sich grundsätzlich auf die Familie als Ganzes. Ihr wesentliches Ziel ist es, durch Unterstützung der Eltern die Lebensbedingungen für Kinder und Jugendliche in der Familie soweit zu verbessern, dass die Eltern Versorgung und Erziehung der Kinder wieder vollständiger leisten können. Idealerweise vereint diese Hilfeform verschiedene Stränge:
- „Es geht sowohl um emotionale, informelle und instrumentelle Unterstützung sowie
- um die Verbesserung der materiellen Grundlage der Familie
- als auch um das Familienklima und die Beziehungen innerhalb der Familie,

- um die Erziehung der Kinder und
- um Kontakte der Familie zum sozialen Umfeld" (Bundesministerium für Familie 1998, S. 248).

SPFH bewegt sich in der konkreten Familie oft in einem Spannungsverhältnis, das sich konstituiert aus dem Ziel der Unterstützung der Eltern einerseits und der Wahrung der Interessen der Kinder andererseits. Dieses Spannungsverhältnis drückt sich dann im Wechselverhältnis von Hilfe einerseits und Kontrolle andererseits aus. Den Autoren des 10. Kinder- und Jugendberichts ist ausdrücklich zuzustimmen, wenn sie unterstreichen, dass sich Sozialpädagogische Familienhilfe „grundsätzlich an der Würde und Integrität der in großen Schwierigkeiten befindlichen Kinder, Jugendlichen und Eltern [orientieren muß] und sich daran messen lassen [muß], ob die Interventionen in der Lage sind, die Selbstbestimmung der Familienmitglieder zu erhöhen" (Bundesministerium für Familie 1998, S. 248).

Familienhilfe als eine Hilfe bei der Organisation des Alltags definiert eine Hilfebedürftigkeit der Familie in ihrer Alltagsbewältigung, wobei diese Definition oft von außen erfolgt. Eine Untersuchung von Blüml, Helming und Schattner 1994 ergab, dass nur 18 % der Familien aus eigener Initiative eine SPFH beantragen. In allen anderen Fällen werden andere Personen oder Institutionen tätig. Überwiegend handelt es sich dabei um Jugendämter, die Familien diese Form der Unterstützung empfehlen oder verordnen. Die darin implizit zum Ausdruck kommende Kritik an der bisherigen Lebensgestaltung der Familien kann zu erheblichen Barrieren bei der Nutzung der Hilfe führen. Primäre Aufgabe der Familienhelfer/-rinnen ist es deshalb, sich in die konkreten Lebenswelten der Familien zu versetzen, ihre alltäglichen Situationsbeschreibungen aufzugreifen und sich auf der Grundlage der Akzeptanz der Eltern als Partner in einen gemeinsamen Entwicklungsprozess einzulassen.

Die Hilfe selbst hat überwiegend „Geh- Struktur", d.h. die Familienhelfer/ -innen suchen die Familien zu Hause auf. In der Regel wird mit den Familien mehrmals pro Woche gearbeitet, abhängig von den Verhältnissen und der Hilfeplanung, für ein, seltener für zwei Jahre. Familienhelfer/ -innen sind entweder bei den Jugendämtern direkt angestellt oder SPFH wird in Zusammenarbeit mit Freien Trägern realisiert.

In Brandenburg wurden 1996 1.062 Familien durch sozialpädagogische Familienhilfe unterstützt, wobei sich diese Unterstützung überwiegend auf kinderrreiche Familien bezog.
Ca. 72 % aller Kinder, die in sozialpädagogisch betreuten Familien leben, sind jünger als 12 Jahre. In jeder vierten Familie ist das jüngste Kind jünger als drei Jahre, ein Umstand, der auf die Bedeutung dieser Hilfeform insbesondere für Fa-

milien mit Kindern im Vorschulalter und jüngeren Schulalter schließen lässt (Bundesministerium für Familie 1998, S. 247).

Zusammenfassend kann man sagen, dass SPFH ein zeitlich begrenztes Angebot darstellt, welches Eltern in der Mehrzahl der Fälle nicht aus eigener Initiative beantragen. Aufgabe ist es deshalb, die Familien als Partner zu gewinnen. Die Regiekompetenz liegt zumindest zu Beginn der Hilfe vorrangig in den Händen der Familienhelfer/ -innen, wobei entscheidend ist, dass sie sich an den sozialen Kompetenzen und den hieraus gewonnenen Alltagsbewältigungsstrategien der Familien orientieren, damit SPFH Aussicht auf Erfolg hat. Ziel der Unterstützung ist es, Eltern zu befähigen, ihre erzieherischen Kompetenzen sowie ihre sozialen Kompetenzen zu einer autonomen Alltagsbewältigung besser wahrzunehmen oder generell wieder zu vitalisieren.

Weiterführende Überlegungen und offene Fragen

Vergleicht man beide Arten der Hilfen, so sind deutlich unterschiedliche Zugangsvoraussetzungen und differenzierte Zielrichtungen zu erkennen. Stellt man die Frage nach der Relevanz der beschriebenen Angebote für Familien mit entwicklungsbeeinträchtigten Kindern, so sind Antworten aus unterschiedlichen Blickrichtungen möglich:

- Betrachtet man die Praxis, so werden familienunterstützende Angebote mit dem Ziel, Eltern ausgehend von ihren Wünschen Freiräume zu schaffen bzw. bei der Betreuung des Kindes zu unterstützen bei gleichzeitiger Beachtung der Interessen des Kindes für Familien mit entwicklungsbeeinträchtigten Kindern m. W. nicht oder nur sehr selten angeboten. Werden sie nicht benötigt oder stellen fehlende Finanzierungsgrundlagen das Hauptproblem dar?

- Sozialpädagogische Familienhilfe ist weiter verbreitet, wobei unbekannt ist, inwieweit sie auch von den genannten Familien in Anspruch genommen wird. Folgt man den Aussagen des 10. Kinder- und Jugendberichts, so scheint sie insbesondere in den neuen Bundesländern qualitativ oft nicht den geforderten Maßstäben zu entsprechen. Als Gründe werden insbesondere die fehlende adäquate Qualifikation der Familienhelfer/ -innen genannt.

- Wie stellen sich die Bedürfnisse der Eltern dar? Welche konkreten Bedürfnisse haben Eltern mit entwicklungsbeeinträchtigten Vorschulkindern hinsichtlich ihrer Alltagsorganisation, ihres Unterstützungsnetzwerkes, des Betreuungsbedarfs usw.? In welchem Verhältnis stehen die Bedürfnisse der Eltern zu denen der Kinder? Stehen sie möglicherweise im Konflikt zueinander? Die Liste der Fragen ließe sich fortsetzen.

Verfolgt man die internationale Diskussion im Bereich Familienunterstützender Hilfen so erhält die Forderung „lernen zuzuhören, sich in die Lebenswelt der Familien zu versetzen" die höchste Priorität. Es wird übereinstimmend betont, dass der Ausgangspunkt für alle Überlegungen hinsichtlich familienunterstützender Angebote die Beschreibung dessen sein muss, was für die Familie aus deren Sicht von Bedeutung ist, was für sie den entscheidenden Unterschied ausmacht. Das kann ein Babysitter für zwei Stunden pro Woche sein oder auch eine regelmäßige Außer-Haus-Betreuung des Kindes, das können regelmäßige Freizeitangebote sein usw. Und ausgehend von diesen Bedürfnissen gilt es, passende Angebote zu entwickeln oder bestehende Angebote hinsichtlich ihrer Möglichkeiten zu überprüfen. Dieser gemeinsame Lern- und Entwicklungsprozess setzt neben Wissen ein hohes Maß an gegenseitigem Vertrauen, welches allmählich wachsen muss, und Einfühlungsvermögen voraus. Er muss sehr behutsam verfolgt werden und benötigt u.U. eine längere Anlaufzeit, um die sehr oft bestehenden innerpsychischen Barrieren, die der Inanspruchnahme familienexterner ambulanter Hilfen entgegenstehen, zu überwinden. Die zeitliche Begrenzung der SPFH kann dem u.U. entgegenstehen.

Es existieren sowohl aus den alten als auch aus den neuen Bundesländern Forschungsergebnisse zur Situation von Familien mit lernbehinderten Kindern, aus denen ersichtlich ist, in welchen Bereichen sich deren Situation als problematisch darstellt (für die alten Bundesländern u.a. Begemann 1975, Klein 1985; für die neuen Bundesländer u.a. Wallis 1984, Schmidt 1993). Gleichzeitig wurden Vorschläge unterbreitet, wie diesen Defiziten möglicherweise begegnet werden kann, u.a. Klein (1995a, 1995b, 1996), Schmidt (1993).
Wir wissen aber viel zu wenig von den Familien selbst, aus ihrem Mund, was sie benötigen. Familienunterstützende Hilfen sollten den Eltern zu allererst zutrauen, dass sie sowohl die Kompetenz für die Erziehung ihrer Kinder als auch für die Gestaltung des eigenen Lebens besitzen. Eltern haben Rechte und Bedürfnisse, sie haben ihre eigenen positiven Fähigkeiten, sie haben Stärke und Kraft, Belastungen zu tragen und Situationen zu verändern. Ebenso wie die Arbeit in der Frühförderung (Tietze-Fritz 1993) setzt wirksame Familienunterstützung voraus, sich mit den verschiedenen Lebenswelten und Lebenszusammenhängen zu befassen, in die die Familien eingebunden sind, in denen sie ihre Alltagsprobleme selbst bewältigen. Sie muss zu allererst lernen, auf welche Weise dies jede Familie für sich in der für sie spezifischen Art und Weise tut. Erst dann können gemeinsam wirksame Unterstützungsangebote entwickelt bzw. erschlossen werden. Hier ist sowohl die Forschung als auch die Praxis vor Ort gefordert.

Ausgehend von diesem Wissen wäre es besser als bisher geschehen möglich, in Zusammenarbeit zwischen Eltern und Professionellen ein Service-Paket zu schnüren oder, um in der Terminologie des Gesetzgebers zu bleiben, einen Hilfeplan zu entwickeln, der sich nicht nur auf ein Unterstützungsangebot aus einem Bereich, z.B. Hilfen zur Erziehung beschränkt, sondern bei Bedarf differenzierte Angebote aus unterschiedlichen Bereichen mit dem Ziel der Unterstützung der Familien koordiniert und ggf. auch in einer Hand vereint. Dabei sind sowohl Bedürfnisse der Eltern als auch der Kinder zu beachten. Da diese z.T. im Konflikt zu einander stehen, wird oft eine sensible Gratwanderung zwischen der Realisierung der Selbstbestimmung der Eltern, d.h. dem Verbleib der Regiekompetenz über Art, Ort und Umfang der Unterstützung in ihren Händen und der Mit- Gestaltung von Lebenslagen durch Außenstehende, der Mitgestaltung von Alltagssituationen durch Parteilichkeit und Einmischung in Bereiche, in denen Benachteiligungen für Kinder und Jugendliche entstehen, erforderlich sein.

Neben den bereits benannten Forschungsergebnissen legt Alltagswissen die Vermutung nahe, dass Familien mit entwicklungsbeeinträchtigten (Vorschul-)Kindern in Abhängigkeit von ihrer Lebenssituation bei der Gestaltung ihres Alltags u.U. sowohl von unterstützenden Angeboten im Sinne der Sozialpädagogischen Familienhilfe als auch von Angeboten Familienentlastender Dienste profitieren könnten. Gegenwärtig stellt sich die Situation im allgemeinen aber so dar, dass beide Angebote von unterschiedlichen Trägern - SPFH aus dem Bereich der Kinder- und Jugendhilfe, FED aus dem Bereich der Behindertenhilfe - erbracht werden, die sich zudem in ihrer Zielgruppenorientierung deutlich unterscheiden. Um die den jeweils individuellen Bedürfnissen der Familien entsprechenden Komponenten beider Angebote nutzbar zu machen, wäre es m. E. sinnvoll, sie für die Zielgruppe der Familien mit behinderten bzw. entwicklungsbeeinträchtigten Kinder in einer Hand zu vereinen.

Wenn es der Bundesregierung mit den im 4. Behindertenbericht formulierten familienpolitischen Zielstellungen, dass „auch für behinderte Kinder ... die Familie der beste Lebensraum (sei) und die besten Chancen für ihre Entwicklung" biete (Bundesministerium für Arbeit, 1998, 9.1), ernst ist, so können Familienunterstützende Hilfen, z.B. in Form familienentlastender Dienste nicht allein als freiwillige Leistungen betrachtet werden, sondern Alltagsentlastung für Familien, in welcher konkreten Form auch immer, muss als individuelle, rechtlich abgesicherte Hilfeleistung mit angemessener Finanzierung durchgesetzt werden, so wie es bei SPFH erfolgt ist. Die im BSHG § 69b geschaffene rechtliche Voraussetzung zum Abschluss für Leistungsvereinbarungen ist in den meisten Orten gegenüber den örtlichen Sozialhilfeträgern nicht durchsetzbar und schließt außerdem von vornherein alle die Eltern aus, die keinen Anspruch auf Leistungen nach dem BSHG haben. Gleiches gilt für eine Finanzierung nach dem SGB XI.

Neben der Realisierung der Forderung, allen Familien, unabhängig von der Art und der Schwere der Entwicklungsbeeinträchtigung ihres Kindes, Zugang zu familienunterstützenden Angeboten und insbesondere zu bedürfnisadäquaten ambulanten Angeboten zu verschaffen bzw. entsprechende Angebote aufzubauen, bleibt es deshalb vordringliche Aufgabe im Dialog zwischen Eltern, Professionellen verschiedener Bereiche und politisch Verantwortlichen sich über eine klare rechtliche Verortung dieser Art von Hilfen zu verständigen sowie bisher ungelöste Finanzierungsfragen zu klären.

Literatur

Begemann, E. (1975). Die Bildungsfähigkeit der Hilfsschüler. Berlin: Marhold.
Bundesministerium für Arbeit und Sozialordnung (Hrsg.) (1998). Die Lage der Behinderten und die Entwicklung der Rehabilitation. Vierter Bericht. Bonn.
Bundesministerium für Familie, Senioren, Frauen und Jugend (Hrsg.) (1998). Zehnter Kinder und Jugendbericht. Bericht über die Lebenssituation von Kindern und die Leistungen der Kinderhilfen in Deutschland. Bonn.
Chassé, K. A. (1997). Familiale Armut und Kinder. In: Frühförderung interdisziplinär 16 (1997) 3, S.97-104.
Engelbert, A. u.a. (1996). Familien mit behinderten Kindern im System früher Hilfen. Projektabschlußbericht (unveröff.). Bielefeld.
Häußler, M.; Bormann, B. (1997). Studie zur Lebenssituation von Familien mit behinderten Kindern in den neuen Bundesländern. Baden- Baden: Nomos.
KJHG. http://www.allegro.org/Infodienst/Recht/KJHG 03.11.1999.
Klein, G. (1985). Lernbehinderte Kinder und Jugendliche. Stuttgart: Kohlhammer.
Klein, G. (1995^3a). Formen sozialer Benachteiligung in der frühkindlichen Entwicklung. In: Kautter, H. u.a. Das Kind als Akteur seiner Entwicklung, S.86-98.
Klein, G. (1995^3b). Probleme und Möglichkeiten der Früherkennung. In: Kautter, H. u.a.. Das Kind als Akteur seiner Entwicklung. Heidelberg: Ed. Schindele, S.99- 111.
Klein, G. (1996). Frühförderung für Lernbehinderte- eine verdrängte Aufgabe. In: Siepmann, G.; Salzberg-Ludwig, K. Gegenwärtige und zukünftige Aufgaben der Lernbehindertenpädagogik. Potsdam, S.158- 167.
Schmidt, M. (1993). Zur Familiensituation im Elternhaus behinderter (lernbehinderter) Kinder. In: Siepmann, G. (Hrsg.). Lernbehinderung. Berlin: Ullstein Mosby, S.196- 227.
Thimm, W. u.a. (1997). Quantitativer und qualitativer Ausbau ambulanter Familienentlastender Dienste (FED). Abschlußbericht. Baden- Baden: Nomos.

Tietze-Fritz, P. (1993). Elternarbeit in der Frühförderung. Begegnungen mit Müttern in einer besonderen Lebenssituation. Dortmund: borgmann.

Wachtel, G. (1998): Zwischen System und Lebenswelt – Alltagsorientierte Unterstützungsangebote für Familien mit behinderten Kindern. In: Schmidt–Ohlemann, M. u.a. (Hrsg.) (1998): Ambulante wohnortnahe Rehabilitation. Konzepte für Gegenwart und Zukunft. Ulm: Universitätsverlag, S.478– 482.

Wachtel, G. (1999). Bedingungen der Inanspruchnahme von ambulanten Diensten in den neuen Bundesländern, dargestellt am Beispiel Familienentlastender Dienste. Vortrag auf dem 3. Bundeskongreß der BAR.

Wallis, U. (1984). Zur realen Situation in Familien mit physisch- psychisch geschädigten Kindern in der DDR. Dissertation A (unveröff.). Humboldt- Universität zu Berlin.

Wirth, W. (1982). Inanspruchnahme sozialer Dienste. Frankfurt/ M.: Campus.

Karl Hecht, Hans-Ullrich Balzer, Karin Salzberg-Ludwig, Petra Bossenz

Chronopsychobiologische Regulationsdiagnostik zur objektiven Verifizierung des emotionellen Gesundheitszustandes bei der Frühförderung im normal- und sonderpädagogischen Vorschulbereich

Einleitung

Der Gesundheitszustand der Kinder in Deutschland verschlechterte sich in den vergangenen Jahren immer mehr (Hurrelmann 1998; Kösters 1998; Birkenbihl 1995; Stück 1998).
Das ist offensichtlich unter anderem darauf zurückzuführen, „daß die kindliche Entwicklung zunehmend *generellen* Belastungssituationen ausgesetzt ist" (Stück 1998, S. 9). Die Diskrepanz zwischen den Anforderungen an die Kinder der heutigen Zeit und ihren Fähigkeiten, diese zu bewältigen, wird größer. Wenngleich dabei von Kind zu Kind recht unterschiedliche Bewältigungsmechanismen vorhanden sind, so können folgende Untersuchungsergebnisse doch Tendenzen deutlich machen:
„Reißig und Petermann (1996) stellten eine Rangfolge der von Schülern in den sechsten Klassen in Leipziger Mittelschulen erlebten psychosozialen Belastungen auf. Relevante Problembereiche waren Schulstreß (62,7 %), schlechte Zensuren (35,2 %), Streit im Elternhaus (28 %), seelische Belastungen (27,1 %), Geldsorgen (25,3 %), Ärger mit Lehrern (14,1 %) sowie Siuzidabsichten (3,4 %). Ähnliche Ergebnisse wurden von Roßbach (1995) im Rahmen einer Untersuchung an einer Mittelschule in Chemnitz (6. bis 9. Klasse) ermittelt. Auch hier gehörte Schulstreß (57,6 %) neben Problemen mit den Zensuren (45,8 %) zu den am häufigsten genannten Belastungen." (Stück 1998, S. 11)

Neben diesen Ergebnissen werden auch in Brandenburger Studien zur Gesundheit der Kinder solche Tendenzen deutlich (vgl. G.Siepmann in diesem Band). Diese Tatsachen führten zu einem gemeinsamen Forschungsvorhaben zwischen dem Institut für Stressforschung Berlin und dem Lehrstuhl Lernbehindertenpädagogik an der Universität Potsdam mit dem Schwerpunkt, das Belastungserleben jüngerer behinderter und nichtbehinderter Schulkinder näher zu untersuchen.

In diesem Forschungsansatz geht es uns nicht darum, kritische Lebensereignisse von Kindern und deren Bewältigung zu untersuchen, sondern umwelt- und personenbezogene Stressoren zu ermitteln, die u.U. zu chronischem Stress führen können. Entscheidend sind in diesem Prozess die subjektiven Voraussetzungen, über die ein Kind verfügt, um mit Belastungen umzugehen. Chronischer Stress kann entstehen, wenn bei einem Kind über einen längeren Zeitraum ein Ungleichgewicht „zwischen den wahrgenommenen Anforderungen und den wahrgenommenen Ressourcen, die zur Bewältigung zur Verfügung stehen", besteht (Lohaus, A.; Fleer, B.; Freytag, P.; Klein-Heßling, J. 1996, S. 5).

Aus diesem Zusammenhang ergibt sich u. E. der Anspruch nach einer ganzheitlichen Sicht und Herangehensweise. Deshalb erweiterten wir das bislang bekannte und bewährte sonderpädagogische Diagnostikum um eine physiologische Komponente – die Messung der Regulation der elektrodermalen Aktivität.

Regulationsmedizin

Die Regulation ist das wichtigste Element jeglichen Lebens. Unter Regulation verstehen wir die Fähigkeit eines Organismus, sein Fließgleichgewicht (Homöostase) gegen Störungen von außen und innen aufrecht zu erhalten und die Balance des Organismus zu seinen Umweltbedingungen vor allem bei deren Veränderungen, bei Anforderungen, Belastungen, Bedrohungen usw. zu sichern. Oszillierend gewährleistet sie die Koordination des Zusammenwirkens aller biologischen, psychobiologischen und psychosozialen Prozesse.
Die Regulationsmedizin geht von der biopsychosozialen Ganzheit des Menschen aus. Sie verfolgt das Ziel, den Menschen in seinem Umfeld zu betrachten und seine Gesundheit komplex und optimal zu gewährleisten.
Damit entspricht die Regulationsmedizin der WHO-Definition für Gesundheit. Nach ihr ist Gesundheit ein Zustand vollständigen körperlichen, geistigen und sozialen Wohlbefindens sowie der Selbstbetreuung bis ins hohe Alter und nicht nur das Freisein von Krankheit und Gebrechen.

Chronobiologische Regulationsdiagnostik

Zum größten Teil ist die medizinische und Psycho-Diagnostik nicht zeitbezogen, sondern „zeitlos". In der medizinischen und Psycho-Diagnostik steht die punktuelle Methodik im Vordergrund, mit der Plus- und Minusabweichungen von einem „Norm- bzw. Referenzwert" bestimmt werden. Die Streuungen der Referenzwerte sind infolge der zirkadianen Schwingungen oft so groß, dass es zwischen möglichen Gesundheits-, bzw. Krankheitszuständen erhebliche Überlappungen und keine signifikanten Unterschiede geben kann. Mit dieser Momentaufnahmediagnostik werden unpräzise Diagnosen gestellt.
Das Leben in diesem Sinn ist die periodisch („schwingend oszillatorisch") ablaufende Regulation, die Periodenlängen von psychobiologischen Funktionen im Bereich von 10^{-6} bis 10^8 Sekunden ausweisen kann.

Aus der Physik ist bekannt, dass Schwingungen Informationsträger sind. Ohne ihre Nutzung gäbe es keine moderne Kommunikationstechnik. Diese physikalische Gesetzmäßigkeit hat Allgemeingültigkeit und ist somit auch auf periodisch ablaufende Lebensprozesse anzuwenden. Davon haben wir bei der Entwicklung unserer chronopsychobiologischen Regulationsdiagnostik Gebrauch gemacht.

Die Arbeitsweise der chronopsychobiologischen Regulation besteht in einer Periodenvariabilität, die Zeitabschnitte stabiler und instabiler, kurzer und längerer Perioden ausweist (Abb. 1).
Diese Perioden sind nachweisbar, indem Zeitreihenmessungen irgend eines Parameters vorgenommen werden und diese mittels einer biorhythmometrischen Analyse (Balzer et al. 1988; Balzer/Hecht 1989) verifiziert werden.

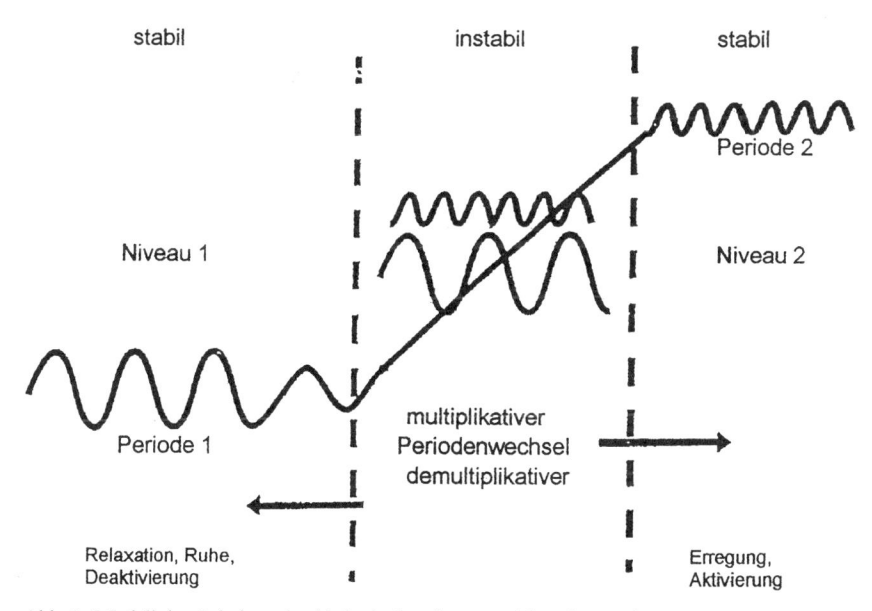

Abb. 1: Modell der Arbeitsweise biologischer Systeme (ohne Störung)

Die Regualtionsdiagnostik ist auf das objektive Erfassen von biologischen, psychobiologischen und psychosozialen Prozessen, auf der Grundlage vor allem von chronobiologischen, biophysikalischen und bioinformatischen Gesetzmäßigkeiten orientiert.
Eine neue derartige Methode ist die chronobiologische Regulationsdiagnostik.

Zur Technik der Methodik

Gemessen werden Zeitreihen von beliebiger Länge (20 Minuten, Stunden, Tage, Wochen). Mit dem Gerät „HIMEM" wird der Hautwiderstand am Handgelenk der nichtdominanten Hand gemessen. Die vom Sensor aufgenommenen Daten werden in Impulse umgewandelt und die Impulsintervalle werden analysiert und als Daten verwendet.
Bekanntlich enthält jede Zeitreihe drei Anteile:
quasistationäre
stochastische
periodische.

Mittels eines biorhythmometrischen Analyseverfahrens (Balzer et al. 1987; Balzer/Hecht 1989) wird zunächst der quasistationäre und stochastische Anteil getrennt und der letztere eliminiert. Aus dem stochastischen Anteil werden die Perioden analysiert und die Periodenvariabilität mit der Dynamikanalyse (doppelte Autokorrelation) verifiziert (ebd.).
Aus der Periodenvariabilität lassen sich stabile und instabile Zeitabschnitte, solche mit niedrigem Regulationsniveau (lange Perioden eines Bereiches) und solche mit hohem (kurze Perioden) sowie Regulationszustände, Regualtionssprünge, Regulationsstereotypien, Entspannungsfähigkeit, Überlastungshemmung und unspezifische Regulationssensibilität (kommt vor allem beim Hautwiderstand vor) bestimmen.

Die chronopsychobiologische Regulationsdiagnostik wird bisher in zwei Varianten angewendet:

1. Unter mobilen Bedingungen (Monitoring)
Es erfolgen kontinuierliche Messungen über Stunden, Tage, Wochen und Monate. Die Sensoren werden lediglich für kurze Zeit während des Duschens vom Handgelenk abgenommen. Das Gerät HIMEM läßt sich bequem in einer Tasche tragen. Die Untersuchten werden weder durch das Armband noch durch das Gerät behindert. Mögliche Artefakte werden mit der Eliminierung des quasistationären Anteils der Zeitreihen ausgeschlossen.
Analysiert werden hierbei Zirkaminutenperioden im Bereich 30 bis 120 Sekunden (diese entsprechen der Anstiegszeitkonstante von Adrenalin) und mehrminütigen Perioden im Bereich 2 bis 12 Minuten (diese entsprechen der Anstiegszeitkonstante von Noradrenalin)(Schedlowski et al. 1993).

2. Unter stationären Bedingungen
Als Dreiphasen-Entspannungstest (Stressdiagnostischer Test – SDT) (Hecht/ Balzer 1996; Hecht et al. 1998).

Der Stressdiagnostische Test (SDT) (Abb. 2) gliedert sich in zwei Untertests, den Blutdruckentspannungstest (BET) und den Stressentspannungstest (SET). Der Blutdruckentspannungstest ist dem SET vorgelagert. In der Zeit von 10 Minuten wird ein Messwert pro Minute abgenommen, wobei die Testperson beauftragt wurde, sich während dieser Zeit zu entspannen. Im SET erfolgt die Erfassung der elektrodermalen Aktivität am Handgelenk des nicht dominanten Armes über ein Zeitintervall von 20 Minuten. Der SET besteht aus drei Phasen:
a) Entspannungsphase – 10 Minuten
b) Belastung durch einen Stressor (Lärm) – eine Minute
c) Entspannungsphase – 9 Minuten.

Im Vorfeld wird jeder Proband ausführlich über Ablauf und Zweck des Tests in Kenntnis gesetzt.

Bei der Durchführung des Tests werden drei Phasen des Verhaltens erfasst, die wie folgt charakterisiert werden:

In der **ersten Phase** (10 Minuten) wird die **Erwartung des Stressors** sowie die **Fähigkeit der Entspannung** unter diesen Bedingungen getestet.
In der **zweiten Phase** (eine Minute) wird der Stressor appliziert und gleichzeitig gemessen, wie der Untersuchte den Stressor erleben und verkraften kann.
Die **dritte Phase** (Minute 11 bis 20) zeigt an, wie die getestete Person den durch den Stressor ausgelösten Stress verarbeiten und dabei entspannen kann.

Stressentspannungstest

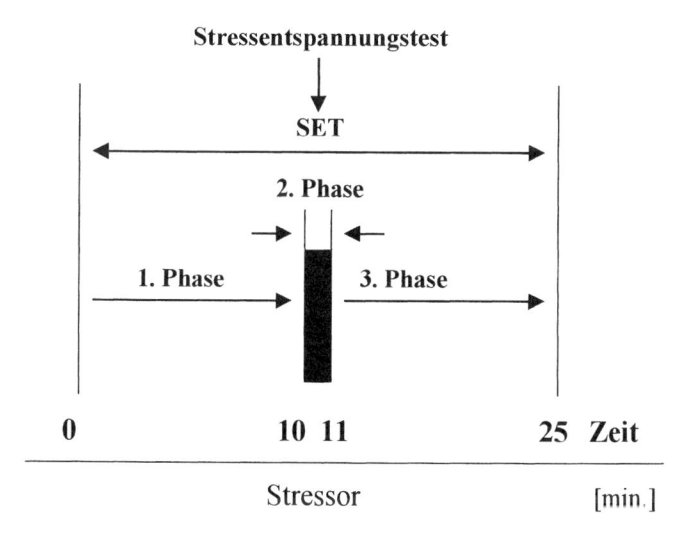

```
              SET
    ←───────────────────→
              2. Phase
          →│    │←
   1. Phase │    │  3. Phase
   ────────→│    │────────→

   0         10 11         25   Zeit
                Stressor        [min.]
```

Abb. 2: Stressdiagnostischer Test (Verlauf)

Parameter der chronopsychobiologischen Regulationsdiagnostik

- *Bestimmung der Stressregulationstypen*

Das jeweilige Dominieren der Regualtionsstabilität bzw. der Regulationsinstabilität in der zweiten und dritten Phase des SDT ermöglicht die Klassifizierung in Stressregulationstypen (Tabelle 1):

Regulationstyp	Regulationsstabilität	
	2. Testphase Erleben des Stressors	3. Testphase Verarbeiten des Stressors
Beherrscher (BH)	stabil	stabil
Bewältiger (BW)	instabil	stabil
Kompensierer (KP)	stabil	instabil
Nichtbewältiger (NBW)	instabil	instabil

Tabelle 1: Stressregulationstypen nach SDT

- *Bestimmung der Selbstregulation (Berliner Stress-Skala [BSS])*

Durch Integration der Daten der Regulationsstabilität und der Periodendynamik ergibt sich die Berliner Stress-Skala (BSS) mit 16 Abstufungen (1 = sehr gut bis 16 = unzureichend), die die Fähigkeit der Selbstregulation reflektiert (Tabelle 2).

Bewertung der Selbstregulation (Integration von Regulationsstabilität und Regulationsniveau)

Gruppe	Typ	Periode	Stufe	Selbstregulation
1.1	BH	l l	1	sehr gut
2.1	BH	k l	2	
2.2	BW	l l	3	gut
3.1	BH	l k	4	
3.2	BW	k l	5	
3.3	KP	l l	6	noch gut
4.1	BH	k k	7	
4.2	BW	l k	8	mittelmäßig
4.3	KP	k l	9	
4.4	NB	l l	10	
5.1	BW	k k	11	unbefriedigend
5.2	KP	l k	12	
5.3	NB	k l	13	
6.1	KP	k k	14	
6.2	NB	l k	15	
7.1	NB	k k	16	unzureichend

Tabelle 2: Beschreibung der Berliner Stress-Skala

Interpretierend kann dazu erläutert werden, dass Versuchspersonen, die in den Stufen 1 bis 5 eingeordnet werden, eine sehr gute bis gute Selbstregulation aufweisen, eine hohe psycho-physische Kondition besitzen, die Belastung positiv bewerten und eher als eine Herausforderung betrachten und eine geringe individuelle Beanspruchung haben.

Versuchspersonen, die in den Stufen 6 bis 10 eingeordnet werden, sind in ihrer Selbstregulation eingeschränkt. Sie müssen Energiereserven mobilisieren, um die Testsituation zu bewältigen. Sie bewerten die Belastung positiv und sind mittelmäßig bis stark individuell beansprucht.

Bei Versuchspersonen der Stufen 11 bis 16 setzt die Selbstregulation partiell oder ganz aus. Von ihnen wird die Belastung negativ bewertet und sie befinden sich in einem Zustand sehr hoher individueller Beanspruchung, was bis zur Überbeanspruchung und zum Zerfall der Regulation führen kann.

Bei der Bewertung des Stressdiagnostischen Tests und der Monitorings werden folgende Parameter berücksichtigt:

Fähigkeit zur Entspannung
    entspannt –   Tendenz von kurzen zu langen Perioden im Verlauf eines festgelegten Zeitabschnittes
    nicht entspannt – keine Tendenz von kurzen zu langen Wellen

Aufwand an Regulationsenergie (ARE)
(in Anlehnung an physikalische Schwingungslehre)
    kurze Perioden   großer ARE
    lange Perioden   geringer ARE

Unspezifische Hypersensibilität
Spontane zeitweilig oder permanent auftretende Gleichspannungs - Potentialdifferenzen an der Hautoberfläche, die Ausdruck einer erhöhten Sensibilität des vegetativ-emotionellen Systems sind.

Überlastungshemmung (I.P. Pawlow 1953)
Aus dem Aktivierungsbereich (kurze Wellen) spontan auftretende kurze oder längerdauernde Übergänge in den äußersten Deaktivierungsbereich (lange Wellen). Sie bringen die Überlastung des vegetativ emotionellen Systems in der gegebenen (z.B. Stress-) Situation zum Ausdruck. Akut charakterisieren sie eine Schutzfunktion, chronisch einen Erschöpfungszustand. Auf jeden Fall ist die Überlastungshemmung ein Zeichen geringer Belastbarkeit bzw. der Überforderung.

Stereotype Regulationsabläufe
Über mehr als drei Minuten dauernde Abschnitte stabiler Regulation (verharren auf einer bestimmten Periodenlänge).

Regulationssprünge
Kurzzeitig oder längerdauernde Wechsel vom Deaktivierungsbereich (lange Wellen) in den Aktivierungsbereich (kurze Wellen) und umgekehrt. Bei stochastischem Auftreten sind sie Ausdruck gestörter Regulationsmechanismen, bei rhythmischem Auftreten über längere Zeit kann es sich um eine chronische Arbeitsweise des Regulationssystems handeln.

Regulationszustände
Mittels der Periodenvariabilität lassen sich Regulationszustände (in der Medizin auch als Funktionszustände bezeichnet) von biologischen und psychischen Prozessen nachweisen. In der Schlafmedizin werden schon seit Jahrzehnten anhand der Periodenvariabilität der EEG-Wellen Vigilanzzustände definiert (Betawellen > 13 Hz = Wachheit; Alphawellen 7-12 Hz = relaxierter Wachzustand; Thetawellen 4-6 Hz = Übergangszustände vom Wach- zum Schlafzustand und umgekehrt, sowie REM-Schlaf; Deltawellen 2-4 Hz = Tiefschlaf; Wellen < 2 Hz pathologischer Zustand, z.B. Koma). Die Periodenvariabilität des EEG wird entweder visuell oder durch Frequenzspektralanalysen bestimmt.

Von Hecht und Balzer wurde 1984, 1994 und 1996 ein ähnliches Verfahren, nämlich das der Perioden-Häufigkeitsverteilung bei der Messung des Hautwiderstandes über einen bestimmten Zeitabschnitt von gemessenen Zeitreihendaten, entwickelt. Diese Methode lässt sich an Perioden verschiedener Dauer (Erfahrungen von 1 Minute bis einer Woche liegen vor) anwenden. Erforderlich ist, dass genügend Daten einer Zeitreihe vorhanden sind. Grundlage ist die sogenannte Dynamikanalyse des biorhythmometrischen Analyseverfahrens nach Hecht und Balzer (1989).

Es wurden verschiedene Regulationszustände definiert. Dabei werden analog zur Funktionszustandsbestimmung des EEG-Wellen-Spektrums kurze Perioden eines beliebigen Periodenspektrums als Aktivierung/Hyperaktivierung bzw. beanspruchte/überbeanspruchte Regulation, lange Perioden dagegen als Deaktivierung/Hyperdeaktivierung bzw. optimale/entkoppelte Regulation charakterisiert.
Unter einem Regulationszustand wird ein für eine bestimmte Zeit quasistationärer Zustand eines Regulationssystems verstanden, der durch charakteristische Regulationsvorgänge gekennzeichnet ist. Ein charakteristischer Regulationsvorgang (Regulationszustand) ist die Verteilung einer Regulationsfunktion über die Zeit.
Regulationsvorgänge werden u.a. durch multiplikative bzw. demultiplikative Sprünge der Regulation charakterisiert.

Wir bezeichnen diese Regulationsvorgänge als Periodisches System der Regulationszustände des vegetativ-emotionellen Systems. Sie sind aber nicht nur aus Zeitreihen des Hautwiderstandes, sondern aller Parameter zu analysieren.

- *Regulationsgüte 0:* Dynamische Regulation zwischen Aktivierung und Deaktivierung im „normalen Adaptationsprozess"

- *Regulationsgüte 1:* Beanspruchung der psychobiologischen Regulation
  akut: Eustress
  chronisch (seltener): beginnender Disstress

- *Regulationsgüte 2:* Starke konzentrierte Beanspruchung der psychobiologischen Regulation
  akut: Borderline = Grenze zur Überbeanspruchung
  chronisch: Disstress

- *Regulationsgüte 3:* Dysregulation
  Das periodische Regulationssystem löst sich auf.
  akut: zeitweilige Überforderung (prämorbider Prozess)
  chronisch: dauerhafte Regulationsstörung (pathologischer Prozess)

- *Regulationsgüte 4:* starke, sprunghafte Dysregulation, zunehmende Auflösung des periodischen Regulationssystems
  akut: zeitweilige Regulationsentgleisung
  chronisch: dauerhafte Regulationsentgleisung; pathologischer Prozess

- *Regulationsgüte 5:* stereotype Dysregulation; Das Regulationssystem läuft nur noch auf einer Periode.
  akut: zeitweilige Regulationsstarre; Zeichen von morbiden Zuständen
  chronisch: dauerhafte Regulationsstarre, pathologischer Prozess

- *Deaktivierte Regulation:* Sie wird ausgedrückt in langwelligen Perioden und charakterisiert Relaxation, Schlaf, Müdigkeit, Erschöpfung, Überlastungshemmung u.a..

- *Aktivierte Regulation:* Sie wird ausgedrückt durch kurzwellige Perioden und charakterisiert Vigilanz, Stress, Beanspruchung, Überbeanspruchung usw..

- *Verteilte aktivierte Regulation:* Langwellige und kurzwellige Perioden sind mit gleichen Anteilen nachzuweisen. Sie charakterisieren einen ausgleichenden Zustand zwischen Aktivierung und Deaktivierung.

Dem entspricht folgende Feineinteilung (Tabelle 3):

Regulationszustand	Kurzbeschreibung
02	Deaktivierte normale Regulationsflexibilität
04	Verteilte normale Regulationsflexibilität
06	Aktivierte (beanspruchte) normale Regulationsflexibilität
11	Einphasische hyperdeaktivierte starke Beanspruchung
12	Zweiphasische hyperdeaktivierte starke Beanspruchung
13	Zweiphasische abfallende hyperdeaktivierte starke Beanspruchung
14	Mehrphasische verteilte starke Beanspruchung
15	Zweiphasische abfallende hyperaktivierte starke Beanspruchung
16	Zweiphasische ansteigende hyperaktivierte starke Beanspruchung
17	Einphasische hyperaktivierte starke Beanspruchung
21	Stereotype hyperdeaktivierte starke Beanspruchung
22	Konzentrierte hyperdeaktivierte starke Beanspruchung
24	Konzentrierte verteilte starke Beanspruchung
26	Konzentrierte hyperaktivierte starke Beanspruchung
27	Stereotype hyperaktivierte starke Beanspruchung
31	Konzentrierte deaktivierte Dysregulation
32	Deaktivierte Dysregulation
34	Verteilte Dysregulation
36	Aktivierte Dysregulation
37	Konzentrierte aktivierte Dysregulation
41	Konzentrierte starke und/oder sprunghafte deaktivierte Dysregulation
42	Starke und/oder sprunghafte deaktivierte Dysregulation
44	Starke und/oder sprunghaft verteilte Dysregulation
46	Starke und/oder sprunghafte aktivierte Dysregulation
47	Konzentrierte starke und/oder sprunghafte aktivierte Dysregulation
52	Stereotype starke deaktivierte Dysregulation
54	Stereotype starke verteilte Dysregulation
56	Stereotype starke aktivierte Dysregulation

Tabelle 3: Periodisches System der Regulationszustände - Feineinteilung

Die Anwendung dieser Methodik in Verbindung mit dem Einsatz von psychologischen Tests und gezielten Beobachtungen stellte sich für uns als ein sinnvolles Instrumentarium zur Erfassung des Belastungszustandes jüngerer Schulkinder in einer Integrationsklasse dar.

Die Zielstellung unserer Pilotstudie lautete:

Bewertung der Belastungssituation jüngerer Schulkinder über die Erfassung von psycho-physiologischen Regulationszuständen und des individuell subjektiven Belastungserlebens.
Die Regulationsvorgänge der Kinder werden in unterschiedlichen Situationen erfasst:
Umgang der Kinder mit Belastung
- in einer Testsituation von etwa 20 Minuten, in der ein bildungsfreier Stressor eingesetzt wird,
- in Anforderungssituationen des Unterrichts,
- im Verlaufe eines Tages (24-Stunden-Messung).

Mit diesen Zielvorstellungen verbinden sich folgende Fragestellungen:
- Welche Regulationsvorgänge zeigen sich bei jüngeren behinderten und nichtbehinderten Schulkindern
  - im Umgang mit einem bildungsfreien Stressor,
  - im Unterrichtsverlauf,
  - im Tagesverlauf?
- Welcher Zusammenhang besteht zwischen den Schulleistungen der Kinder und den Regulationstypen (Stressbewältigungstypen)?
- Gibt es einen Zusammenhang zwischen der subjektiven Befindlichkeit der Kinder und ihrer Fähigkeit zur Stressbewältigung?

Methodik

Versuchsplan

Die Untersuchung erfolgte in einer Versuchsgruppe von 21 Kindern der 3. Klasse einer Potsdamer Grundschule, wovon 3 Kinder als lernbehindert diagnostiziert sind. Die Kinder waren zum Beginn der Messung in einem Alter von 8,01 bis 10,01 Jahren.
In zwei Messpunkten (Prä und Post) wurde der Stressdiagnostische Test mit den Kindern durchgeführt.
Zum Zeitpunkt des Prätests wurden parallel dazu Daten zum Stresserleben und zum Angsterleben der Versuchspersonen erhoben, dazu kamen Messmethoden aus dem psychologischen Bereich. Dabei handelte es sich um standardisierte Fragebögen. Zur Erhebung der Ängstlichkeit wurde der Angstfragebogen für Schüler (AFS) (Wieczerkowski, Nickel, Janowksi, Fittkau, Rauer 1979) und zum Ausmaß des Stresserlebens und zu Stressbewältigungsmechanismen der Fragebogen zur

Erhebung von Streßerleben und Streßbewältigung im Kindesalter - SSK (Lohaus, Fleer, Freytag, Klein-Heßling 1996) eingesetzt.

Angstfragebogen für Schüler (AFS)

Der Angstfragebogen erfasst als mehrfaktorieller Fragebogen verschiedene Formen von Angst allgemeiner Art und in Bezug auf die Schule. Er stellt in vier Skalen die Prüfungsangst, Manifeste Angst, Schulunlust und die soziale Erwünschtheit dar. Der Fragebogen wurde für Schüler der Altersstufe 9 – 16 Jahre entwickelt. (Wieczerkowski, Nickel, Janowksi, Fittkau, Rauer 1979)

Fragebogen zur Erhebung von Streßerleben und Streßbewältigung im Kindesalter – SSK

Dieses Erhebungsinstrument besteht aus drei Skalen, die unterschiedliche Aspekte des Stressgeschehens erfassen.
Dazu gehören
(1) das Ausmaß des aktuellen Stresserlebens,
(2) Art und Umfang der eingesetzten Bewältigungsstrategien sowie
(3) Das Ausmaß der aktuellen physischen Streßsymptomatik.

Der Fragebogen enthält eine Fragebogenskala, die sich auf alltägliche Spannungen und Probleme von Kindern der 3. bis 6. Klassen bezieht, die dominant mit der Schule zusammenhängen. Für die Streßbewältigungsskala wurden Subskalen gebildet, die auf bevorzugte Bewältigungsstrategien der Kinder weisen.
Dazu gehören:
(a) Suche nach sozialer Unterstützung,
(b) Problemlösendes Handeln,
(c) Emotionsregulierende Aktivitäten.

Nach der Durchführung des Stressdiagnostischen Tests wurde mit allen Versuchspersonen eine 24-stündige Hautwiderstandsmessung vorgenommen. Während dieser Messung wurde ein von uns erarbeiteter Protokollbogen ausgefüllt.
Aus der Gesamtstichprobe wurden bei zwei lernbehinderten und zwei leistungsstarken Schülern an vier Unterrichtstagen Messungen des Hautwiderstandes vorgenommen. Parallel dazu wurden Beobachtungsprotokolle und Videofilme angefertigt.

Aus der o.g. Zielstellung ergeben sich für eine erste Auswertung folgende Hypothesen.

Hypothesen

Es wird angenommen,
1. dass es einen Zusammenhang zwischen den Skalen Manifeste Angst und Prüfungsangst aus dem AFS und den nach dem SDT ermittelten Stresstypen gibt,
2. dass es einen Zusammenhang zwischen der subjektiven Einschätzung des Stresserlebens nach dem SSK und den nach dem SDT ermittelten Stresstypen gibt,
3. dass es einen Zusammenhang zwischen den Schulleistungen in Mathematik, Deutsch und Sachkunde und den nach dem SDT ermittelten Stresstypen gibt,
4. dass es einen Zusammenhang zwischen psychobiologischem Regulationszustand (während des Unterrichts bzw. während des Verlaufs eines Tages gemessen) und Anforderungssituationen bei den Versuchspersonen gibt, der in Verbindung gebracht werden kann mit dem Stresstypen.

Ergebnisse und Interpretation

Auswertung des Stressdiagnostischen Tests (SDT) in Verbindung mit dem Angstfragebogen für Kinder (AFS) und dem Stressfragebogen (SSK)

In diese Auswertung können nur die Daten von 19 Versuchspersonen aufgenommen werden, da zwei Kinder den SSK nicht ausfüllten.
In der Skala 1 des SSK wurde das Ausmaß des aktuellen Stresserlebens durch die Versuchspersonen eingeschätzt. In der hier vorgenommenen Bewertung orientieren wir uns in der verbalen Einschätzung an der in der Handanweisung vorgegebenen Terminologie, wonach alle Probanden mit den Prozenträngen 0 –2 weit unterdurchschnittlich, von 3 – 16 unterdurchschnittlich, von 17 – 83 durchschnittlich, von 84 – 97 überdurchschnittlich und von 98 – 100 weit überdurchschnittlich eingeschätzt werden können (Lohaus, Fleer, Freytag, Klein-Heßling 1996, S. 18).
Von den 19 Kindern zeigte ein Kind ein weit überdurchschnittliches Stresserleben, 5 Kinder hatten ein überdurchschnittliches Stresserleben, 12 Kinder ein durchschnittliches Stresserleben und ein Kind zeigte ein unterdurchschnittliches Stresserleben.
In der Skala 3 – zum Ausmaß der aktuellen physischen Stresssymptomatik – waren die Prozentrangwerte von 2 Kindern unterdurchschnittlich, von 13 Kindern durchschnittlich und von 3 Kindern überdurchschnittlich. Das heißt, 3 Kinder gaben an, ein erhöhtes Ausmaß körperlicher Beschwerden zu erleben.
Eine analoge Auswertung des Angstfragebogens ergab, dass in der Skala Prüfungsangst 3 Kinder weit überdurchschnittliche, 3 Kinder überdurchschnittliche,

10 Kinder durchschnittliche und 3 Kinder unterdurchschnittliche Prüfungsangst haben (Abb. 3 Vergleich Prüfungsangst (AFS) und Stresserleben (SSK); Abb. 4 Vergleich Manifeste Angst (AFS) und psychische Streßsymptomatik (SSK)).

Prüfungsangst (AFS) und Stresserleben (SSK)

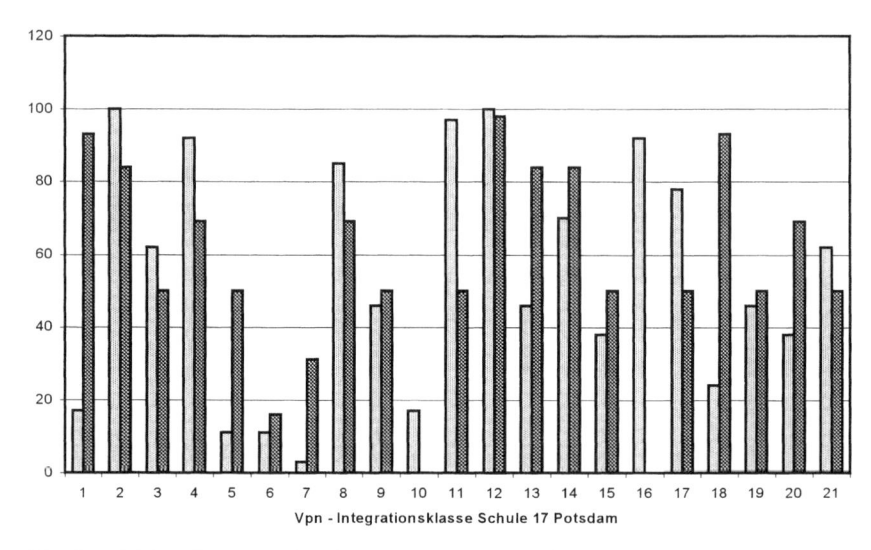

Vpn - Integrationsklasse Schule 17 Potsdam

Abb.3: VergleichPrüfungsangst(AFS) und Streßerleben (SSK)
(Reihe 1: Prüfungsangst; Reihe 2: Stresserleben)

In der Auswertung des Stressdiagnostischen Test sind nach der Berliner Stress-Skala folgende Ergebnisse festzuhalten:
3 Kinder können sehr gut mit Stress umgehen, 5 Kinder gut, 5 Kinder mittelmäßig, ein Kind unbefriedigend und ein Kind unzureichend.
Die konkrete Auswertung für jedes einzelne Kind ist den Tabellen 4 und 5 zu entnehmen.
Demnach sind bei 13 Versuchspersonen (1,2,4,6,8,9,11,12,13,14,17,18,20) mindestens in einem der erhobenen Werte überdurchschnittlich schlechte Werte erzielt worden, was an einigen Beispielen kommentiert werden soll:

Vergleich Manifeste Angst (AFS) und physische Stresssymptomatik (SSK)

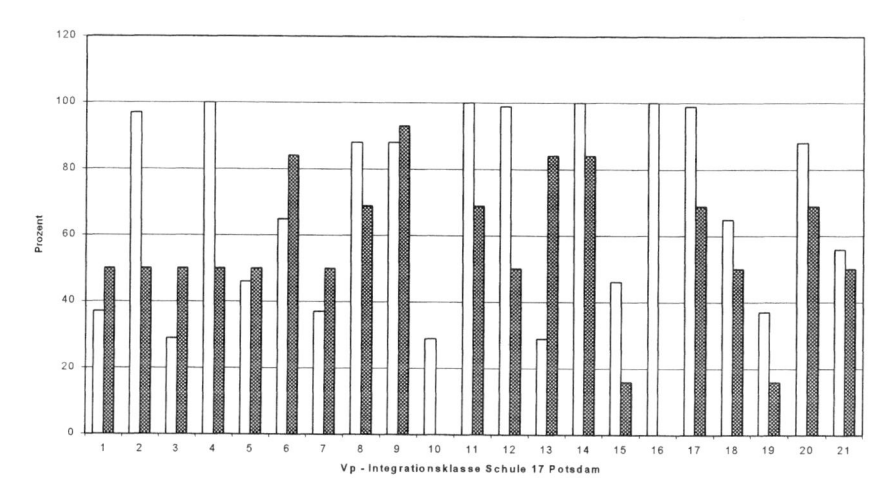

Abb. 4: Vergleich Manifeste Angst (AFS) und psychische Stresssymptomatik (SSK)
(Reihe 1: Manifeste Angst; Reihe 2: physische Sresssymptomatik)

Vp 1 hat nach der BSS eine mittelmäßige Selbstregulation, durchschnittliche Prüfungsangst und manifeste Angst, durchschnittliche physische Stresssymptomatik aber ein überdurchschnittliches Stresserleben.
Vp 2 hat nach der BSS eine mittelmäßige Selbstregulation, überdurchschnittliches Stresserleben, weit überdurchschnittliche Prüfungsangst und überdurchschnittliche manifeste Angst.
Vp 4 hat nach BSS eine unzureichende Selbstregulation, überdurchschnittliche Prüfungsangst und weit überdurchschnittliche manifeste Angst, dagegen ein durchschnittliches Stresserleben nach SSK.

Die *Hypothese 1* lässt sich damit folgendermaßen beantworten:
Bei 9 Versuchspersonen gibt es eine Übereinstimmung zwischen den Aussagen im AFS zur Prüfungsangst und zur manifesten Angst und der Typisierung nach dem Stressdiagnostischen Test. Bei 9 Kindern ist die Einschätzung nach dem SDT besser und bei einem Kind schlechter
Zu der in der *Hypothese 2* angenommenen Vermutung, dass es einen Zusammenhang zwischen der subjektiven Einschätzung des Stresserlebens und den Stresstypen gibt, können folgende Aussagen getroffen werden: Bei 8 Kindern stimmt diese Aussage, bei 9 Kindern ist die Typisierung nach dem SDT besser und bei 2 Kindern schlechter.

Die nach *Hypothese 3* aufgestellte Vermutung, dass es einen Zusammenhang zwischen den Durchschnittsnoten, errechnet aus den Noten der Fächer Mathematik, Deutsch und Sachkunde, und der Stresstypisierung gibt, konnte nicht bestätigt werden.

Eine differenziertere Auswertung des SDT ergab, dass 4 Kinder hypersensibel sind, d.h., während der Hautwiderstandsmessung traten Gleichspannungs-Potentialdifferenzen an der Hautoberfläche auf, die Ausdruck einer erhöhten Sensibilität des vegetativ-emotionellen Systems sind (Hecht/ Balzer 1999, S.9). 3 dieser 4 Versuchspersonen zeigten überdurchschnittliche Werte im AFS bzw. im SSK.

Nur 6 Kinder konnten sich während des Blutdruckentspannungstestes (BET) nicht entspannen. 8 Versuchspersonen mit hoher manifester Angst konnten sich während der 10 Minuten des BET entspannen, was darauf schließen lässt, dass diese Situation keine Angstreaktion auslöste, weil eine soziale Kommunikation bestand. Im SDT dagegen waren die Kinder auf sich allein gestellt.

Von den 19 Versuchspersonen wurden bei 7 Kindern (Vp 1,3,5,7,15,19,21) in allen Tests gute bzw. durchschnittliche Ergebnisse erzielt. Von diesen Kindern ist ein Kind (Vp 7) sehr leistungsstark. Alle anderen Kindern erbringen gute und durchschnittliche Schulleistungen.

Die leistungsstärksten und leistungsschwächsten Schülerinnen und Schüler dieser Klasse gehören also nicht zu den Kindern, die gut relaxieren können, was den Schluss zulässt, dass diese Kinder stärker belastet sind.

Bei den in die Untersuchung einbezogenen lernbehinderten Schülern (Vp 8, 12, 20) ist festzustellen, dass die hochängstliche Vp 12 ein weit überdurchschnittliches Stresserleben hat und im Ergebnis der physiologischen Messung im SDT zu den Nichtbewältigern (BSS Stufe 11) gezählt wird, was im akuten Fall auf eine zeitweilige Überforderung schließen lässt. Nach Einschätzung der Lehrerin ist diese Schülerin aufgrund ihrer hohen Ängstlichkeit nicht in der Lage, zufriedenstellende Schulleistungen zu erbringen. Angst und Leistungsfähigkeit hängen offensichtlich in diesem Fall eng zusammen.

Vp 8 ist hochängstlich, hat ein durchschnittliches Stresserleben und ist nach dem SDT ein Stresskompensierer (BSS Stufe 6). Die Vp kann noch gut mit dieser Stresssituation umgehen. Nach Einschätzung der Klassenlehrerin stellt die Vp an sich hohe Anforderungen und möchte die schulischen Anforderungen so gut wie möglich erfüllen. Das könnte die im AFS angegebene hohe Ängstlichkeit erklären, die zunächst im Widerspruch zur Einschätzung nach der BSS und dem Sressfragebogen steht.

Vp 20 gehört mit einem Prozentrang von 38 in der Skala Prüfungsangst zu den Kindern, die mit prüfungsähnlichen Anforderungen in der Schule recht gut umgehen können. Im Gegensatz dazu hat die Vp hohe manifeste Angst, die sich

nicht dominant auf Schule bezieht. Nach eigener Einschätzung hat dieser Schüler ein durchschnittliches Stresserleben. Der SDT zeigt einen guten Umgang mit Stress. Dieser Schüler ist nach Einschätzung durch die Lehrerin sehr inaktiv und am Unterrichtsgeschehen kaum beteiligt. Im Gegensatz zu Vp 8 gibt er in Anforderungssituationen schnell auf, zeigt keine Leistungsbereitschaft. Diese Aussage deckt sich mit den Ergebnissen der Fragebögen und des SDT.
Nicht geklärt ist, welche Auswirkung die tägliche Einnahme von Ritalin (einem Beruhigungsmittel) auf das Verhalten der Versuchspersonen 8 und 20 hat.
Obwohl alle drei Kinder in der Integrationsklasse, in der sie lernen, ein harmonisches Lernumfeld haben, ist ihr Umgang mit Belastung im Unterricht gemäß Selbsteinschätzung (Fragebögen) und physiologischer Messung unterschiedlich. Das erfordert Einzelfalluntersuchungen.

Einzelfalldarstellung

Erste Ergebnisse einer Einzelfalluntersuchung zur Versuchsperson 12 sollen im weiteren dargestellt werden:
Parallel zu der oben bereits genannten Messung wurden bei dieser Versuchsperson weitere aus der sonderpädagogisch-diagnostischen Arbeit relevante Testverfahren durchgeführt.
Dazu gehörten:
- Intelligenzmessverfahren wie der CPM – (Raven-Matrizen-Test Coloured Progressive Matrices) (Raven 1978) und der CFT 1 – (Grundintelligenztest, Culture Free Test) (Cattel, Weiß, Osterland 1977),
- Schulleistungsdiagnostika wie der AST 2 (Allgemeiner Schulleistungstest für 2. Klasse) (Rieder 1991) und der SBL II (Schulleistungstestbatterie für Lernbehinderte) (Kautter, Storz, 1972).

In beiden eingesetzten Intelligenztestverfahren wurde bei der Versuchsperson eine mittlere Intelligenz diagnostiziert (durchschnittlicher IQ im CPM - 106 und im CFT 1 – 112).
Im Gegensatz dazu wurden in den Schulleistungstests, die eigentlich für das Leistungsniveau der 2. Jahrgangsstufe angelegt sind, in allen Untertests nur unterdurchschnittliche Leistungen erbracht, die mit den Noten 5 und 6 bewertet wurden.

Aus den Ergebnissen der 24-stündigen Hautwiderstandsmessung bei der Versuchsperson 12 soll hier beispielhaft aufgezeigt werden, in welchem Aktivierungszustand sie sich während eines Tages befand.

Interpretation der 24-stündigen EDA-Messung (Monitoring) bei Vp 12

Die Tätigkeiten der Kinder der Untersuchungsgruppe wurden für die 24-Stunden-Messung in 11 Kategorien eingeteilt, wozu u.a. Ruhezeiten, interaktives Spiel, Stillbeschäftigung, leistungs- und schulbezogene Tätigkeiten, Essen, Pflege- und Versorgungshandlungen, Interaktion innerhalb der Familie, motorische Tätigkeiten gehörten. Zu den dominanten Tätigkeiten unserer Versuchsperson zählten an diesem Messtag die Ruhezeiten (51,3%), das interaktive Spiel und die Interaktion innerhalb der Familie (16,7%) und die leistungs- und schulbezogenen Tätigkeiten (13,4%).

Mit dem Monitoringverfahren wurden Periodendominanzen zu festgelegten Zeitabschnitten (10 Minuten) ermittelt. Diese Intervalle können charakterisiert werden als Abschnitte der Aktivierung, Deaktivierung und verteilten Aktivierung (Aktivierung und Deaktivierung sind zu gleichen Teilen enthalten). Das Ergebnis einer gemittelten Kurve über den Tagesverlauf wird in Abb. 5 dargestellt.

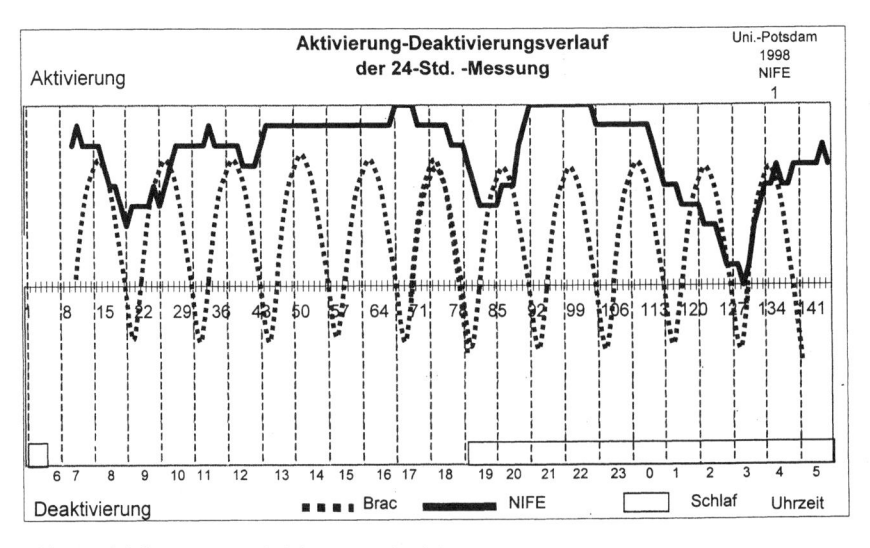

Abb. 5: Aktivierungs – Deaktivierungsverlauf der 24-Stunden-Messung Vp 12 (19.-20.2.1998)

Während des Schlafes wurde folgende Verteilung ermittelt:
Aktivierung von 69,57 %, 26,09 % verteilte Aktivierung und nur 4,35 % Deaktivierung. Möglicherweise hat das Kind wenig erholsame Schlafphasen. Am Tage dominiert die Aktivierung mit 80 %, verteilte Aktivierung ist mit 18,67 % vertreten und Deaktivierung mit nur 1,33 %.

Das ergibt im gesamten Tagesverlauf eine Verteilung von 75 % Aktivierung, 22,22 % verteilte Aktivierung und 2,78 % Deaktivierung
Berücksichtigt man neueste Erkenntnisse ultradianer Leistungsrhythmen, wonach einer etwa 90- bis 120minütigen Aktivitätspahse eine 20minütige Erneuerungsphase folgt (Verhältnis 4:1) (Rossi 1993, S. 28), so zeigt sich in den Werten unserer Probandin ein ungünstiges Verhältnis von Aktivierung und Deaktivierung. Die in Abbildung 5 unterlegte Kurve des Basis-Rest-Activity-Cycle (BRAC), bei dem von einer 90mimütigen Aktivierung gefolgt von einer 30minütigen Deaktivierung ausgegangen wird, verdeutlicht diese Aussage. Das zeugt von einer starken inneren Unrast. Diese Überaktivierung ist durchaus im Zusammenhang zu sehen mit ihrem Stresserleben und ihrer hohen Ängstlichkeit.

Neben den drei energetischen Ebenen der Aktivierung werden 5 Ebenen der Regulationsgüte verifiziert. Demnach ist die psychobiologische Regulation unserer Probandin gekennzeichnet von einem Zustand starker konzentrierter Beanspruchung, der im Grenzbereich zur Überbeanspruchung liegt.

Ein ähnliches Bild zeigt sich auch in der Verteilung der Regulationszustände (Abb. 6). Von 28 möglichen Zuständen, angefangen bei normaler Regulationsflexibilität bis hin zur stereotypen Dysregulation zeigt sich bei ihr eine deutliche Konzentration auf Regulationsvorgänge im aktivierten Bereich mit einer starken Beanspruchung.

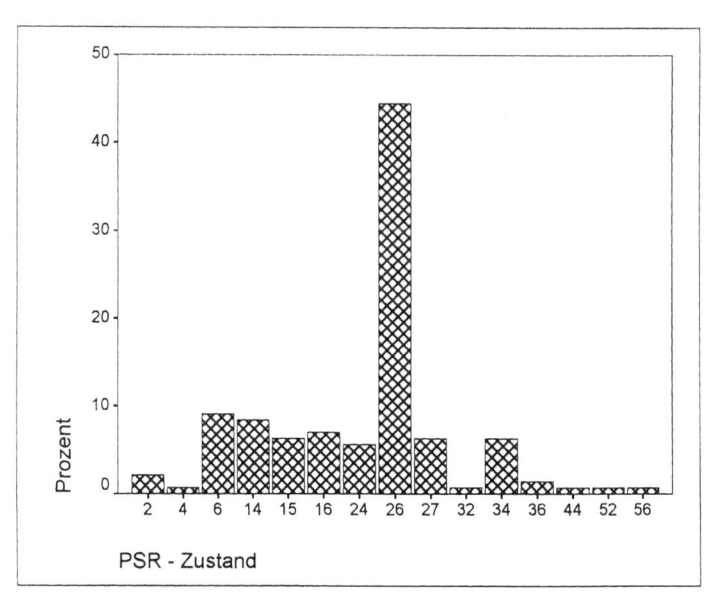

Abb. 6: Verteilung der Regulationszustände während der 24-Stunden-Messung – Vp 12

Der Zustand 26 – konzentrierte hyperaktivierte starke Beanspruchung – tritt mit 44,4 % am häufigsten während der 24-Stunden-Messung auf. Die Verteilung konzentriert sich mit 20,2 % auf das interaktive Spiel, 10,9 % auf die Zeit des Essens und 10,1 % auf die leistungs- und schulbezogenen Anforderungen. Die Zustände 6,14,15,16,24,27 und 34 sind annähernd gleich verteilt und lassen von der Häufigkeit ihres Auftretens keine prägnanten Schlüsse zu.

Der in der *Hypothese 4* angenommene Zusammenhang zwischen Regulationszustand, Anforderungssituation und Stresstyp kann nach unseren ersten Erkenntnissen hergestellt werden. Nach der Berliner Stress-Skala ist unsere Vp ein Nichtbewältiger mit weit überdurchschnittlichem Stresserleben, weit überdurchschnittlicher Prüfungsangst und manifester Angst. Während leistungs- und schulbezogener Anforderungen aber auch während der Interaktionsprozesse in der Familie ist eine konzentrierte hyperaktivierte starke Beanspruchung zu verzeichnen. Diese Situationen werden offensichtlich als Belastungssituationen empfunden und können nur unter starker Beanspruchung mit hohem Energieaufwand bewältigt werden. Langzeitmessungen können hier genauere Auskunft über den Zusammenhang von Anforderungssituation und Beanspruchung des einzelnen Probanden geben.

Mit dem Blick auf das Gesamtergebnis ist einzuschätzen, dass die verwendeten psychologischen Diagnostikverfahren wertvoll ergänzt werden durch die Erfassung psycho-physiologischer Regulationszustände. Insgesamt wird der Objektivitätsgrad der Daten erhöht; das Potential für gezielte individuelle Förderung wird transparenter.

Von besonderer Bedeutung ist u. E. dieses Diagnostikum in der Frühförderung von Risikokindern aber auch von hochbegabten Kindern. Gerade zu einem Zeitpunkt, wenn Fragebögen von jüngeren Kindern noch nicht hinreichend beantwortet werden können, kann durch das Erfassen physiologischer Parameter auf Störungen der vegetativ-emotionalen Regulation geschlossen werden. Es können Daten zur Entspannungsfähigkeit, zur aufgewendeten Regulationsenergie, zur Hypersensibiltät, zu Überlastungshemmungen aber auch zur Verteilung von Aktivierung und Deaktivierung über einen längeren Zeitabschnitt gesammelt werden. Über solche Zeitreihen im Längsschnitt ist es möglich, von Punktmessungen wegzukommen und eine prozesshafte Begleitung und Bewertung von Entwicklungsvorgängen bei Risikokindern vorzunehmen.

Literatur

Balzer, H.-U.; Hecht, K.; Walter, S.; Jewgenow, K. (1988). Dynamics of processes – apossibillity to analyse pysiological parameters. In: The Physiologist, 31/1 Suppl., p. 124-125.

Balzer, H.-U.; Hecht, K. (1989). Ist Streß noninvasiv zu messen? In: Wissenschaftliche Zeitschrift der Humboldt-Universität Berlin, Reihe Medizin, 38/4, S. 456 - 460.

Balzer, H.-U.; Hecht, K.; Siepmann, G.; Salzberg-Ludwig, K. (1996). Categorization of different Personality Typs with respect to susceptibillity to stress and coping skills. Eigth International Montreauxe Congress on Stress, Abstracts, p.1.

Balzer, H.-U.; Hecht, K. (1989). Konzeption zur Entwicklung eines diagnostischen Stufenprogramms zur objektiven Beurteilung der Schlafqualität in Beziehung zur Leistungsfähigkeit und Stress am Tage. In: Wissenschaftliche Zeitschrift der Humboldt-Univeristät Berlin, Reihe Medizin 38/4, S. 441- 445.

Birkenbihl, V. F. (1995). Stichwort Schule: Trotz Schule lernen. München, Landsberg a.L.: mvg Verlag.

Bouscsein, W. (1988). Elektrodermale Aktivität. Berlin: Springer.

Cattel, R.B. ;Weiß, R.; Osterland, J. (1977). CFT 1 – Grundintelligenztest Skala 1, Culture Free Test. Göttingen: Hogrefe.

Hecht, K. (1984). Dynamik der Wechselbeziehungen zwischen Gesundheit und Krankheit. In: Chananaschwilli, M. M.; Hecht, K.: Neurosen. Berlin: Akademie-Verlag, S. 93-99.

Hecht, K.; Balzer, H.-U.; Rosenkranz, J. (1998). Somatoforme Störungen, chronisches Erschöpfungssyndrom, Burnout-Stress-Syndrom. Neue Regulationsdiagnostik zum objektiven Nachweis psychosomatischer Prämorbidität und Morbidität. In: Ärzteblatt Thüringen 9/98, S. 385-389.

Hurrelmann, K. (1998). Wie gesund sind unsere Kinder. In: Barmer. Das aktuelle Gesundheitsmagazin 1998/3, S. 16-20.

Kautter, H.; Storz, L. (1972). SBL I – Schulleistungsbatterie für Lernbehinderte, Leistungsstufe I. Weinheim: Beltz.

Kösters, W. (1998). Kindergesundheit in Deutschland. Neue Maßstäbe setzen. In: PSYCHOLOGIE HEUTE 1998/11, S. 51.

Lohaus, A.; Fleer, B.; Freytag, P.; Klein-Heßling, J. (1996). Fragebogen zur Erhebung von Streßerleben und Streßbewältigung im Kindesalter (SSK). Göttingen u.a.: Hogrefe.

Raven, J.C (1978). Raven-Matrizen-Test Coloured Progressive Matrices. Weinheim: Beltz Testgesellschaft.

Rieder, O. (1991). AST 2 – Allgemeiner Schulleistungstest für 2. Klassen. Weinheim: Beltz.

Rossi, E.L.(1993). 20 Minuten Pause. Wie Sie seelischen und körperlichen Zusammenbruch verhindern können. Paderborn: Junfermann Verlag.

Stück, M. (1998). Entspannungstraining mit Yogaelementen in der Schule. Donauwörth: Auer.

Schedlowski, M.; Jacobs, R.; Stratmann, G.; Richter, St.; Hädicke, A.; Tewes. Wagner, Th. O. F. ; Reinhold, E. (1993). Chances of natural Leller cells during acute psychological stress. J. of clin. Immology 13/2 pp 119-126.

Siepmann, G.; Salzberg-Ludwig, K.; Bossenz, P. (1999). Der Einsatz chronopsychobiologischer Regulationsdiagnostik im sonderpädagogischen Kontext. AAATE Conference '99. Deutschlandtag 5. November 1999. Düsseldorf. Wetter/ Ruhr: Evangelische Stiftung Volmarstein Forschungsinstitut Technologie-Behindertenhilfe (FTB), S. 76-91.

Siepmann, G.; Salzberg-Ludwig, K. (1999). Der Zusammenhang zwischen psychophysiologischen Regulationsvorgängen und dem Leistungsverhalten in der Schule (Untersuchungen bei behinderten und nichtbehinderten Kindern im Bereich der Primarstufe). 35. Arbeitstagung der Dozentinnen und Dozenten für Sonderpädagogik in deutschsprachigen Ländern. 01.10 – 03.10.1998. Thema: Sonderpädagogik provokant. Universität Koblenz-Landau.

Stück, M. (1998). Entspannungatraining mit Yogaelementen in der Schule. Donauwörth: Auer.

Wieczerkowski, W.; Nickel, H.; Janowksi, A.; Fittkau, B.; Rauer, W. (1979). Angstfragebogen für Schüler (AFS).Braunschweig: Westermann.

Ute Großmann, Gerald Matthes

Vorschulische Entwicklung des aktiven Selbst als Voraussetzung für erfolgsorientiertes Lernen

Das Anliegen der Konferenz besteht darin, den Blick auf Entwicklungsverzögerungen und Fördermöglichkeiten im Alter von 4 bis 6 Jahren zu lenken. Dafür soll im ersten Teil ein Aspekt hervorgehoben werden, der in Untersuchungen zu individuellen Bedingungen von Lernbeeinträchtigungen im Grundschulalter hervortrat. Dieser Teil basiert auf einem Forschungsprojekt des Instituts für Sonderpädagogik der Universität Potsdam. Im zweiten Teil wird die vorschulische Entwicklung des aktiven Selbst aus entwicklungspsychologischer Sicht und erörtert. Darüber hinaus werden Anregungen zur Förderung gegeben.

Leistungshemmungen bei auftretenden Schwierigkeiten

In der Auffassung von Lernbehinderung hat sich heute eine mehrdimensionale Sichtweise Raum verschafft. In der Ursachen- und Bedingungsdiskussion wird häufiger auf dynamische Wechselwirkungsmodelle zurückgegriffen. Jedoch sieht man die *Initialursache* für die Teufelskreise fast ausschließlich in kognitiven Defiziten oder Teilleistungsproblemen. In unseren Untersuchungen erhielten wir nun Hinweise auf die Art und Wirkungsweise bestimmter emotional-motivationaler Kernbedingungen, die in ihrer Deutlichkeit und Akzentsetzung überraschen und weitere Fragen - auch zur Entwicklung und Förderung *vor* dem Schuleintritt - aufwerfen.

Die förderpädagogisch-psychologische Untersuchungsreihe (Hofmann, Matthes & Emmer 1997; Matthes 1999; Emmer, Hofmann & Matthes 1999) galt Schülern, denen sonderpädagogischer Förderbedarf im Bereich des Lernens zuerkannt worden war. Sie befanden sich in ihrem 3. bis 6. Schuljahr. Ein Auswahlkriterium für die Bildung der Untersuchungsstichproben war der CFT-IQ. Nur solche Schüler wurden einbezogen, bei denen dieser allein noch keinen Hinweis auf Lernbehinderung beinhaltete. Mit demselben Status erreichen andere Kinder eine „unauffällige" schulische Entwicklung. Dabei erwies sich diese Gruppe der kognitiv relativ gut Befähigten keinesfalls als Randgruppe unter den sogenannten Lernbehinderten. Genauere Festlegungen wollen wir allerdings nicht treffen. Diese Population verändert sich stark und unterscheidet sich auch territorial.
Die Ergebnisse können aufgrund der Stichprobengrößen (insgesamt über 200 lernbehinderte Schüler im Vergleich mit ca. 40 nicht lernbeeinträchtigten) und der Art der Stichprobengewinnung als aussagefähig für die eben genannte Gruppe be-

trachtet werden. Sie stützen sich auf Beobachtungen im Unterricht mit einem Einschätzungsbogen zur *Handlungsregulation* (Matthes 1999) und auf Prozessanalysen des videoaufgezeichneten Lern- und Arbeitsverhaltens in experimentellen Situationen, insbesondere bei Mosaiktest des HAWIK-R (Tewes, Hrsg. 1984). Mit dieser letztgenannten von Hofmann (Emmer, Hofmann & Matthes 1999) entwickelten Methode wurde speziell untersucht, *wie die Kinder reagieren, wenn sie Schwierigkeiten in der Aufgabe wahrnehmen*. Mit dem Mosaiktest des HAWIK-R kann das gut beobachtet werden, weil der Schwierigkeitsgrad allmählich ansteigt und den Kindern das auch sehr deutlich wird.

Zunächst: Wie gehen Menschen günstigenfalls mit Schwierigkeiten um, die bei für sie wichtigen Anforderungen auftreten? Die Bewältigungsforschung nennt einige Phasen (vgl. Walschburger 1994, S. 238, an den wir uns hier halten; Schwarzer 1993; Bossong 1994):

1. Zunächst ist man in der Regel erfolgsgewiss, sieht die Sache als Herausforderung an, ist aufgabenorientiert und optimistisch. Ein Grund, die Flinte gleich am Anfang ins Korn zu werfen, ist nicht zu erkennen. Man orientiert sich, plant, stoppt ab, wenn ein Fehler bemerkt wird, ist handlungsorientiert.
2. Aber manchmal kommt man trotzdem nicht so recht weiter. Es gibt größere Schwierigkeiten, eine *Belastung*. Die Anforderungen an den Umgang mit sich selbst werden höher. Wir müssen uns mehr anstrengen, andere Methoden einsetzen, Fehler überwinden, Reserven aktivieren, Teilziele ändern u.a.m.
3. Das führt zum Erreichen des Ziels - und Stolz: Ich habe es doch geschafft! Oder man erkennt: Dieses Ziel ist so nicht erreichbar, ich gebe es auf. Auch eine solche Einsicht kann verarbeitet werden, ohne den Selbstwert zu mindern. Schließlich mag man sein Bestreben auf später verschieben, wenn größere Erfolgsaussichten bestehen.

Im Vergleich dazu war es für uns sehr aufschlussreich zu beobachten, wie sich lernbeeinträchtigte Kinder in diesen Phasen verhalten. Das Handeln der Kinder wurde auf Video aufgenommen und die Aufzeichnungen mit einem speziellen Verfahren analysiert (Emmer, Hofmann & Matthes 1999). Die wesentlichen Resultate waren:

Die *Phase der Erfolgsgewissheit* war bei den lernbeeinträchtigten Kindern längst nicht so umfangreich wie bei anderen Schülern. Und selbst in der verkürzten Phase der Erfolgsgewissheit mangelte es an Orientierung über die Aufgabe und Strukturiertheit. Manchmal fehlte die Phase der Erfolgsgewissheit ganz, indem die Kinder ohne Ansehen der Aufgabe vermuteten, dass sie das nicht können.

In die *Phase des erhöhten Schwierigkeitserlebens und intensivierter Lösungsversuche* kamen die lernbeeinträchtigten Schüler in ihren problematischen Lerngebieten gar nicht mehr oder nur noch kurz, oder sie verharrten unflexibel bzw. impulsiv-überhastet in dieser Phase. Sie reagierten nicht mehr vorwärtsgerichtet aufgabenbezogen. Das wurde begleitet von mehr oder weniger intensiven Gefühlen der Resignation und unterschiedlichen Formen ihrer Bewältigung (vgl. auch Laux und Weber 1993). Eine mittlere Phase, in der eine *selbstgesteuerte Schwierigkeitsbewältigung erfolgt, ein freies Experimentieren,* wäre jedoch äußerst wichtig für das Ausschöpfen und die Weiterentwicklung der Fähigkeiten. Denn dann würden Kompetenzen aktualisiert, eingebracht und weiterentwickelt, die sonst, wenn alles komplikationslos verläuft, nicht zum Tragen kommen. Dagegen kann bei vielen *nicht* lernbeeinträchtigten Kindern beobachtet werden: Ihnen bereitet es Freude, sich anzustrengen und etwas zu schaffen, was ihnen keinesfalls leicht erscheint. Der aufgebende, lernbeeinträchtigte Schüler aber lernt nicht, welche kognitiven Operationen und Strategien bei Schwierigkeiten angemessen wären, wie er sich selbst ermutigen und beruhigen, wie er sein Ziel durch gesteigerte Konzentration erreichen kann.

In der *Phase der Beendigung der Handlung* konnte von einer adäquaten Misserfolgsverarbeitung bei lernschwächeren Schülern nur selten die Rede sein. Viel häufiger gab es leistungshemmende Attributionen, Verdrängen, Ausweichverhalten, falsche Kompensation usw.

Phase der Erfolgsgewissheit	Phase des erhöhten Schwierigkeitserlebens und intensivierter Lösungsversuche	Beendigung der Handlung mit Erreichen oder Verfehlen des Ziels
Unzureichende Strategien (z.B. wenig Stopp, geringe Orientierung), Phase teils nur ansatzweise	*Flüchtige Phase, geringes Niveau*	*Leistungshemmende Attributionen, Verdrängen, Ausweichen*

Abb. 1: Phasen des Umgangs mit Realisierungsschwierigkeiten und Verhaltenstendenzen bei lernbeeinträchtigten Schülern

Diese Ergebnisse werden in Abb. 1 zusammengefasst. Der *inadäquate Umgang mit Anforderungen, sobald Schwierigkeitserleben auftritt, und die wachsende Sensibilität der Kinder für erste Anzeichen von Schwierigkeiten* ist ein psychologisches Kernmerkmal der Lernbeeinträchtigung.

Natürlich gab es dabei auch Unterschiede zwischen den Schülern. Bei den Einschätzungen mit dem Handlungsregulationsbogen schälten sich relativ stabil *vier Kindergruppen* heraus. Die folgende Abbildung zeigt das genaue Ergebnis einer Untersuchung, das aber in anderen Ergebnissen der Untersuchungsreihe in ähnlicher Weise zutage trat.

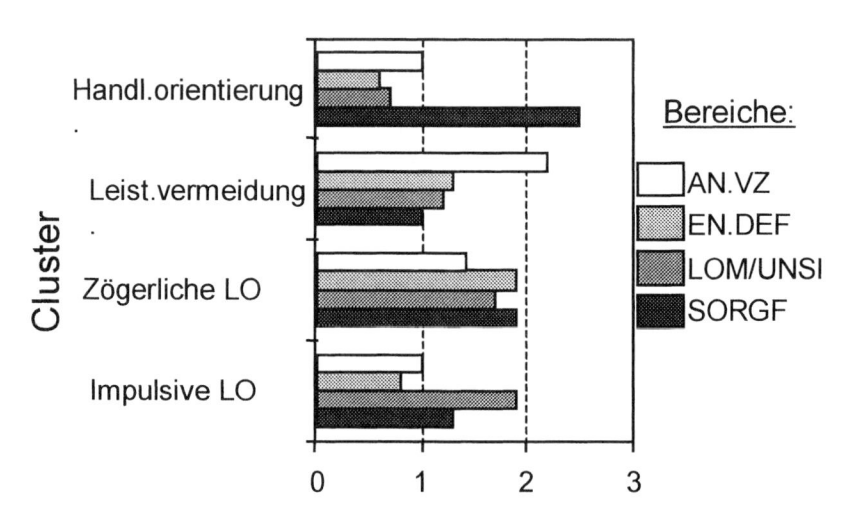

Abb. 2: Typen des Umgangs mit Lernanforderungen

        Abkürzungen:
        LO   Lageorientierung
        AN.VZ   Anstrengungsverzicht
        EN.DEF   Energiedefizit
        LOM/UNSI Lageorientierung nach Misserfolg / Unsicherheit
        SORGF   Sorgfalt

Die Typen („Handlungsorientierte", „Leistungsvermeider", „Zögerlichlageorientierte", „Impulsiv-lageorientierte") sind links genannt. Die Säulen drücken die durchschnittlichen Werte der Typen in den einzelnen Einschätzungsbereichen aus.

Hier genannte Einschätzungsbereiche sind: 1. akiver Anstrengungsverzicht bei Schwierigkeiten, 2. rasches Versiegen von Energie bei Belastungen, Energiedefizit, 3. Lageorientierung nach Misserfolg / allgemeine Unsicherheit. Lageorientierung heißt im Anschluß an Kuhl (1994 a, b): allgemein leistungshemmender Einfluss von Misserfolg, Grübeln, Bewertungsfurcht, Misserfolgsbefürchtungen. 4. Sorgfalt, Planmäßigkeit, Überwindungskompetenz.

Für die einzelnen Gruppen (Typen) ergaben sich die folgenden *Merkmalsprofile*:

Der *handlungsorientierte Typ* war charakterisiert durch geringen Anstrengungsverzicht und wenig Energieverlust bei Belastung, niedrige Lageorientierung, aber hohe Überwindungskompetenz bei auftretenden Handlungshindernissen. Dieser Typ kam bei knapp über 10 % der einbezogenen Lernbeeinträchtigten vor.

Der Typ der *aktiven Vermeidung* äußerte eine deutliche aktive Vermeidungshaltung beim Lernen. Das zeigte sich vor allem im schnellen Anstrengungsverzicht, aber auch in geringen Werten der Sorgfalt und Planmäßigkeit. Hier existierten auch erhebliche Komplikationen im Sozialverhalten.

Der *zögerlich-unsicher-lageorientierte Typ* wurde gekennzeichnet durch das zunächst vorhandene Bemühen, die Anforderungen zu erfüllen, ein ziemlich schnelles Schwinden der Energie, schlechte emotionale Verarbeitung von Misserfolgen und aufgabenbezogene allgemeine Unsicherheit.

Der *impulsiv-überhastet-unsichere, lageorientierte Typ* zeichnete sich aus durch noch vorhandene Anstrengungsbereitschaft, geringes Energiedefizit, starke Nachwirkungen von Misserfolgen und hohe aufgabenbezogene allgemeine Unsicherheit.

Die Kinder der dritten und vierten Gruppe hatten gemeinsam, dass sie *bei sich* Erwartungen aktivierten, ihre emotionale Lage werde durch die Lernbeschäftigung verschlechtert. Sie wichen aber nicht gleich aus. Der Unterschied zwischen den Gruppen bestand darin, dass den Zögerlich-Lageorientierten ein rasches Versiegen von Energie und viel „inneres Stoppen" bescheinigt wurde. Sie bummelten, trödelten, waren blockiert usw. Den Impulsiv-Lageorientierten dagegen wurde ein nicht so schneller Energieverlust und zu wenig „inneres Stop" bescheinigt.

Die Unterschiedlichkeit der problematischen Cluster-Typen 2 bis 4 lässt sich aus dem Ausmaß der „Versagenskarriere" und der individuellen Ausprägung von Reaktivität und Hemmungssystemen erklären. *Gemeinsam ist ihnen: Stoßen die Kinder auf schulnahe kognitive Schwierigkeiten oder vermuten solche auch nur, so gelangen sie in leistungshemmende innere Zustände. Diese Verhaltensschleife ist elementar und basal für Lernbeeinträchtigungen.* Das Problem ist mindestens ebenso bedeutsam als Bedingung für Lernbeeinträchtigungen wie intellektuelle Schwierigkeiten im engeren Sinne. Zu diesen Reaktionen auf Schwierigkeitserleben kommt es nicht nur dadurch, wie die Kinder sich auf der *schulischen* Bühne erleben und bewähren. Die Kinder betreten diese Bühne ja auch mehr oder weniger mutig und selbstzuversichtlich.

Bedingungen der vorschulischen Entwicklung des aktiven Selbst

Ausgehend von der Tatsache, dass ein hoher Anteil von lernbehinderten Grundschulkindern aus emotional-motivationalen Gründen nicht zu einer handlungsorientierten Auseinandersetzung mit selbst- und/oder fremdgestellten Aufgaben in der Lage ist, interessiert uns die Frage nach der Herausbildung des aktiven Selbst in der Vorschulzeit.

Schon im Kita-Alltag gibt es Kinder, die bestimmten Anforderungssituationen aktiv aus dem Weg gehen.
Sie vermeiden
- Bewegungsspiele, weil sie unsicher im Bewegungsvollzug sind,
- Bastelarbeiten, weil ihnen der Umgang mit Schere, Papier und Klebstoff schwerfällt, oder
- Rollenspiele, weil sie das Aushandeln des Spielverlaufs sprachlich oder sozial nicht leicht bewältigen.

Offensichtlich ist bei diesen Kindern die Angst vor Schwierigkeiten größer als die Neugier, sich in den jeweiligen Tätigkeiten einfach auszuprobieren. Warum fehlt es ihnen an Selbstzutrauen? Zur Aufdeckung möglicher Ursachen für die geringe Explorations- und Anstrengungsbereitschaft ist es notwendig, die Entwicklung des aktiven Selbst des Kindes im Zusammenhang mit seinen Bindungserfahrungen zu betrachten. Unter dieser Zielstellung werden zunächst Ergebnisse der Bindungsforschung herangezogen. Anschließen sollen sich Überlegungen zur Situation in der pädagogischen Praxis der Kindertagesstätten.

Der Grundstein für das Selbstkonzept, das sich aus aktiven Handlungen des Kindes heraus definiert, wird durch die Erfahrungen des subjektiven Selbstempfindens in frühester Kindheit geprägt. Es entwickelt sich beim Säugling in Abhängigkeit von seinen Bindungserfahrungen, die er in den ersten Lebensmonaten mit seinen unmittelbaren Bezugspersonen macht. Die bekannten Untersuchungen von Mary Ainsworth haben typische Verhaltensmuster aufgedeckt, die Aufschluss über die Bindungsqualität des Kindes an seine Bindungsperson erlauben (Bowlby 1995). Ainsworth hat drei Bindungstypen gefunden: Die sichere Bindung, die unsicher-vermeidende Bindung und die unsicher-ambivalente Bindung.

Für unsere Fragestellung ist der enge Zusammenhang, d.h. die Balance zwischen Bindung und Erkundung wesentlich. Bindungssicherheit ist als Grundbedürfnis von Kindern die Voraussetzung für die Aktivierung von aufsuchendem Verhalten, das dem Kind die Erkundung der Umgebung und Spiel ermöglicht. Die Regensburger Längsschnittstudie II (Schildbach, Loher & Riedinger 1997) untersuchte zu drei Erhebungszeitpunkten den Zusammenhang zwischen der Entwicklung intellektueller Kompetenz bei Kindern und der emotionalen Unterstützung, die sie in ihren Familien erfahren haben. Dabei erwies sich das mütterliche Interaktionsverhalten über vier Jahre hinweg als stabil. Kinder feinfühliger Mütter zeigten bereits mit drei Jahren im freigewählten Spiel mehr Engagement und wählten intellektuell anspruchsvollere Spiele aus. Auch in fremdgestellten Anforderungssituationen im 6. Lebensjahr blieben sie eher bei der Sache im Vergleich zu Kindern, denen diese Unterstützung fehlte. Dieses Ergebnis bestätigte sich ebenfalls, nachdem der IQ von Mutter und Kind statistisch kontrolliert wurde. Offensichtlich bieten die positiven Interaktionserfahrungen unabhängig von der Intelligenz eine sichere emotionale Basis, von der aus auch siebenjährige Kinder in unsicheren Situationen kompetent handeln. Sicher gebundene Kinder erlebten durch das prompte und angemessene Reagieren ihrer feinfühligen Mütter und/oder Väter, respektiert und beachtet zu werden, d. h. Einfluss auf die soziale Welt ausüben zu können. Diese Eltern überlassen dem Kind viel eigene Initiative bei seinem Tun. Damit erfüllt sich ein weiteres Grundbedürfnis von Kindern, das Bedürfnis nach Anregung, Spiel und Leistung.

Dazu brauchen bereits Säuglinge eine ungestörte Zeit zum selbstinitiierten Entdecken und eine dem jeweiligen Entwicklungsstand entsprechende Auswahl an Spielgegenständen. Schon Pikler (1988) wies auf die Gefahr hin, Kinder durch „Bespielen" von Erwachsenen abhängig zu machen. In systematischen Beobachtungsstudien stellten Cassidy & Berlin (1994) fest, dass Mütter von unsicherambivalent gebundenen Kindern in Situationen, die ihre Anteilnahme erfordert hätten, für ihr Kind häufig unerreichbar waren. Aber, sobald das Kind Erkundungsverhalten zeigte, mischten sie sich in seine Aktivitäten ein. Damit, so interpretieren die Autoren, werden ursprüngliche Versuche des Kindes, Autonomie zu erreichen, vereitelt und die eigenständige Kompetenzentwicklung behindert.

Es ist anzunehmen, dass Spielstörungen, die wir im Kita-Alltag beobachten, auf derartige Einschränkungen während der Entwicklung des Selbstkonzeptes in den ersten Lebensjahren zurückzuführen sind. Betroffene Kinder spielen oberflächlich oder völlig ohne eigene Initiative. Es fällt ihnen schwer, ihre Umgebung bezogen auf Anregungen zum Tätigsein wahrzunehmen und sie spielerisch-experimentell zu benutzen. Sie sind darauf angewiesen, dass sie von anderen Kindern ins Spiel einbezogen werden oder verhalten sich unausgeglichen und aggressiv. Deshalb erwarten sie Spielvorschläge von Erwachsenen und fordern dabei Unterstützung, ohne sich vorher selbst mit der Sache auseinandergesetzt zu haben, weil sie vielleicht bisher nicht erfahren konnten, wie eigene Intentionen zu einer Spielidee führen. Doch nur durch das eigenaktive Spiel erfährt das Kind, unabhängig vom Erwachsenen handeln und selbstständig Erkenntnisse für sich zu gewinnen können.

Beide Erfahrungsbereiche, die erlebten Einflussmöglichkeiten auf die Bindungspersonen und auf die gegenständliche Umwelt, verstärken die Lust am explorierenden Tätigsein. Auf diese Weise gewinnt bereits das Kleinkind Selbstvertrauen, kann sich angstfrei unbekannten Gegenständen oder auch Personen zuwenden und dabei seine intellektuellen Ressourcen voll einsetzen, wenn es sich in die Umsetzung eigener Ideen vertieft. Hier vermuten wir die Wurzeln der Anstrengungsbereitschaft und des Vollendungsinteresses.

Stephan (1997) bezieht sich in seinen Ausführungen auf die Bielefelder Längsschnittstudie und kommt zu einer differenzierteren Betrachtung von Beziehungsqualitäten. Er unterscheidet die Vertrauens- von der Spielbeziehung und stellt fest, dass eine sichere Bindungsbeziehung nur dann zu einer effektiven Spielbeziehung und damit zu einer besseren Kompetenzentwicklung führt, wenn die Eltern in ihren Interaktionen mit dem Kind sowohl passiv gewähren lassen als auch aktiv fördern. Das heißt, eine gute Vertrauensbeziehung kann eine hilfreiche, aber nicht ausreichende Bedingung für die Entwicklung einer Spielbeziehung sein.

Besonders wichtig für die Entwicklungsprognose der unsicher gebundenen Kinder ist die Feststellung, dass das Spiel eine Kompensation bei fehlender Bindungssicherheit darstellen kann. „In einer Spielbeziehung entsteht für Eltern und Kind eine neue Chance des Miteinanders, sofern sich diese Eltern in einer intellektuellen Unterstützungssituation als einfühlsamer und kompetenter erweisen als in einer emotional belastenden Situation" (Stephan 1997, S. 269). Damit können Kinder mit Bindungsunsicherheit zu den Eltern auf sachorientiertem Bereich Anerkennung und emotionale Befriedigung erreichen - auch wenn Defizite im Gefühls- und Beziehungsbereich bleiben. Die Möglichkeit dieser Kompensation ist auch interessant für Kita-Erzieherinnen und andere Erwachsene, die sowohl den unsicher-vermeidend als auch den unsicher-ambivalent gebundenen Kindern neue Beziehungserfahrungen vermitteln und damit ihre Kompetenzentwicklung auf einer anderen Beziehungsebene fördern könnten.

Die sachorientierte Beziehung wird als weitere Etappe in der Kompetenzentwicklung beschrieben. Sie umfasst alle Interaktionen zwischen Eltern und Kind, die im Zusammenhang mit interessen- oder sachorientierten Beschäftigungen des Kindes geschehen. Funktioniert sie gut, kann das Kind Anregungen aufnehmen, ist selbst in der Lage, eigene Interessen zu entwickeln und in die Beziehung einzubringen. Voraussetzung für diese Genese ist der „unterstützende Erziehungsstil", bei dem die Eltern eher reagierend als sich initiativ verhalten, dabei sehr aufmerksam die Bedürfnisse des Kindes verfolgen, um ihm begleitend zur Seite zu stehen. Problematisch ist der „restriktive Erziehungsstil", bei dem durch autoritatives Verhalten ein sachorientiertes Handeln des Kindes mit Befehlen, Kontrollen und anderen Zwangsmaßnahmen angestrebt wird. Nach Stephan stellt die sachorientierte Beziehung ein eigenständiges Beziehungsgefüge dar, das die Kompetenzentwicklung Zehnjähriger beeinflusst und als Fortentwicklung früherer Spielbeziehung betrachtet werden kann.

So schließt sich der Kreis, der bei den Grundbedürfnissen des Säuglings begann. Kinder können nur dann ein aktives Selbst entwickeln, wenn ihnen eine zuversichtliche und sich selbst vertrauende Haltung vermittelt wurde, die sie bestärkt, sich immer wieder auf neue Erfahrungsbereiche einzulassen und sich in vielfältiger Weise mit der Umwelt auseinanderzusetzen.

Für die Prävention von Vermeidungsverhalten bzw. seine Überwindung bereits vor Schulbeginn kommt es darauf an, jenen Kindern, die in ihren Herkunftsfamilien ungünstige Beziehungsmuster erworben haben, z. B. in der Kindertagesbetreuung neue Bindungs- und Autonomieerfahrungen zu ermöglichen. Kindertagesstätten haben ohnehin das Ziel, die Herausbildung des aktiven Selbst familienergänzend zu unterstützen. Allerdings müssen die gegenwärtigen Bedingungen und das pädagogische Handeln der Erzieherinnen in den Kitas unter dieser Zielstellung einer kritischen Prüfung unterzogen und weiterentwickelt werden. Dabei könnte der oben zitierte „optimale" Erziehungsstil von Eltern zur Förderung der Kompetenzentwicklung als Orientierung für die Erzieherinnen dienen.

Folgende Probleme zeigen sich aus der Sicht als Beraterin im Kita-Alltag:

- Vielen Erzieherinnen fällt es schwer, das Verhalten der Kinder so genau zu beobachten, dass sie deren Handlungsabsichten wahrnehmen können.
- Wenn die Spielidee klar erscheint, wird häufig zu früh mit einer gut gemeinten Hilfestellung eingegriffen.
- Kinder, die nur zögerlich Initiativen zeigen, werden mit Vorschlägen zu Tätigkeiten gedrängt.
- Kinder, die bestimmten Anforderungssituationen (Beschäftigungen) ausweichen, werden häufig noch per Dekret zum Mitmachen veranlasst.
- In guter Absicht werden kindliche Handlungen oft bewertet, so dass die eigene innere Motivation verlorengeht und das Kind sein Tätigsein an den Erwartungen der Erwachsenen orientiert.

Nicht nur Erzieherinnen fällt es schwer, darauf zu vertrauen, dass das selbstentdeckende Lernen der Kinder wirklich zu anhaltenden Entwicklungsfortschritten führt. Die Professionalität der Erzieherinnen wird oft auch von Vorgesetzten und Eltern an der Häufigkeit pädagogischer Höhepunkte wie Festen oder Ausflügen gemessen und weniger daran, wie gut sie alltäglich auf die individuellen Bedürfnisse der Kinder eingehen.

Zu einigen Schlussfolgerungen für die Förderung des aktiven Selbst von Kindern im Kita-Alltag:

1. Kinder brauchen verlässliche, einfühlsame Erzieherinnen, die kindliche Bedürfnisse ernst nehmen. Wenn sich die Kinder akzeptiert und verstanden fühlen, wird sich eine Vertrauensbasis entwickeln, die auch Risiken bei der Erkundung der Umwelt und der eigenen Möglichkeiten zulassen.

2. Kinder brauchen Freiräume, d. h. eine entwicklungsgerechte Umgebung, die ihre Vorlieben und Bedürfnisse berücksichtigt und damit Neugier weckt. Erwachsene müssen Zweckfreiheit und Spontanität im kindlichen Spiel zulassen und sollten sich bei der Wertung von Ideen zurückhalten. Es kommt vor allem darauf an, Kinder in der Verwirklichung ihrer eigenen Intentionen zu bestärken. Ablenkung oder unnötige Unterbrechung der Spieltätigkeit sollten möglichst unterbleiben, damit die Kinder ausreichend Zeit zum Handeln haben und sich ins Spiel vertiefen können. Ausdauer und Konzentration entwickeln sich während des intrinsisch motivierten Tätigseins.

3. Kinder brauchen eine Stärkung ihres Kompetenzerlebens in Hinsicht auf eigene körperliche Möglichkeiten. Das erfordert pädagogische Angebote, die vielfältige Bewegungserfahrungen ermöglichen, so dass das eigene Körperschema und die eigenen Kräfte bewusst wahrgenommen, sowie alle Sinne bei der Umwelterkundung eingesetzt werden können.

4. Außerdem sollte Kindern durch einfühlsame Begleitung dabei geholfen werden, ihre Vorerfahrungen mit vergleichbaren Situationen und dem darin erworbenen Können zu der zuversichtlichen Selbsteinschätzung zu führen, auch neuartige Situationen bewältigen und Probleme lösen zu können. Kinder brauchen eine realitätsbezogene Bewußtseinslage.

Um diese Aufgabenstellung erfüllen zu können, brauchen Erzieherinnen

- die Möglichkeit ständiger berufsbegleitender Fortbildung (Entwicklungspsychologie, Bindungsforschung, Methodik der Projektarbeit usw.),
- regelmäßige Gelegenheiten zur Reflexion des eigenen pädagogischen Handelns, um ihr berufliches Selbstverständnis den neueren wissenschaftlichen Er-

kenntnissen entsprechend weiterentwickeln zu können (Supervision zum Umgang mit schwierigen Situationen z.B. Meidungsverhalten der Kinder),
- Training zur zielgerichteten Beobachtung der Kinder, zum einfühlenden Verstehen ihrer Bedürfnisse und der Entwicklung angemessener Angebote (Erspüren des richtigen Maßes von Nähe und Distanz),
- die Chance, längerfristig in einer Kindergruppe arbeiten zu können, um für alle Kinder als verlässliche Bindungsperson zur Verfügung zu stehen und besonders Kindern mit unsicheren Bindungen ausreichend Zeit zur Entwicklung neuer Bindungsbeziehungen zu geben.

Nur durch gewährende und anregende Interaktionen mit ihren Erzieherinnen werden Kinder noch in der Vorschulzeit den Zugang zum explorierenden Handeln finden. Es geht darum, sich in die Kinder hineinzudenken und einzufühlen. Ihre Neugier und ihr Selbstzutrauen sind die Schlüssel zur Aktivierung von Energiereserven bei der Suche nach Herausforderungen und ihrer Bewältigung.

Literatur

Bossong, B. (1994). Scholastic stressors and achievement-related anxiety. In: J. Kuhl & H. Beckmann (Eds.). Volition and personality: Action versus state orientation. Göttingen, Toronto: Hogrefe, S. 397 – 406.

Bowlby, J. (1995). Mutterliebe und kindliche Entwicklung. Mit e. Beitr. v. Mary D. Salter Ainsworth. Beiträge zur Kinderpsychotherapie. Bd.13., München: Reinhardt. 3. Aufl.

Cassidy, J.; Berlin, L.J. (1994). The insecure/ambivalent pattern of attachment: Theory and research. Child Development, 65, S. 971 - 991.

Emmer, A.; Hofmann, B.; Matthes, G. (1999). Erfassung selbstregulativen Verhaltens in Abhängigkeit von Erfolgserleben, Erleben in der Leistungsgrenzphase und Mißerfolgserleben bei lernbeeinträchtigten Schülern. Heilpädagogische Forschung, Band XXV, Heft 3, S. 119 – 128.

Hofmann, B.; Matthes, G.; Emmer, A. (1997). Differentielle Wirkungen dreier selbstreflexiver Trainingsprogramme bei lernbeeinträchtigten Schülern. Heilpädagogische Forschung, Band XXIII, Heft 3, S. 98 - 112.

Kuhl, J. (1994 a). A theory of action and state orientation. In: J. Kuhl & H. Beckmann (Eds.). Volition and personality: Action versus state orientation. Göttingen, Toronto: Hogrefe, S. 9 – 46.

Kuhl, J. (1994 b). Handlungs- und Lageorientierung. Forschungsberichte aus dem Fachbereich Psychologie der Universität Osnabrück, Nr. 96. Osnabrück: Universität.

Laux, L.; Weber, H. (1993). Emotionsbewältigung und Selbstdarstellung. Stuttgart: Kohlhammer.

Matthes, G. (1999). Der Handlungsregulationsbogen. Potsdamer Studientexte. Potsdam: Universität.

Pikler, E. (1988). Laßt mir Zeit. Die selbständige Bewegungsentwicklung des Kindes bis zum freien Gehen. München: Pflaum.

Schildbach, B.; Loher, I.; Riedinger, N. (1997). Die Bedeutung emotionaler Unterstützung bei der Bewältigung von intellektuellen Anforderungen. In: Sprangler, G.; Zimmermann, P. (Hrsg.). Die Bindungstheorie: Grundlagen, Forschung und Anwendung. Stuttgart: Klett-Cotta, S. 249 - 264.

Schwarzer, R. (1993). Streß, Angst und Handlungsregulation. Stuttgart: Kohlhammer. 3., überarb. und erw. Auflage.

Stephan, Ch. (1997). Bindungsbeziehung - Spielbeziehung - Kompetenzentwicklung. In: Sprangler, G.; Zimmermann, P. (Hrsg.). Die Bindungstheorie: Grundlagen, Forschung und Anwendung. Stuttgart: Klett-Cotta, S. 265 - 280.

Tewes, U. (Hrsg.), 1984). Hamburg-Wechsler-Intelligenztest für Kinder - Revision 1983: HAWIK-R; Handbuch und Testanweisung. Bern, Stuttgart, Wien: Huber. 2. korr. Aufl.

Walschburger, P. (1994). Action control and excessive demand: Effects of situational and personality factors on psychological and physiological functions during stressful transactions. In: J. Kuhl & H. Beckmann (Eds.). Volition and personality: Action versus state orientation. Göttingen: Hogrefe & Huber, S. 233 – 266.

Gabi Ricken

Kognitive Komponenten und deren Förderung im Vorschulalter

Die Entstehung von Entwicklungsproblemen bei Kindern, insbesondere bei entwicklungsauffälligen und -verzögerten Kindern, kann zweifelsohne nur systemisch gesehen werden. Das bedeutet aber nicht, dass man in der Komplexität oder rasch zitierten Ganzheitlichkeit stecken bleiben muss. Kriterien für und Erwartungen an die Förderung der Kinder müssen klar formuliert werden. Es liegt in der Verantwortung des Förderers, Inhalte abzuwägen, damit Kinder gezielte, begründete Unterstützung erhalten. Nicht immer erreicht gut gemeinte pädagogische Intervention ihr Ziel, auch aufgrund der Bedingung Förderer und Programm.

So erscheint es z.B. vor dem Hintergrund des Helfenwollens schon als problematisch, einen Gipsverband anzulegen, wenn es doch Bauchschmerzen sind, die zum Arztbesuch führten. Dennoch geht es dem Kind vielleicht besser. Die Gipsschwester hat während des Anlegens endlich mal zugehört, aber der Gips ist vergeudet und behindert in den nächsten Wochen. Man hätte das Kind auch besser gleich zur Schwester schicken sollen.

Selbstverständlich hat ein solcher Vergleich seine problematischen Seiten. Er soll unser Augenmerk aber auf die Verantwortung für die qualitative Gestaltung von Förderungen sowie deren Effekte richten.

Als ein Mosaikstein dieser Tagung werden solche Fragen im Weiteren an Beispielen beleuchtet. Eine ausführliche Vorstellung einzelner Förderprogramme soll nicht erfolgen. Dazu sei auf die zahlreichen Darstellungen in der Literatur verwiesen (z.B. Klauer 1993, Hager 1995). Da es um Kinder geht, deren Probleme über das Versagen im Schulalltag definiert werden (vgl. Siepmann in diesem Band), dient die Frage, ob kognitives Training nachweisbar Auswirkungen auf schulische Leistungen hat, als roter Faden.

Als Einleitung: Suchen wir in der richtigen Richtung?

Seit in den letzten Jahren eine Reihe von Befunden zu Trainingsprogrammen publiziert wurden, gibt es immer wieder kritische Untersuchungen, die der Zuwendung oder der Wahrnehmung den entscheidenden Effekt beimessen. Insbesondere die Arbeitsgruppe um Hager u. Hasselhorn hat diese Bedingungen immer wieder hinterfragt (z.B. Hager, Hasselhorn 1993; Hager, Hasselhorn 1995).
Angesichts des sehr kommerziell ausgerichteten „Fördermarktes für Teilleistungsstörungen" und eher problematischer Datensammlungen sind Fragen der Wirkung

und Wirksamkeit von Fördermaterialien sehr ernst zu nehmen (vgl. Fritz, Ricken, Schuck im Druck).

Lauth und Holtz (1992) haben ihrerseits ein sehr komplexes Informationsverarbeitungsmodell genutzt, um Schwierigkeiten von Kindern mit Lern- und Entwicklungsproblemen zu beschreiben.

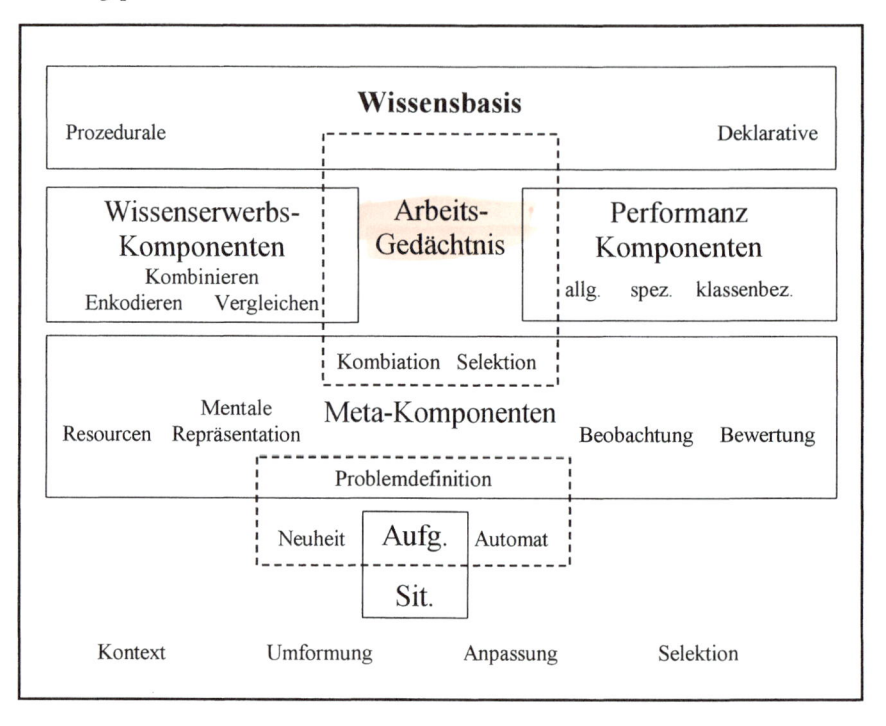

```
                              Wissensbasis
        Prozedurale      ┌─────────────────┐              Deklarative
                         │                 │
        Wissenserwerbs-  │     Arbeits-    │    Performanz
        Komponenten      │    Gedächtnis   │    Komponenten
          Kombinieren    │                 │
        Enkodieren  Vergleichen             allg.  spez.  klassenbez.

                        ┌ Kombiation  Selektion ┐
                   Mentale        Meta-Komponenten
        Resourcen  Repräsentation                   Beobachtung  Bewertung
                        ┌─── Problemdefinition ───┐
                        │ Neuheit │ Aufg. │ Automat │
                                    Sit.

        Kontext        Umformung      Anpassung       Selektion
```

Abb. 1: Heuristisches Modell der Informationsverarbeitung nach Lauth und Holtz (1992)

Probleme in der Planung, Bewertung und Überwachung der Lösungen (metakognitive Komponenten), eine nicht ausreichende Wissensbasis oder ein erschwerter Zugriff, defizitäre Prozesse des Wissenserwerbs wie Vergleichsprozesse (prozedurale und deklarative Wissensbasis), die fehlerhafte Bearbeitung spezifischer Aufgaben (Performanz) als herausgegriffene Komponenten und letztlich ein komplexes Zusammenspiel im Arbeitsgedächtnis verursachen Schwierigkeiten in Lern- und Denkprozessen, die den Erwerb schulischen Wissens beeinträchtigen (vgl. auch Lauth, Klauer 1997).

Ohne auf dieses Modell hier im Detail eingehen zu können, wird deutlich, dass wir nur bei der Analyse von Lernschwierigkeiten, wie sie sich beim Kind festmachen, bereits auf komplexe Probleme stoßen. Natürlich sind diese Komponenten nicht ohne weiteres isolier- und trainierbar. Dort, wo spezifische Wirkungen gut erreichbar sind, werden diese spezifischer Natur bleiben. Allgemeinere Trainingsinhalte, dazu zählen insbesondere metakognitive Komponenten, erreichen schwächere aber immerhin breitere Wirkungen (Klauer 1993). Nach Absolvierung eines Trainings wird jedoch das Entwicklungsproblem nicht gelöst sein. Kombinationen von Programmen mit verschiedenen grundlegenden kognitiven Komponenten, aber auch in der Verknüpfung mit bereichsspezifischen Inhalten, so bereits hier eine Schlussfolgerung, werden zukünftig weiter zu erarbeiten sein.

Von F. Büchel (1999) referierte Ergebnisse legen nahe, dass Trainings auch bei Anpassung an Voraussetzungen der Kinder nicht bei jedem Kind zum Erfolg führen. Elisabeth Sander (1998) räumt jedoch für die Programme, die aus Theorien der menschlichen Kognition abgeleitet wurden, gute Chancen für Effekte ein. Der Trainingsansatz von Klauer (1989) und seiner Arbeitsgruppe gehört zweifelsohne zu den theoretisch begründeten. In einer Reihe von über 40 systematischen Studien wurde unterdessen der Nachweis erbracht, dass Strategien induktiven Denkens ausbildbar und auf unbekannte andere Klassen von Aufgaben übertragbar sind. Aufgaben des induktiven Denkens stehen ihrerseits in engster Beziehung zum g-Faktor oder der fluiden Intelligenz, machen diese und damit eine wesentliche prozedurale Komponente inhaltlich aus (vgl. dazu Klauer 1997, 1998).

Untersuchungen der Arbeitsgruppe um Baltes (1995) lassen den Schluss zu, dass g-Faktor oder fluide Intelligenz zumindest in späten Lebensabschnitten stärker von biologischen als von sozialen Lebensbedingungen abhängen. Die Ergebnisse insbesondere aus der Klauer-Arbeitsgruppe sprechen aber für eine erfolgreiche Trainierbarkeit im frühen Alter.

Es liegt damit auf der Hand, dass neben einem trainingstheoretischen, ein praktisches Interesse an kognitiven Programmen bestehen muss, wenn über die Verbesserung der qualitativen Gestaltung von Frühförderprozessen gerade für lernbehinderte Kinder auch im Rahmen dieser Tagung nachgedacht wird.

Was leisten kognitive Trainingsprogramme?

Haben kognitive Trainings nun Wirkungen auf Leistungen, die über die Wirkung normaler Entwicklungsbedingungen hinausgehen oder aufgrund von Zuwendung zu erwarten wären? Halten die Effekte langfristig vor und beeinflussen sie schulisches Lernen positiv?

Wie sich solche Fragen beantworten lassen, soll am Beispiel des von Klauer (1999) veröffentlichten Vergleichsexperiments gezeigt werden. Zuvor erfolgt eine knappe Charakteristik der Anforderung und Struktur des Denktrainings. Kern sei-

nes Programms ist die Ausbildung des induktiven Denkens, das als Strategie des Wissenserwerbs eingesetzt werden kann.
Die Fähigkeit zum Vergleichen, in deren Folge Unterschiede und Gemeinsamkeiten erkannt werden, ist die Basis, um Regelhaftigkeiten und Strukturen zu erkennen.
Die ausgewählten sechs Aufgaben lassen sich nach einem sogenannten Stammbaum ordnen: Zu vergleichen sind Merkmale oder Beziehungen. Jedesmal müssen Unterschiede oder Gemeinsamkeiten oder beides erkannt werden. Das kann systematisch oder hypothesentestend erfolgen. Als Material dienen Bilder realer Gegenstände und abstrakte geometrische Formen.

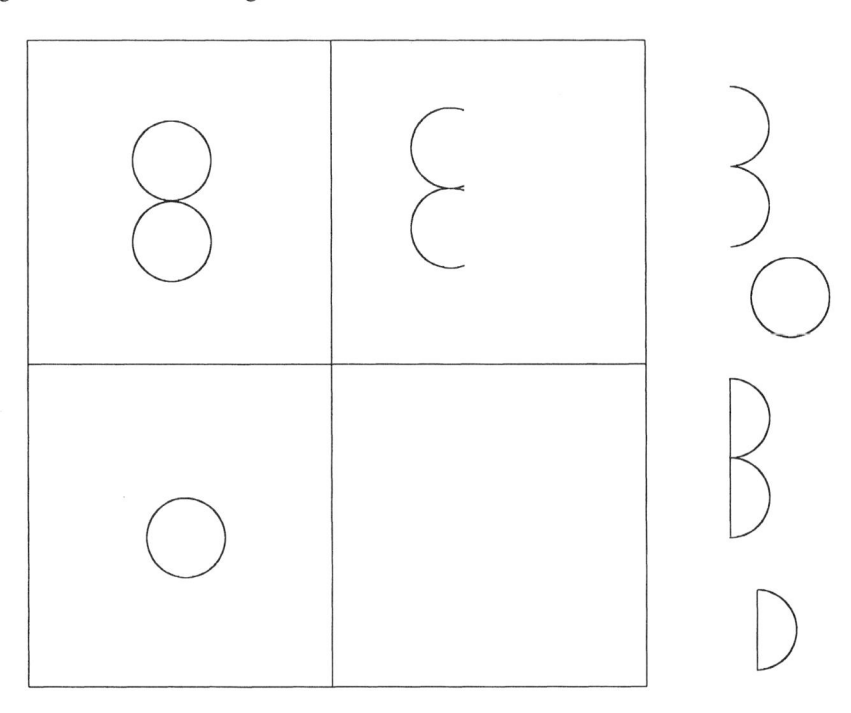

Abb. 2:Denktraining I nach Klauer (1989), Aufgabe 108

Die Abbildung 2 zeigt eine Aufgabe aus dem Programm. Beziehungen zwischen den Zeilen und Spalten sind zu erkennen, dann kann aus der Auswahlmenge rechts neben der Matrize das richtige Bild ausgewählt werden.

Nachdem in Untersuchungen geprüft wurde, ob induktives Denken überhaupt ausbildbar ist, wurden ca. 650 Kinder, die von Lernbehinderung bedroht oder lernbehindert waren, trainiert. Im Durchschnitt profitieren diese Kinder, die sehr altersheterogen waren so, dass sich ein Trainingskind etwa um 20 Prozentränge in einem als Kriterium verwendeten Intelligenztest verbessert. Allerdings gilt das nicht gleichermaßen für alle Studien (Klauer 1998). Wie genau lassen sich die Wirkungen aber auf das Programm zurückführen und was bedeutet das für die schulischen Leistungen?

Der Beantwortung dieser Fragen dient das 1999 publizierte Vergleichsexperiment. Kinder aus Schulkindergärten (Altersdurchschnitt 7;2) nahmen teil. Das sind Kinder, bei denen vor Schuleintritt massive Entwicklungsprobleme verschiedenster Art diagnostiziert wurden, und die im Rahmen dieser Kindergärten individuell gefördert werden sollen. Eine Vergleichbarkeit mit der auf dieser Tagung interessierenden Kindergruppe ist anzunehmen. Eine Gruppe (17 Kinder) bearbeitete die Programmvariante für jüngere Kinder, das Denktraining I. Verglichen wurden die Effekte mit denen einer zweiten Gruppe (18 Kinder), die ein Wahrnehmungstraining absolvierte, in dem sehr sorgfältig jede Art von Vergleichsanforderungen vermieden wurde. Stattdessen übten die Kinder ihr Körperschema, Raum- und Zeitwahrnehmung, das Erkennen von Objekten an Geräuschen in Anlehnung an Übungen von Eggert (1992) und Mertens (1991). Das erfolgte jeweils zu zweit zweimal pro Woche. Jeder Trainer führte beide Trainingsvarianten durch. Um den Trainingseffekt zu bestimmen, der in der Denktrainingsgruppe größer ausfallen sollte, wurden die Werte in den Coulored Progressive Matrices (CPM) vor dem Training (Prätest), nach dem Training (Posttest) und 12 Monaten später (Follow-Up) gemessen.

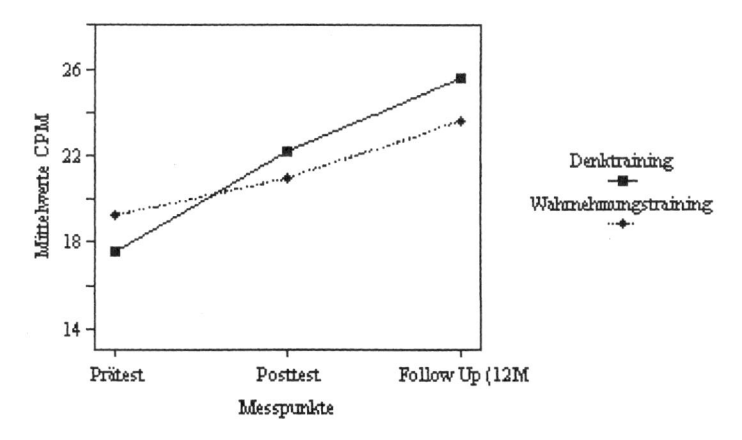

Abb. 3: Vergleichsexperiment Denktraining - Wahrnehmungstraining Klauer (1999)

Die Abbildung zeigt, dass in beiden Gruppen Entwicklungen stattfanden, die sich in Zuwächsen der CPM-Testwerte ausdrücken. Allerdings ist der Zuwachs der Gruppe, die genau diese Wirkungen zeigen sollte, signifikant größer als in der anderen Gruppe (Effektstärke für Posttest = .71, Follow-Up = .73). Dieser Effekt bleibt bis zu einem Jahr nachweisbar. Es kann also davon ausgegangen werden, dass das Training Leistungen fördert, die wir als induktives Denken interpretieren. Darüberhinaus lassen sich Trainereffekte zeigen. Das, was man ahnt und was naheliegend ist, trifft ein. Nicht jeder Trainer setzt Konzepte so um, dass Kinder profitieren. In den bisherigen Untersuchungen wurde dieser Faktor als ergebnisbeeinflussende Größe vernachlässigt. Um differenziert Fördereffekte zu bewerten, muss diese Systemgröße „Trainer" nach diesen Resultaten kontrolliert werden.

Wie sehen die Effekte hinsichtlich der Schulleistungen, ein Jahr später nach der Einschulung der Kinder erhoben, aus? Leseleistungen (Zeiten und Fehler) wurden mit einem Text aus dem Lesetest von Biglmaier (1969) bestimmt. Hierin finden sich keine bedeutsamen Unterschiede zwischen beiden Trainingsgruppen. Die Mathematikleistungen wurden mit einer informellen Aufgabengruppe erhoben. Die Kinder sollten aus vorgegebenen Zahlen und Operationen richtige Aufgaben formulieren. Für diese Anforderung wurden varianzanalytisch bedeutsame Trainingseinflüsse festgestellt.

Ein Fazit bisher fällt folgendermaßen aus: Es gelingt bei entwicklungsauffälligen Vorschulkindern, Vergleichsprozesse, basale kognitive Operationen, eben induktives Denken in sehr spezifischer Weise zu fördern. Wenn wir uns also für die Verwendung dieses Programms entscheiden, werden wir ziemlich sicher diese Fähigkeiten vor allem auch im Sinne langfristig vorhandener Kompetenzen, die z.T. den Erwerb schulischer Fertigkeiten unterstützen, fördern.

Beziehungen zwischen grundlegenden kognitiven Leistungen und schulischen Fertigkeiten sollen im letzten Abschnitt nochmals aufgegriffen werden. Zuvor seien noch einige Überlegungen zur Frage, wie trainiert werden sollte, von Bedeutung.

Wie soll man trainieren?

Kognitive Trainings, das oben vorgestellte Denktraining, aber auch das Programm von Sydow und Meincke (1992), z.B. bestehen aus festgelegten Aufgabenstrukturen. Die systematische Durchführung erfolgt durch die Lenkung seitens des Trainers. Lösungen erfolgen durch das Kind, Trainer verstärken durch Rückmeldungen, Modellernen wird bei Fehlern wirksam, Aufgaben werden wiederholt.

Anpassungen an Kinder, im Sinne adaptiver Strategie (Sydow 1993), erfolgt durch Änderung der Aufgabenstruktur. Nach Sander (1998) wird dabei im Wesentlichen geübt.

Angesichts der Entwicklung offener pädagogischer Konzepte, der Betonung des Spiels als Entwicklungsmedium (Oerter 1996), der Bedeutung von motivationalen und Attribuierungsprozessen für die Entstehung von Lernschwierigkeiten (vgl. Matthes und Großmann in diesem Band, auch Lauth und Holtz 1992) rückt die Frage in den Blickpunkt, ob Ziele kognitiver Trainings ebenso durch trainingsmethodische Veränderungen erreicht werden können. Müssen Kinder ein Training nur absolvieren oder können sie Einfluss nehmen, gestalten, planen und angemessene Freiräume nutzen?

Dieser Aspekt ist wiederum mit Blick auf entsprechende Risikofaktoren oder auch das Problem veränderter Umwelten gerade für lernbehinderte Kinder von enormer Bedeutung. Scherer (1995) verweist darauf, dass Kinder nur dann größtmögliche Selbständigkeit erlangen können, wenn eigenständiges Lernen gewährleistet ist. Unter dieser Bedingung bestimmen Kinder selbst ihr Anspruchsniveau, mit positiven Konsequenzen für ihre Motivation und Lernbereitschaft. Zu den Situationen, die Planen und Gestalten erfordern, gehört zweifellos das Spiel (Keller, Fritz 1995).

Nach Oerter (1996) ermöglicht es ein Aufgehen in eigener Tätigkeit, in sinnvollen Handlungen (vgl. dazu die Darstellungen von Wittmann, 1990, zur Bedeutung von Aufgaben mit bunten Hunden), in eigener Aktivität. Entwicklungen werden in Anlehnung an Leontjew auf unterschiedlichen Ebenen gefördert: Erkennung visueller und akustischer Reize, motorische Geschicklichkeit, auf der Handlungsebene das Zielerrereichen, deklaratives und Scriptwissen, Perspektivübernahme und Regelbedeutungen, Verhandlungen zwischen Kindern über Spielinhalte, Verteilungen, Korrekturen bei Regelüberschreitungen, metakognitive Leistungen eben, und Initiative liegen in der Hand der Kinder selbst.

Masendorf, Roeder (1997) haben geprüft, welchen Einfluss spielerische und übende Materialien auf die Entwicklung von Kindern über fünf Monate haben. Am Ende der ersten Klasse wurden Kinder mit einem oder mehreren Leistungsausfällen im Lesen, Schreiben und Rechnen ausgewählt und zwei Gruppen zugeordnet. Experten sortierten käufliche Fördermaterialien nach „spielerisch oder übend". Für beide Leistungsgruppen wurden beide Trainingsvarianten wöchentlich in zwei Stunden realisiert. Die Ergebnisse wurden mit denen von zwei Kontrollgruppen (gleiche Leistungskriterien wie Trainingsgruppen) verglichen, die währenddessen am normalem Unterricht teilnahmen. Insgesamt wurden 672 Kinder in ihrer Entwicklung beobachtet.

Der Vergleich der Trainingsgruppen mit den Kontrollgruppen zeigt, der Einsatz der Fördermaterialien geht letztlich nicht über den Effekt der Entwicklung unter normalen schulischen Bedingungen hinaus. Nur Material hineingeben reicht nicht, so die Schlussfolgerung der Autoren. Bei differenzierter Betrachtung der Trainingsgruppen wird deutlich, dass Kinder mit nur einem Ausfall mehr von übenden Fördermaterialien profitieren. Für Schüler mit größeren Leistungsausfällen wurden größere Veränderungen durch das spielerische Fördermaterial erreicht. Dies stimmt mit Aussagen von Scherer (1995) gut überein, das Hochschätzen des Übens als kritisch zu sehen.

Für uns heißt dies aber, dass wir über methodische Trainingsvarianten verfügen müssen, um uns auch in der Art und Weise des Trainings den Voraussetzungen der Kinder anzupassen. Untersuchungen in diesem Sinne führen wir in einer Arbeitsgruppe gemeinsam mit der Universität Potsdam seit einigen Jahren durch. Ausgewählt wurde dafür das DenkMit-Programm von Sydow und Meincke (1993).

Gelernt wird im Grunde wie im Denktraining von Klauer das Vergleichen: Merkmale einzelner Bilder sind zu erkennen, Beziehungen herzustellen und auf andere Situationen zu übertragen. Größe, Farbe, Anzahl der Teile, Lage oder aber auch mehrere Merkmale gleichzeitig ändern sich. Die festgestellte Beziehung oder Veränderung zwischen zwei Häusern ist auf Kerzen zu übertragen, indem eine entsprechende zweite Kerze vom Kind am Ende des Programms zu legen ist. Im Detail macht genau dieses gegenständliche Handeln (puzzlen), das allmählich abgelöst wird durch vorausschauendes „inneres Handeln" einen der Unterschiede zum Denktraining von Klauer aus, in dem die Aufgabenkarten selbst im Wesentlichen angeschaut werden. Ein zweiter Unterschied besteht in den verwendeten Bildern. Es sind alles Abbildungen realer Gegenstände, also keine geometrischen Formen wie bei Klauer. Im Verlauf von 8 hierarchisch aufgebauten Sitzungen erlernen die Kinder das Vergleichen, das Feststellen und Erzeugen von Unterschieden und letztlich das Lösen von Analogieaufgaben, was bekanntlich als Ausdruck von Intelligenz interpretiert wird. So legen es uns die verschiedenen Intelligenztests nahe. Engste Verbindungen zwischen analogen Schlüssen und dem induktiven Denken liegen auf der Hand, Unterschiede sind relativ.

Was wir über die Wirkung des DenkMit-Trainings wissen ist, dass sich unter Verwendung der Orginalvariante Leistungen verbessern. Genau solche, die wiederum im Zusammenhang mit fluider oder Intelligenz im Sinne des g-Faktors stehen. In verschiedenen Trainingsexperimenten konnte nachgewiesen werden, dass auch entwicklungsauffällige Kinder durch das Programm in ihrer Entwicklung angeregt werden. Die Untersuchung von Frau Noak und Frau Kuhles (1992) soll als Beispiel dienen: Am Experiment nahmen 15 Kinder im Alter von 5;6 bis 9;4 teil. Sie besuchten eine Förderschule bzw. eine Vorschuleinrichtung und wiesen erhebliche Entwicklungverzögerungen auf. Bezüglich des Alters, der Werte in den CPM und in einem hier nicht näher vorstellbaren trainingsnahen Test wurden zwei parallelisierte Gruppen gebildet. Eine davon nahm im Verlauf von 3 Monaten an den 8 Sitzungen des Programms Training teil, die andere am üblichen Vorschul- und Schulprogramm.

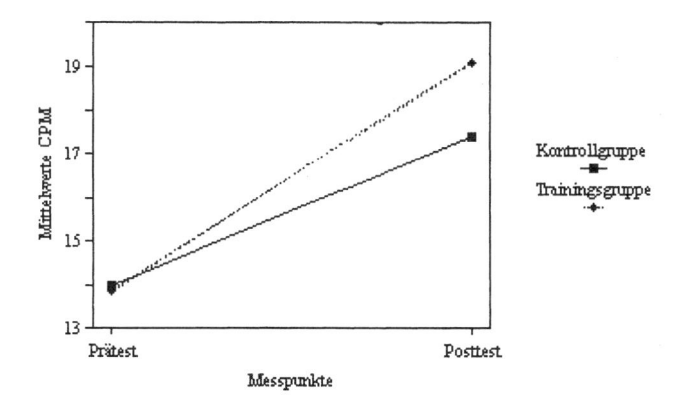

Abb. 4: Trainingsexperiment DenkMit - Programm lernbehinderte Vorschüler und Erstklässler

Die Abbildung 4 enthält die mittleren Werte im CPM für die Prä- und Posttests. Die Veränderung beträgt als Effektstärke ausgedrückt 0.3, was einem schwachen aber signifikanten Zuwachs entspricht. Allerdings erfordern Veränderungen in den CPM-Werten immer bereits generalisierte Kompetenzen. In den mit dem trainingsnahen Test erfassten Fähigkeiten zeigen sich unmittelbar nach dem Training und in einem Follow-Up nach weiteren 3 Monaten signifikante Unterschiede zwischen Trainings- und Kontrollgruppe. Nach Hasselhorn, Hager (1998) wären diese Veränderungen zunächst kritisch als Ausdruck von Coachingeffekten zu werten. Das sind Effekte, die sich auf unmittelbar geübte Leistungen beziehen. Wir wollen diese Veränderungen jedoch als Voraussetzungen für Generalisierungen oder Anwendungen in anderen Situationen verstehen und später darauf zurückkommen, unter welchen Bedingungen Generalisierungen überhaupt erreichbar sind.

Aufgrund der ermutigenden Ergebnisse stellt sich die Frage, wie die Prinzipien des DenkMit-Programms unter schulischen Bedingungen zu nutzen sind. Einzelfallfördersituationen gehören dort genauso wie in der Kitaarbeit eher zu den ergänzenden Maßnahmen. Die Veränderung am Programm wurde in folgender Weise vorgenommen und in Klassen für lernbehinderte Kinder erprobt:

1. *Die Aufgaben werden eingebettet in die Herstellung eines Spiels, das nach Regeln funktioniert und in der Gruppe gespielt wird.*
2. *Zu beachten sind wie im Originalprogramm Merkmale von Objekten, Paare sind zu wählen, Analogien zu bilden.*
   Es werden Gruppen von 4-6 Kindern gleichzeitig gefördert.
3. *Kinder beobachten sich beim Lösen untereinander bzw. machen auf Fehler aufmerksam.*

4. *Kinder treffen Entscheidungen über das zu bastelnde Material.*
5. *Sie haben Einfluss auf die zu spielenden Aufgaben, bestimmen durch die Auswahl deren Schwierigkeiten.*

Frau Bulawa und Frau Bohnstedt (1999) haben in einer 2. und einer 3. Klasse für lernbehinderte Kinder über 6 Wochen mit diesem Ansatz gearbeitet. Als abhängiger Parameter wurde diesmal der CFT 1 verwendet, der in einem follow-up nach weiteren 3 Monaten kontrolliert wurde.
Die Abbildung 5 zeigt die Veränderungen in den CFT 1-Werten; insbesondere für die Summe der Untertests 3, 4 und 5, die das Erkennen von Regelhaftigkeiten erfordern. Die Werte sind als IQ-Werte für die Population der lernbehinderten Kinder (LIQ) dargestellt. Da insgesamt nur 9 Kinder trainiert werden konnten, betrachten wir die individuellen die kritischen Differenzen. Im Durchschnitt wird der Wert überschritten, der zu Veränderung aufgrund der Reliabilität führt bzw. als Testwiederholungseffekt anzunehmen ist. Die trainingsmethodischen Veränderungen haben eine Reihe von Problemen wie z.B. eine schwieriger zu kontrollierende Trainingsintensität zur Folge. Obwohl Vergleiche mit Kontrollgruppen noch ausstehen, können Wirksamkeiten auf der Ebene von Kompetenzen erwartet werden. Aber eben auch in unserem Fall nicht für alle Kinder. Da beide Trainer zusammen gearbeitet haben, kommen Trainereffekte, wie sie Klauer (1999) mitteilt, als Erklärung nicht in Frage. Es sind also unterschiedliche Bedingungen seitens der Kinder in Betracht zu ziehen. Lienert und Souvignieur (1998) fanden für ein Training zum räumlichen Denken Trainingstypen mit unterschiedlichen Gewinnen. Dies ist aber genau die Frage nach der Indikation, die im Zusammenhang mit kognitiven Trainings bisher nicht ausreichend beantwortet wurde. Auch für unseren Ansatz trifft das zu. Offen sind ebenfalls Auswirkungen auf die uns eigentlich interessierenden schulischen Fertigkeiten.

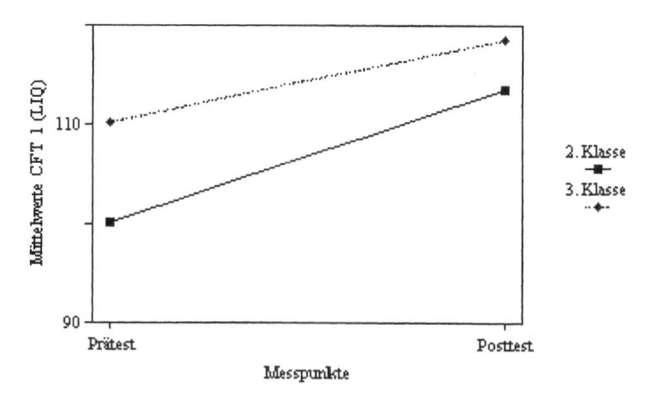

Abb. 5: Trainingsvariante DenkMit - Programm 2. und 3. Lb - Klasse
CFT 1 - Untertests 3 - 5

Kognitive Trainings und die Entwicklung von Kulturtechniken

Folgt man Zielinski (1980), dann können 50 % der Schulleistungsunterschiede auf Vorkenntnisse zurückgeführt werden. Anders ausgedrückt liegen Korrelationen zwischen Intelligenztest- und Schulleistungen üblicherweise in mittleren Bereichen. Danach wäre es ziemlich unzureichend, allgemein bedeutsame kognitive Prozesse zu fördern. Schulleistungen dürften so durch ein Training intelligenzintensiver Komponenten nur „anteilig" in ihrer Entwicklung stimuliert werden. Da Klauer mit seinen Studien Veränderungen bis in den Fertigkeitsbereich hinein nachwies, soll zum Abschluss überlegt werden, unter welchen Bedingungen das gelingen kann.

Vor dem Hintergrund der problematischen Annahmen über basale Teilleistungen als relevante Komponenten für Fertigkeiten interessieren alternative Erklärungen. Dazu gehören Daten über bereichsspezifische Voraussetzungen für Kulturtechniken (vgl. Scheerer-Neumann in diesem Band). Im Rahmen der Münchner Längsschnittstudien (Weinert u.a.) untersuchte Elsbeth Stern (1998) die Entwicklung mathematischer Kompetenzen vom Vorschulalter bis zur 4. Klasse.

In der Abbildung 6 sind Beziehungsmuster auf der Basis eines berechneten Kausalmodells zwischen verschiedenen Kompetenzen und zu verschiedenen Zeitpunkten dargestellt. Es zeigen sich eine ganze Reihe interessanter Abhängigkeiten in ihrer Dynamik. Intelligenztestwerte allein (HAWIK-R) erklären nur Teile der mathematischen Leistungen. Andere Faktoren, wie das numerische Verständnis oder Zählfertigkeiten, ein Äquivalenz- oder Invarianzverständnis als bereichsspezifische Wissenskomponenten (auch die sind im Schema von Lauth, Holtz 1992 enthalten), spielen ähnlich große Rollen. Diese lassen sich natürlich noch differenzieren: Zahlwortbildung, Zahlwortreihen, Zählen vor- und rückwärts von der 5 oder der 10 aus usw. Normalentwickelte Kinder, auch darüber werden in letzter Zeit häufig Untersuchungen durchgeführt, bringen diese Voraussetzungen mit in die Schule. Bis 10 zählen alle, Zahl-Ziffer-Zuordnungen gelingen fast perfekt (Spiegel 1992), Mengenvergleiche sind schwieriger. Alles in allem jedoch eine Menge Kompetenz, die nach Selter (1995) von Lehrern eher unterschätzt wird. Nicht so bei Kindern mit Entwicklungsproblemen. Untersuchungen zu Symptomen oder auch Typen von Rechenschwächen (von Aster 1996) zeigen, dass sich bei diesen Kindern eben genau die bereichsspezifischen Voraussetzungen nicht ausreichend entwickelten.

Die Ergebnisse von Moog u.a. (1998) weisen aus, dass lernbehinderte Kinder der 2. und 3. Klasse ebenfalls Probleme in der Entwicklung von mathematikrelevanten Teilleistungen aufweisen; auch bei jenen, die zu den pränumerischen Voraussetzungen gehören. In der Abbildung 7 sind nach den Angaben der Arbeitsgruppe Fehlerhäufigkeiten in diesen Leistungen aufgelistet. Die ersten vier Zeilen enthalten jene, die also schon im Vorschulalter entstehen sollten. Ihre Fehleranfälligkeit ist klar zu erkennen.

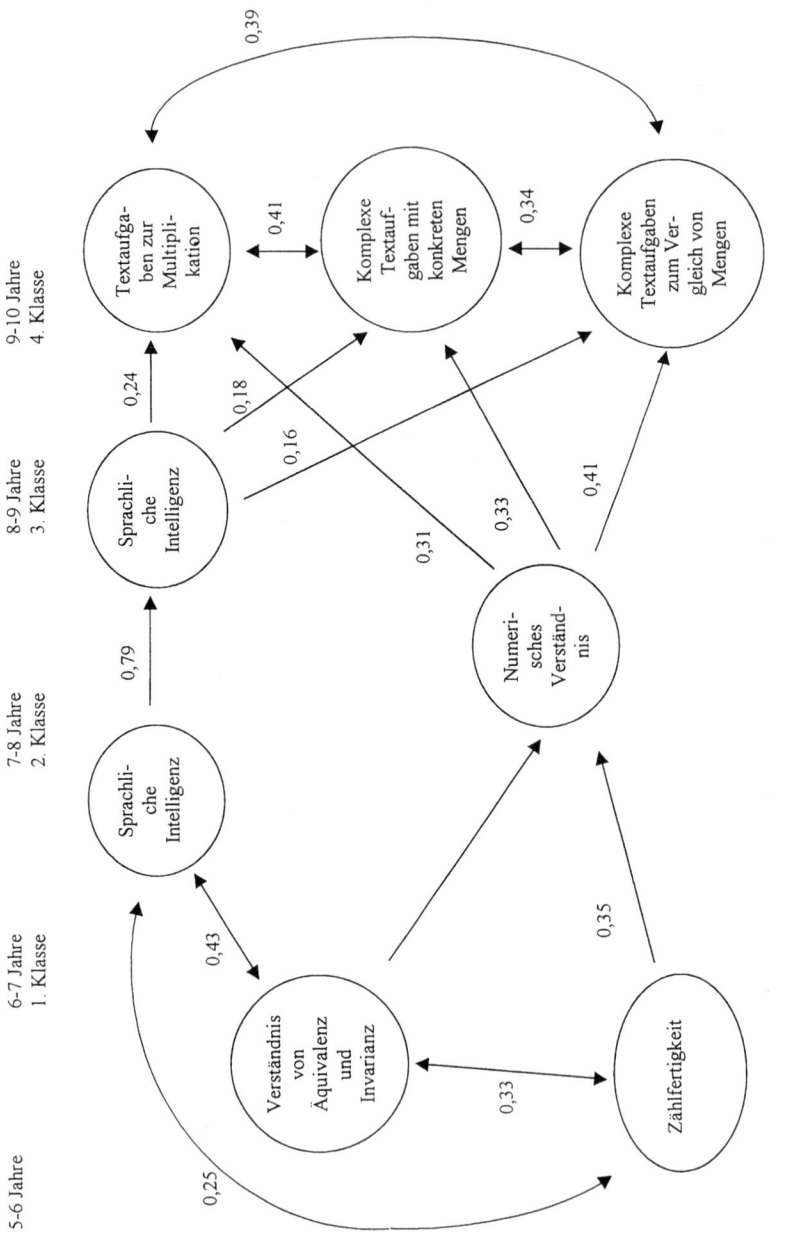

Abb. 6: Kausalmodell mit manifesten Variablen zur Vorhersage der Leistung im Lösen von Textaufgaben Textaufgaben nach Stern (1998)

Teilleistungen	Häufigkeit der Falschlösung in %
Zahlenfolgenkenntnis vorwärts und rückwärts	39
Mengen abzählen	66
Mengen vergleichen konkrete Objekte, Zahlenzuordnen	30
Ordnen nach Mächtigkeit Mengenbilder	43
Zahlenrelationen, numerisch	57
Zahlenordnen	64
Textaufgaben	84
numerische Addition	70

Abb. 7: Fehllösungen in mathematikrelevanten Teilleistungen bei lernbehinderten Kindern der 2. und 3. Klasse nach Moog u.a. (1998)

Nach diesen Ergebnissen muss die Förderung von Kulturtechniken bei entwicklungsverzögerten Kindern bereits im Vorschulalter bereichsspezifisch ansetzen. Die Untersuchungen zur Entwicklung der Schriftsprache (Schneider u.a. 1994) weisen in diese Richtung. Auch für den Erwerb mathematischer Voraussetzungen wurden Programme erarbeitet. Brainerd (1979) führte z.B. Trainingsuntersuchungen mit 240 Kindergartenkindern durch. Zwei Programme wurden mit je zwei Kontrollgruppen verglichen. In einer Gruppe wurde der Kardinalzahlaspekt und in der anderen der Ordinalzahlaspekt gefördert.

Durch beide Programme werden Zuwächse erreicht, die über die Wiederholungseffekte der Kontrollgruppen hinausgehen (vgl. Abb. 8). Allerdings fallen die Effekte des 'ordinalen Trainings' sowie dessen Auswirkungen auf das Zahlenrechnen größer aus. Die Einsicht in die Mächtigkeit von Mengen lässt sich bei weitem nicht so beeinflussen.

	Ordin. Aufg. mit Training	Ordin. Aufg. ohne Training	Kardin. Aufg. mit Training	Kard. Aufg. ohne Training
	Trainingsgruppe	Kontrollgruppe	Trainingsgruppe	Kontrollgruppe
Vortest				
Ordinale Reihenbildung	5,64	5,64	5,64	5,64
Kardinaler Mengenvergleich	0,96	0,96	0,96	0,96
Zahlenrechnen	5,12	5,12	5,12	5,12
Nachtest				
Ordinale Reihenbildung	11,38	6,60	6,24	6,13
Kardinaler Mengenvergleich	1,32	1,19	2,76	1,56
Zahlenrechnen	14,13	8,32	8,96	7,88

Abb. 8: Trainingsexperiment zum ordinalen und kardinalen Zahlaspekt. Ergebnisse für Trainings- und Kontrollgruppen nach Brainerd (1979)

Schlussfolgerung aus diesen Ergebnissen:
Voraussetzungen für schulische Fertigkeiten müssen bei Kindern mit bereits im Vorschulalter festgestellten Entwicklungsproblemen bereichsspezifisch gefördert werden. Das heißt aber auch, mit einer unterschiedlichen Beeinflussbarkeit der Komponenten zu rechnen.

Einige Schlussfolgerungen

Kombinationen von 'allgemeineren' Denktrainingsprogrammen wie dem Ansatz von Klauer oder Sydow, Meincke und bereichsspezifischen Programmen wären zu entwickeln. Ermutigende Befunde hinsichtlich der Effektintensität und -breite bei der Verknüpfung spezifischer und unspezifischer Trainings liegen vor (Hasselhorn, Hager 1998). Allerdings werden die spezifischen eher in Verbindung mit metakognitiven Komponenten (Planen, Strategien, Kontrolle usw.) gefördert, was für Vorschulkinder aufgrund der Entwicklung letzterer noch nicht so gut möglich ist. Unter den spezifischen werden in der kognitiven Trainingsforschung eher grundlegende intellektuelle Fähigkeiten verstanden.

Kombinationen von bereichsspezifischem Training (Voraussetzungen für Kulturtechniken) und allgemeinerem Training hier jetzt im Sinne grundlegender kognitiver Prozesse (Denktraining) wären zu erarbeiten. Vergleichenlernen im Inhaltsbereich „Kulturtechniken" nach den Strategien oben ausgeführter Programme müsste die besten Chancen für Generalisierungseffekte haben. Kretschmann, Märtens (1990) zeigen solche Verknüpfungen zwischen Lesenlernen und metakognitiven Fähigkeiten. Klauer (1997) stellt anhand verschiedener Lernexperimente mit Schülern oberer Klassen (ab 5, verschiedene Schultypen) dar, dass das Denktraining dann zu Verbesserungen führt, wenn der zu 'lernende Stoff' über das Erkennen von Gemeinsamkeiten und Unterschiede in Beziehung zu setzen, zu systematisieren und zu verarbeiten ist. Ob gelernte Fähigkeiten und Fertigkeiten erhalten bleiben, ist damit auch abhängig von den Anwendungsmöglichkeiten in der Schule und sicher auch im Kindergarten. Aufwendige Trainingswiederholungen im Sinne der Booster-sessions könnten entfallen, wenn, so wie Klauer (1998) vorschlägt, Pädagogen systematische Vergleichsaufgaben in ihrer Arbeit nutzen. Damit liegt am Ende die Komplexität der Aufgabe, von Lernbehinderung bedrohte Kinder möglichst gut zu fördern, wieder auf der Hand.

Literatur

Biglmaier, F. (1969). Lesetest-Serie. München: Reinhardt.
Bohnstedt, Chr. (1999). Die modifizierte Nutzung des DenkMit-Programms von Sydow/Meincke bei schulleistungsversagenden Kindern in der Primarstufe - eine empirische Untersuchung in der Klassenstufe 2. Wissenschaftliche Hausarbeit. Universität Potsdam.
Brainerd, C.J. (1979). The origins of the number concept. New York: Praeger.
Büchel, F. (1999). Metakognition und Kurzzeitgedächtnis als Determinanten des analogen Denkens bei Schülern mit geistiger Behinderung. Referat auf der Arbeitstagung empirisch forschender Sonderpädagogen. Humboldt - Universität zu Berlin.
Eggert, D. (1992). Psychomotorisches Training. Weinheim: Beltz.
Fritz, A.; Ricken, G.; Schuck, K.D. (im Druck). Teilleistungsstörungen. In: Kallenbach, K. (Hrsg.) Körperbehinderungen - Schädigungsaspekte, psychosoziale Auswirkungen und pädagogisch-rehabilitative Maßnahmen. Bad Heilbrunn: Klinkhardt.
Hager, W. (Hrsg.) (1995). Programme zur Förderung des Denkens bei Kindern. Göttingen: Hogrefe.
Hager, W.; Hasselhorn, M. (1995). Zuwendung als Faktor der Wirksamkeit kognitiver Trainings für Kinder. Zeitschrift f. Pädagogische Psychologie. 9 (3/4), S. 163-179.

Hager, W.; Hasselhorn, M. (1993). Induktives Denken oder elementares Wahrnehmen? Prüfung von Hypothesen über die Art der Wirkung eines Denktrainings für Kinder. Empirische Pädagogik. 7, S. 307-321.
Hasselhorn, M.; Hager,W. (1998). Kognitives Training. In: Rost, D., H. (Hrsg.). Handwörterbuch Pädagogische Psychologie. Weinheim: Psychologie Verlags Union, S. 252-258.
Keller, R.; Fritz, A. (1995). Auf leisen Sohlen durch den Unterricht: Ein Arbeitshandbuch zum spiel- und handlungsorientierten Unterricht im 1.und 2. Grundschuljahr. Schorndorf: Karl Hofmann.
Klauer, K. J. (1997). Denken und Lernen bei Lernbehinderten: Fördert das Training des induktiven Denkens schulisches Lernen? In: Masendorf, F. (Hrsg.). Experimentelle Sonderpädagogik. Weinheim: Beltz, S. 333-362.
Klauer, K. J. (Hrsg.) (1993). Kognitives Training. Göttingen: Hogrefe.
Klauer, K. J. (1989). Denktraining für Kinder I. Göttingen: Hogrefe.
Klauer, K. J.; Lauth, G. W. (1997). Lernbehinderungen und Leistungsschwierigkeiten bei Schüler. In: Weinert, F. E. (Hrsg.). Psychologie des Unterrichts und der Schule. Göttingen: Hogrefe, S. 701-738.
Kretschmann, R.; Märtens, A. (1990). Beispiele gleichzeitiger Förderung von Lernhandeln und Schriftsprachkompetenz. Zeitschrift für Heilpädagogik, S. 601-621.
Lauth, G. W.; Holtz, K.-L. (1992). Lernstörungen. In: Steinhausen, H.-Chr.; von Aster, M. (Hrsg.). Handbuch Verhaltenstherapie und Verhaltensmedizin bei Kindern und Jugendlichen. Weinheim: Beltz, S. 69-97.
Lindenberger, U.; Baltes, P. B. (1995). Kognitive Leistungen im hohen Alter: Erste Ergebnisse aus der Berliner Altersstudie. Zeitschrift für Psychologie. 203, S. 283-317.
Mertens, K. (1991). Lehrprogramm zur Wahrnehmungsförderung. Dortmund: Verlag modernes lernen.
Noak, A.; Kuhles, H. (1992). Die Einsatzmöglichkeiten des Trainingsprogramms "Denk-Mit" bei entwicklungsverzögerten Heimkindern. Diplomarbeit. Humboldt-Universität.
Oerter, R. (1996). Fördert das Spiel Entwicklung? In: Opp, G.; Peterander, F. (Hrsg.). Focus Heilpädagogik. Projekt Zukunft. München: E. Reinhardt, S. 260-271.
Roeder, B.; Masendorf, F. (1997) Differentielle Wirksamkeit von spielerischen versus übenden Lernmaterialien bei leistungsschwachen Kindern im zweiten Schuljahr. In: Masendorf, F. (Hrsg.). Experimentelle Sonderpädagogik. Weinheim: Beltz, S. 115-123.
Sander, E. (1998). Entwicklungspsychologische Grundlagen kognitiver Lernförderung bei lernbeeinträchtigten Kindern. In: Greisbach, M.; Kullik, U.; Souvignier, E. (Hrsg.). Von der Lernbehindertenpädagogik zur Praxis schulischer Lernförderung. Lengerich: Papst Science Publishers, S. 37-44.

Scherer, P. (1995). Entdeckendes Lernen im Mathematikunterricht der Schule fürLernbehinderte. Heidelberg: Edition Schindele.

Schneider, W.; Visé, M.; Reimers, P.; Blaesser, B. (1994). Auswirkungen eines Trainings der sprachlichen Bewußtheit auf den Schriftspracherwerb in der Schule. Zeitschrift für Pädagogische Psychologie. 8, S. 177-188.

Schulz, A.; van Bebber, N.; Moog, W. (1998). Mathematische Basiskompetenzen lernbehinderter Sonderschüler. Zeitschrift f. Heilpädagogik. 9, S.402-411.

Selter, Chr. (1995). Zur Fiktivität der Stunde 'Null' im arithmetischen Anfangsunterricht. Mathematische Unterrichtspraxis. 2, S. 11-19.

Souvignier, E.; Lienert, G. A. (1998). Individuumsorientierte Evaluation von Fördermaßnahmen am Beispiel eines Trainings zum räumlichen Denken. In: Greisbach, M., Kullik,U., Souvignier, E. (Hrsg.). Von der Lernbehindertenpädagogik zur Praxis schulischer Lernförderung. Lengerich: Papst Science Publishers, S. 241-250.

Spiegel, H. (1992). Untersuchungen zur Rechenkenntnissen von Schulanfängern. In: Grundschulunterricht. 11, S. 21-23.

Stern, E. (1998). Die Entwicklung des mathematischen Verständnisses im Kindesalter. Lengrich: Papst Science Publishers.

Sydow, H. (1993). Zum Training kognitiver Operationen im Vorschulalter. In: Klauer, K. J. (Hrsg.). Kognitives Training. Göttingen: Hogrefe.

von Aster, M. G. (1996). Die Störungen des Rechnens und der Zahlverarbeitung in der kindlichen Entwicklung. Habilitationsschrift, Universität Zürich.

Wittmann, E. (1990). Wider die Flut der 'bunten Hunde' und der 'grauen Päckchen': Die Konzeption des aktiv-entdeckenden Lernens und des produktiven Übens. In: Wittmann, E.; Müller, G., N. Handbuch produktiver Rechenübungen. Band 1. Stuttgart: Klett, S.152-166.

Zielinski, W. (1980). Lernschwierigkeiten. Verursachungsbedingungen, Diagnose, Behandlungsansätze. Stuttgart: Kohlhammer.

Gerheid Scheerer-Neumann

Vorschulische Förderung des Schriftspracherwerbs

Fragt man Schulanfänger, was sie in der Schule lernen wollen und werden, geben sie fast immer *das Lesen* an. Lesen - und auch das Schreiben, aber das Lesen noch in höherem Maße - eröffnet den Kindern eine neue Welt und macht sie von Erwachsenen unabhängiger. Lesen zu können ist ein ganz wichtiger Schritt in die Selbstständigkeit; eine der sozusagen „klassischen" Bitten der Vorschulzeit lautet ja: „Liest du mir mal vor?". Tatsächlich erfolgt der Einstieg in das Lesen in erstaunlich kurzer Zeit: Ein Teil der Kinder kann schon zu Weihnachten im ersten Schuljahr kleine Texte selbständig erlesen, ein weiterer Teil kann dies zu Ostern und ein großer Teil, aber nicht alle Kinder, am Ende des ersten Schuljahrs. Die Schreibentwicklung verläuft etwas langsamer, aber auch hier können am Ende des ersten Schuljahres schon eine Reihe Wörter ganz richtig geschrieben werden und andere in orthographischer Annäherung. Die Geschwindigkeit, mit der die Kulturtechniken des Lesens und Schreibens von den meisten Kindern erworben werden, ist bemerkenswert, bedenkt man die Komplexität des Gegenstandes. Es geht ja nicht nur darum, die visuellen Merkmale von 26 Buchstaben zu erlernen und ihre komplexen Verknüpfungen mit Lauten, sondern um grundlegende Einsichten in ein neues Kommunikationsmedium, das sich in der Menschheitsgeschichte in einem Zeitraum von mehreren Tausend Jahren entwickelt hat.

Ist eine frühe Förderung notwendig?

Schreibkompetenz am Ende des 1. Schuljahrs

Nun gilt der schnelle Erfolg keineswegs für alle Kinder: Im Gegenteil ist gerade im ersten Schuljahr die Variationsbreite in den Lese- und Schreibleistungen besonders groß, wie in dem folgenden Beispiel gezeigt wird. Wir begleiten seit einigen Jahren die Schulen des Modellversuchs „Entwicklung und Erprobung der Qualitätssicherung Kleiner Grundschulen in Brandenburg" im Hinblick auf die Entwicklung der Schreibkompetenzen. Dies ist ein Modellversuch in dem Grundschulen, die durch das Sinken der Geburtenrate von Schließung bedroht sind, zur Aufrechterhaltung einer gewissen Klassengröße in einem Teil der Stunden altersgemischt unterrichten (vgl. Waldmann, Sommer & Schulz 1998, Scheerer-Neumann 1998). Da sich unsere Daten nicht wesentlich von Befunden aus altershomogenen Klassen unterscheiden (vgl. Scheerer-Neumann im Druck), ist an-

zunehmen, dass das folgende Demonstrationsbeispiel nicht nur für den altersgemischten Unterricht gilt.
Am Ende des ersten Schuljahres wurde mit den Kindern die Bilderliste von Dummer (1993) durchgeführt, in der zu Bildern die entsprechenden, weitgehend lautgetreuen, Wörter geschrieben werden müssen (Beispiele: Hose, Mund, Banane). Untersucht wurden in dieser Altersstufe 76 Schülerinnen und Schüler aus 5 verschiedenen Schulen.

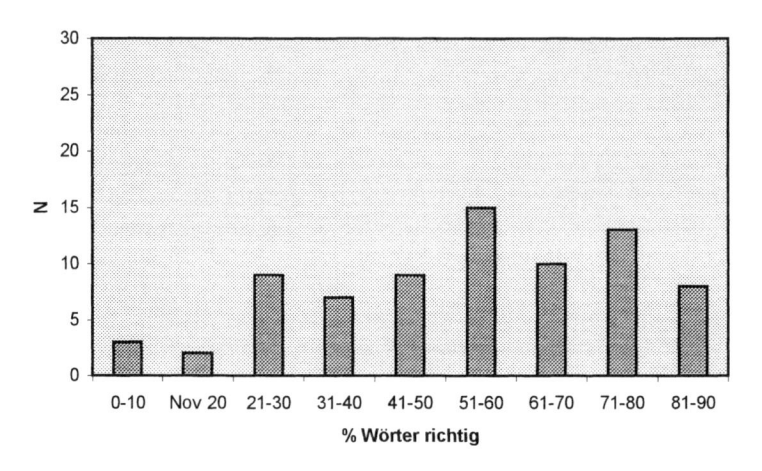

Abb. 1: Häufigkeitsverteilung des prozentualen Anteils der am Ende des 1. Schuljahrs in der Bilderliste richtig geschriebenen Wörter, N = 76.

Abbildung 1 zeigt eine sehr große Streuung der Werte des prozentualen Anteils der richtig geschriebenen Wörter. Die Verteilung weicht von einer Normalverteilung durch hohe Häufigkeiten auch bei den Werten ab, die weiter vom Mittelwert entfernt liegen (z.B. Kategorie 21-30 %, aber auch 71-80 % richtig). Die 30 % leistungsstarken Kinder schreiben schon über 70 % der Wörter richtig, während die schwächeren 30 % höchstens 40 % Richtigschreibungen erreichen. Der Modalwert (häufigster Wert) liegt im Bereich 51-60 %. Auswertungen im Hinblick auf Teillösungen (z.B. <Gabl> = orthographisch falsch, aber lautorientiert richtig geschrieben) ergeben etwas andere Befunde, reduzieren aber nicht prinzipiell das Bild von der großen Variationsbreite. Der Schriftspracherwerb erfolgt also in einem sehr variablen Lerntempo, das uns nachdenken lässt.

Es stellen sich Fragen wie die folgenden:
- Ist diese große Variationsbreite überhaupt ein Problem?
- Aber auch: Warum erreichen die Kinder im unteren Drittel nur eine relativ schwache Leistung?
- und: Gibt es Maßnahmen, die im Sinne einer primären Prävention langsamen Lernens eingesetzt werden sollten?

Schriftspracherwerb als Entwicklungsprozess

Zu diesen Fragen ist ein kleiner Exkurs in die **Schriftspracherwerbsforschung** notwendig. Im Zusammenhang mit der Frage nach der besten Methode für den Erstlese- und Schreibunterricht hat man schon seit langem Überlegungen über Lernvoraussetzungen und Lernprozesse angestellt. Angestoßen durch die kognitive Psychologie und die kognitive Entwicklungspsychologie ist in den etwa letzten 20-30 Jahren die Schriftspracherwerbsforschung entstanden, die sich erstmals sehr differenziert mit den kognitiven Prozessen und deren Entwicklung beim Lesen- und Schreibenlernen befasst. Ich greife wichtige Erkenntnisse thesenartig heraus: Der Schulanfang ist im Hinblick auf den Schriftspracherwerb keine „Stunde Null". Neben konkreten Vorkenntnissen (z.B. Buchstabenkenntnisse, Schreiben des eigenen Namens) haben Vorschulkinder in unterschiedlichem Maße:

- eine Vorstellung über die Funktion der Schrift (kommunikative Funktion),
- eine Vorstellung von dem Aufbau der Schrift (besteht aus Buchstaben, verläuft von links nach rechts; allgemein: Beziehung zwischen geschriebener und gesprochener Sprache),
- die beginnende Fähigkeit zur Gliederung der gesprochenen Sprache (z.B. Gliederung in Sprechsilben, Heraushören von Anfangslauten).

Die zweite These bezieht sich auf die Entwicklung nach Schulbeginn. Wir wissen heute, dass die Kinder beim Schriftspracherwerb sich nicht linear dem Lesen und Schreiben des Erwachsenen annähern, sondern sich zu verschiedenen Zeitpunkten dominierend mit einzelnen Merkmalen der Schriftsprache befassen. Nach eher ganzheitlichen Leseprozessen im Vorschulalter steht so während der ersten Phase des formalen Lese- und Schreibunterrichts für die meisten Kinder der **alphabetische Charakter** unserer Schrift im Vordergrund. Die Kinder erkennen die Korrespondenz zwischen gesprochener und geschriebener Sprache und „behandeln" die Schrift sozusagen als reine Lautschrift mit einer 1:1 - Zuordnung von Lauten und Buchstaben; diese Strategie muss bei vielen Wörtern zwangsläufig zu Fehlern führen, da die tatsächlichen Verhältnisse weit komplexer sind und die Schrift vor allem auch morphematische Beziehungen berücksichtigt. Diese werden von den Lese- und Schreibanfängern in der Regel jedoch erst später wahrgenommen und aktiv beim Schreiben genutzt. Aber auch das lautorientierte Schreiben stellt zu Beginn eine hohe Hürde dar: Sehr frühe spontane Schreibungen aus dem 1. Schuljahr sind in der Regel noch sehr lückenhaft und weisen nur die Verschriftung besonders prägnanter Laute auf.

An dieser Stelle kann die Entwicklung beim Schriftspracherwerb nicht ausführlich dargestellt werden (vgl. hierzu Scheerer-Neumann 1989, 1996; Spitta 1985).

Am Beispiel der Schreibversuche zum Wort „Elefant" lassen sich die skizzierten Stufen aber recht gut konkretisieren:

E	lautorientierte Schreibung, nur Anfangslaut analysiert
ELF	beginnende lautorientierte Schreibung, „Skelettschreibung"
ELFT	etwas weiter entwickelte lautorientierte Schreibung
ELEFAT	entfaltete lautorientierte Schreibung
ELEFANT	voll entfaltete lautorientierte Schreibung
ELEFAND	orthographische Einsicht (Auslautverhärtung); Übergeneralisation
ELEFANT	Rücknahme der orthographischen Übergeneralisation

Diese Schreibungen lassen sich wohlgemerkt nicht nur bei schwachen, sondern auch bei durchschnittlich oder auch besonders schnell lernenden Kindern beobachten; sie werden bei diesen nur dann nicht sichtbar, wenn der Erstschreibunterricht Kinder nicht selbständig Wörter konstruieren lässt und neben Abschreibübungen ausschließlich das eigene Schreiben schon geübter Wörter („Lernwörter" oft aus einem „Grundwortschatz") zulässt. Wenn also frühe Schreibungen nicht eingeübter Wörter orthographisch zumeist gar nicht korrekt sind, müssen uns dann die Fehler der Kinder im unteren Leistungsdrittel am Ende des 1. Schuljahres beunruhigen? Ja und Nein.

Tatsächlich hat es sich auch für die innere Differenzierung im Deutschunterricht bewährt, die Leistungsschwächeren vor allem als Kinder auf einer verzögerten Entwicklungsstufe zu sehen - als langsam lesen- und schreibenlernende Kinder und nicht als Kinder mit einem spezifischen Defizit. Sie sind nur zu einem „falschen Zeitpunkt normal" wie Hans Brügelmann schreibt (Dummer & Brügelmann 1987). Auch in unseren Daten wird deutlich, dass sich viele Entwicklungsverläufe sehr ähneln und nur zeitlich verschoben sind.

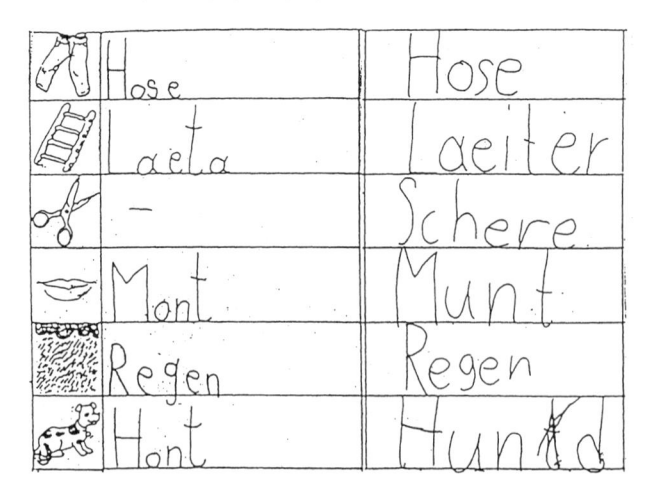

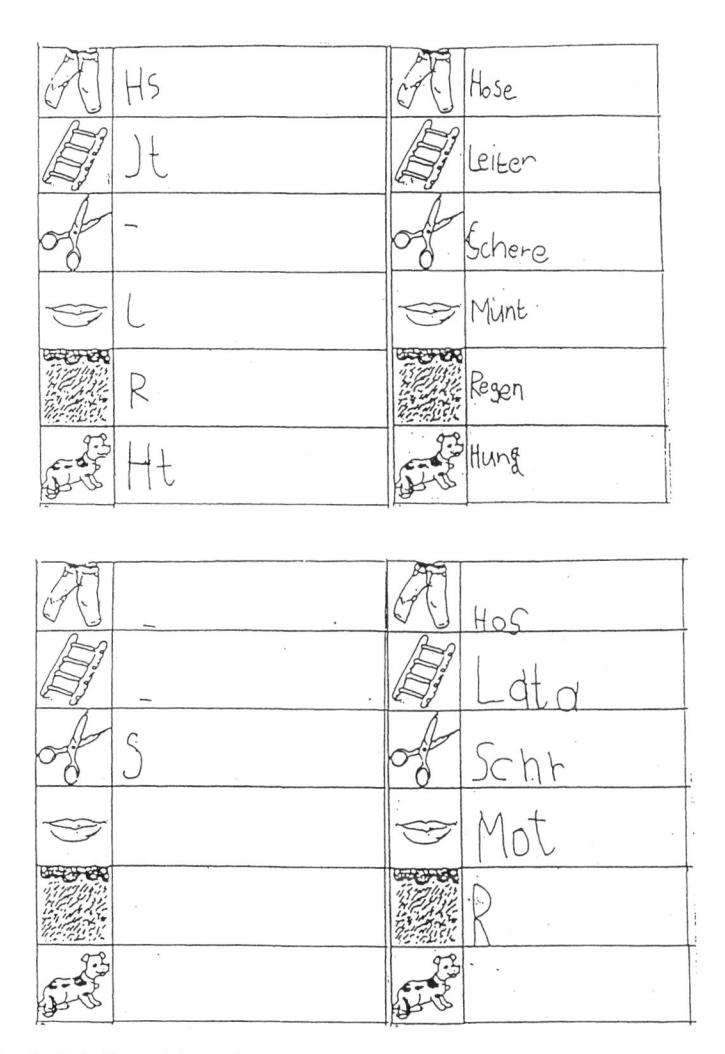

Abb. 2a-4b: Schreibentwicklung im ersten Schuljahr anhand einiger Wörter aus der Bilderliste, geschrieben im Januar (a) bzw. Juni (b) des ersten Schuljahres.

Bei der Untersuchung der zweiten Kohorte im Projekt „Kleine Grundschulen" haben wir die Schreibungen in der Bilderliste bereits im Januar des 1. Schuljahres erhoben und am Ende des Schuljahres wiederholt.

Jennifer (Abb. 2a und 2b) beherrscht bereits im Januar das alphabetische Schreiben recht gut (das kurze „u" und das kurze „o" liegen phonetisch sehr nahe beieinander). Obwohl orthographisch noch nicht richtig, ist z.B. <Laeta> sehr gut „abgehört". Jessica (Abb. 3a und 3b) verschriftet die gesprochene Sprache im Januar erst in Ansätzen: Ihr gelingt die Lautanalyse und die Zuordnung des Buchstabens beim Anfangslaut und einem weiteren prägnanten Laut des jeweiligen Wortes. Im Sommer hat sie ihren Entwicklungsrückstand gegenüber Jennifer aufgeholt und verfügt nun auch über ein entfaltetes alphabetisches Schreiben. Auch Karsten (Abb. 4a und 4b) hat im Laufe des zweiten Halbjahres deutliche Fortschritte gemacht. Während er im Januar der Anforderung, selbständig zu schreiben, kaum nachkommen konnte, schreibt er im Juni lautorientiert, aber im Gegensatz zu den Mädchen noch unvollständig. Sein Entwicklungsstand ist im Sommer jedoch schon weiter als der von Jessica im Januar.

Diese Beispiele zeigen eine individuelle Entwicklungsdynamik und machen deutlich, dass Kinder eigentlich nur an ihren eigenen Lernfortschritten gemessen werden dürften. Wie ist die Verteilung der Rechtschreibleistungen von Abbildung 1 auf dem Hintergrund des entwicklungsorientierten Ansatzes zu bewerten? Haben die Kinder im unteren Drittel der Verteilung also gar kein Problem bzw. nur eines, das die Schule selbst kreiert, indem sie die Leistungen auf Klassenbasis vergleicht?

Die Probleme langsamen Lernens - langsamer Lerner

Obwohl ich den entwicklungsorientierten Ansatz für die Arbeit im muttersprachlichen Unterricht der Grundschule für grundlegend halte, sehe ich die Situation aus pragmatischen Gründen etwas anders. Wir haben in unseren Schulen insgesamt gesehen nicht die Bedingungen, unter denen Kinder tatsächlich primär nach ihrem eigenen Lerntempo lernen können und individuell bewertet werden. Dabei darf nicht übersehen werden, dass es durchaus gute reformpädagogische Ansätze von Öffnung des Unterrichts gibt, die vor allem in Kombination mit einer Altersheterogenität der Gruppen die Bedingungen für einen differenzierenden und entwicklungsorientierten Unterricht schaffen. Aber auch dieses Konzept ist auf Dauer nur tragfähig, wenn die innere Differenzierung in den darauffolgenden Schuljahren weitergeführt wird: Gerade beim Schriftspracherwerb stößt sie oft an ihre Grenzen, weil schon im zweiten, spätestens im dritten Schuljahr gemeinsame Texte - auch in anderen Lernbereichen - zu bearbeiten sind. Ganz entsprechend ist es auch nur begrenzt hilfreich, wenn Rahmenpläne zwei Jahre für den Erstlese- und Schreibunterricht vorsehen. Die Schwierigkeit und Länge der Texte typischer Lesebücher für das zweite Schuljahr setzen die Beherrschung der Lesetechnik und eine weitgehende Automatisierung beim Lesen voraus.
Das Problem liegt also im weiteren Lernen, das eine angemessene Differenzierung nur eingeschränkt zulässt. Zahlreiche Untersuchungen der letzten Jahre haben gezeigt, dass beim Lernen ganz allgemein der weitere Lernerfolg sehr stark vom Ausgangsniveau abhängt (z.B. Weinert & Stefanek 1997).

Der Amerikaner Stanovich spricht von dem „Matthäus-Prinzip": Wer da hat, dem wird gegeben (Stanovich 1986). Für den Bereich des Rechtschreibens ist eine Längsschnittuntersuchung aus Wien von Klicpera & Gasteiger-Klicpera (1993) besonders aufschlussreich. Die Probanden wurden erstmals in der Mitte des zweiten Schuljahres mit einem Rechtschreibtest untersucht, im Anschluss daran jährlich, zum Teil mit dem gleichen Verfahren. Auf der einen Seite zeigten zwar alle Schülerinnen und Schüler in ihrer Entwicklung Fortschritte, auf der anderen Seite blieben die relativen Unterschiede jedoch bestehen und zwar auch, wenn eine spezifische Förderung stattfand; die Leistungen glichen sich auch nach einer Schulzeit von acht Jahren nicht an. Das heißt, dass Mitte des zweiten Schuljahrs die relative Position schon weitgehend festliegt.

Die große Bedeutung der ersten beiden Schuljahre für den Schriftspracherwerb bestätigen auch die Forscher aus dem Bereich Analphabetismus: Man kann verallgemeinernd sagen: Wer in den ersten beiden Schuljahren nicht die Grundlagen des Lesens und Schreibens erworben hat, wird in diesem Bereich auf Dauer Probleme haben. Das heißt auch, dass ein späterer Förderunterricht zwar durchaus partiell erfolgreich sein kann (vgl. Scheerer-Neumann 1979, 1996b), aber die frühe langsame Entwicklung nur selten vollständig kompensiert.

Unter diesem Aspekt ist die weitere Entwicklung der Kinder von Interesse, deren Rechtschreibleistungen am Ende des ersten Schuljahrs in Abbildung 1 dargestellt wurden. Abbildung 5 zeigt die Rechtschreibleistungen der gleichen Kinder ein halbes Jahr nach der ersten Erhebung, im Januar des zweiten Schuljahres. Aus Gründen des Gesamtanlage der Untersuchung wurde jedoch nicht die Bilderliste eingesetzt, sondern das Diktat „Lustige Sätze" aus der Untersuchung von Brügelmann (1992). Es wurden die Sätze gewählt, die eigentlich für das Ende des ersten Schuljahres konstruiert worden waren; sie sind den Wörtern der Bilderliste vergleichbar und für den gewählten Zeitpunkt eigentlich „zu leicht" (Beispiel: Meine Nase ist grün, aber auch: Lokomotiven fressen Schnee).
Gerade die Einfachheit der Wörter macht die Ergebnisse jedoch besonders interessant:
Abbildung 5 zeigt, wie erwartet, eine große Schülergruppe mit einem großen Anteil von Richtigschreibungen, daneben aber auch Kinder, die immer noch Schwierigkeiten haben, die in der Mehrzahl einfach strukturierten Wörter richtig zu schreiben.
Diese Gruppe umfasst je nach Kriterium eine Größenordnung 10-15 %.
Abbildung 5 verdeutlicht den großen Entwicklungsunterschied zu den anderen Kindern. Es ist nicht verwunderlich, dass sowohl eine innere Differenzierung im Deutschunterricht als auch zusätzliche Fördermaßnahmen in der Regel keine Angleichung an den Leistungsstand der anderen Kinder erbringen, selbst wenn sie positive Effekte haben (vgl. May 1999). Welche Alternativen gibt es?

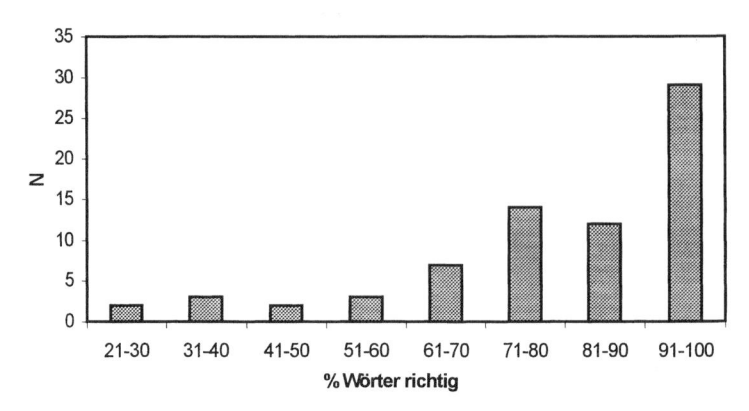

Abb. 5: Häufigkeitsverteilung des prozentualen Anteils der Mitte des zweiten Schuljahres im Diktat „lustige Sätze für das erste Schuljahr" richtig geschriebenen Wörter.

Verlängerung der Lernzeit in den ersten beiden Schuljahren?

Die „klassische" Verlängerung der Lernzeit ist die Wiederholung eines Schuljahres, das „Sitzenbleiben". Nach den derzeit gültigen Schulgesetzen ist die Klassenwiederholung im 1. Schuljahr in den meisten Bundesländern jedoch nicht vorgesehen und kann nur auf Wunsch der Eltern erfolgen. Die Wiederholung einer Klasse ist deshalb problematisch, weil das Kind seine soziale Bezugsgruppe und die vertraute Klassenlehrerin verliert und die Gefahr einer Stigmatisierung besteht. Sie ist auch nur dann erfolgreich, wenn im Erstleseunterricht der neuen Klasse auf die spezifischen Probleme des Kindes eingegangen wird; sonst scheitert das Kind leicht wieder an den gleichen Hürden (vgl. Fallbeispiel Isabell in Scheerer-Neumann, im Druck). Eine Verlängerung der Lernzeit ohne die angesprochenen Probleme ist in der altersintegrierten Eingangsstufe möglich; durch die notwendige Differenzierung bei der gemeinsamen Unterrichtung der Klassen 1 und 2 können auch Zweitklässlern noch grundlegende Lernangebote gemacht werden. Da die Hälfte der Kinder ohnedies am Ende des Schuljahres in der Klasse verbleibt, ist auch ein weiteres Jahr in der Eingangsstufe ohne Verlust der sozialen Bezugsgruppe möglich.

Vorschulische Entwicklung und Intervention

Eine Alternative zur Verlängerung der Lernzeit ist die Nutzung der Vorschulzeit, für die derzeit in der Regel kein Curriculum vorgegeben ist, obwohl ein sehr großer Teil der Kinder (etwa 90 %) den Kindergarten im Vorschuljahr besucht. Es kann nicht darum gehen, den Beginn des Erstleseunterrichts in den Kindergarten zu verlegen. Wenn aber Kinder entwicklungsbedingt bei Schulbeginn in unterschiedlichem Maße über Vorkenntnisse, Vorläuferfertigkeiten und relevante visuelle und sprachliche Kompetenzen verfügen, könnte deren gezielte Förderung im Vorschulalter einen verzögerten Schriftspracherwerb verhindern und allen Kindern bessere Startchancen geben.

Wenn man diese Grundidee akzeptiert, stellt sich die Frage, welche Bereiche im Hinblick auf eine frühe Förderung des Schriftspracherwerbs auszuwählen sind. Es gibt sicher einige Kompetenzen, deren frühe Unterstützung absolut unumstritten ist; so kann es für das Schreibenlernen nur von Vorteil sein, wenn Schulanfänger schon über eine gute feinmotorische Koordination beim Umgang mit Stiften verfügen. Für viele andere Kompetenzen muss die Frage empirisch geklärt werden: Führt die Förderung dieser Kompetenz tatsächlich zu einer schnelleren Entwicklung im Erstleseunterricht? Diese Frage ist vor allem dann sehr spezifisch zu stellen, wenn es um eine Nutzen-Kosten-Analyse geht, wobei ich mit Kosten nicht nur den finanziellen Aspekt meine, sondern auch den Aufwand, den es bedeutet, über längere Zeit ein strukturiertes Programm im Kindergarten durchzuführen.

Welche vorschulischen Erfahrungen und Kompetenzen haben eine Beziehung zum Schriftspracherwerb?

Auf der Suche nach wirksamen Faktoren kann man zunächst vorliegende Korrelationsstudien sichten, die ermittelt haben, mit welchen vorschulischen Vorkenntnissen, Kompetenzen oder Bedingungen der Erfolg im Lesen und Schreiben am Ende des ersten oder zweiten Schuljahres - oder noch später - zusammenhängt. Man stellt dann fest, dass es eine ganze Reihe von Faktoren gibt, die mit dem Lesen- und Schreibenlernen positiv korrelieren. So gibt es Zusammenhänge zwischen der späteren Lese- und Schreibleistung und den folgenden vorschulischen Kompetenzen bzw. Bedingungen:

- Vorstellung von der Funktion der Schrift (kommunikative Funktion),
- Vorstellung von dem Aufbau der Schrift (besteht aus Buchstaben, verläuft von links nach rechts; allgemein: Beziehung zwischen geschriebener und gesprochener Sprache),
- Beginnende Fähigkeiten zur Gliederung der gesprochenen Sprache (z.B. Gliederung in Sprechsilben, Heraushören von Anfangslauten, Reimerkennen, allgemein: phonologische Bewusstheit),
- Anzahl der bekannten Buchstaben,
- Anzahl der Wörter, die schon gelesen/geschrieben werden können,
- Allgemeine Sprachentwicklung,
- Wortschatz,

- Anzahl der Stunden, die Kinder mit Erwachsenen beim Vorlesen aus Kinderbüchern oder Bilderbuchbetrachten verbringen,
- Anzahl der Bücher zu Hause,
- Lese-Vorbildverhalten der Eltern (vor allem Mutter).

Diese Liste könnte noch fortgesetzt werden. Interessanterweise ist die Korrelation mit visuellen Fähigkeiten eher gering. Offensichtlich verfügen fast alle Schulanfänger über ausreichende Fähigkeiten in der visuellen Diskrimination. Ausgenommen hiervon ist das Problem der Unterscheidung zwischen spiegelbildlichen Mustern, das sich später vor allem als d-b-Verwechslung wiederfindet. Die Unterscheidung spiegelbildlicher Muster fällt aber zunächst allen Vorschulkindern schwer; es muss ihnen auch bewusst werden, dass für einige Buchstaben die Raumlage definierend ist.

Bei welchen Faktoren könnte eine vorschulische Förderung sinnvoll ansetzen? Schauen wir uns die obige Liste der Faktoren an, so ist ein Ausschluss schon auf den ersten Blick möglich: Es ist zu vermuten, dass die Anzahl der Bücher im Elternhaus keinen **direkten** Einfluss ausübt, sondern ein Indikator für die Literalität des Elternhauses ist. Man würde also keinen Effekt erzielen, indem man einfach eine Ladung Bücher nach Hause bringen ließe. Schwieriger ist die Beurteilung anderer Variablen: Hat das gemeinsame Bilderbuchbetrachten einen direkten Einfluss auf die Lesefähigkeit, d.h. kann man mit Programmen, die diese Aktivität mit den Eltern einüben, die Leseleistungen am Ende des 1. Schuljahrs steigern? Es gibt Untersuchungen aus den USA, die erstaunlicherweise zeigen, daß dies nicht der Fall ist (Snow 1994). Dagegen fördert das gemeinsame Betrachten bzw. Vorlesen eines Bilderbuchs die **sprachliche Entwicklung** der Kinder, vor allem wenn die Situation wirklich interaktiv ist. Es entsteht also auf jeden Fall ein positiver Effekt, wenn auch nicht der erwartete lesespezifische. Es ist auch zu vermuten, dass interaktives Bilderbuchbetrachten einen motivationalen Einfluss hat, der sich vielleicht erst nach einigen Jahren zeigen wird.

Erstaunlich sind auch die Ergebnisse zur Buchstabenkenntnis: Obwohl die Anzahl der bekannten Buchstaben die Variable ist, die das Lesenlernen im ersten Schuljahr mit am besten vorhersagt, hilft ein Interventionsprogramm nur wenig: Wenn nur Buchstaben und ihre Namen bzw. Laute eingeübt werden, ohne dass die Beziehung zum Lesen verdeutlicht wird, hat dies kaum einen Effekt auf das nachfolgende Lesenlernen. Die spontane vorschulische Buchstabekenntnis ist offensichtlich - ähnlich wie die Anzahl der Bücher im Elternhaus - auch nur ein Indikator für einen oder mehrere andere Faktoren, die mit Lesen tatsächlich in einem Wirkungszusammenhang stehen. Welches sind die tatsächlich relevanten Kompetenzen oder Vorkenntnisse?

Phonologische Bewußtheit und Lesenlernen

Die derzeitige Forschung zeigt hier eine seltene Einmütigkeit: Als entscheidende Kompetenz für den Schriftspracherwerb gilt die *phonologische Bewusstheit* (Marx 1992; Wimmer, Landerl & Schneider 1994, vgl. aber mit anderer Terminologie schon Kossakowski 1961 und Schmalohr 1968). Damit sind allgemein analytische Fähigkeiten zur Gliederung der gesprochenen Sprache in kleinere Bausteine, vor allem Laute, gemeint, aber im weiteren Sinne auch das Erkennen von Reimen, Gliedern vorgesprochener Wörter in Silben etc. In diesem Bereich gibt es sowohl korrelative Studien als auch Interventionsstudien, die zeigen, dass Kinder durch ein vorschulisches Training besser auf den Schriftspracherwerb vorbereitet werden können (Schneider et al. 1998, s.u. S.). Offensichtlich ist es für den Lese- und Schreibanfänger vor allem entscheidend, das *alphabetische Prinzip* unserer Schriftsprache zu verstehen und mit Sprache in ihrer Lautstruktur umgehen zu können. Obwohl unsere Orthographie neben dem alphabetischen Prinzip auch andere wichtige Prinzipien verkörpert, ist die Einsicht und der Umgang mit der grundlegenden Korrespondenz zwischen „Sprechschema" und „Schreibschema", wie sie in den folgenden Beispielen verdeutlicht wird, entscheidend für den Schriftspracherwerb.

Bedeutungsebene

Lautebene   / b u s /

Buchstabenebene*   < B u s >

Bedeutungsebene

Lautebene   / k u: /

Buchstabenebene*   < K u h >

Bedeutungsebene

Lautebene   / m u t a /

Buchstabenebene*   < M u tt er >

Obgleich nur im ersten Beispiel eine 1:1 - Korrespondenz zwischen der Anzahl der Laute und der Anzahl der Buchstaben besteht, wird in allen Beispielen die prinzipielle Korrespondenz zwischen der gesprochenen und der geschriebenen Sprache im Deutschen sichtbar, die im Vergleich zu logographischen Schriften wie dem Chinesischen ein sehr schnelles Lesen- und Schreibenlernen ermöglicht.

Die vorgestellten Beispiele belegen aus der Sicht des Lerngegenstandes die zentrale Bedeutung phonemanalytischer Kompetenzen, die eine Nutzung der besprochenen Korrespondenz erst ermöglichen. Sie erklären noch nicht, warum diese Fähigkeiten offensichtlich nicht sehr leicht erworben werden; wäre dies der Fall, könnten Kinder mit Entwicklungsverzögerungen ihr Defizit sehr schnell aufholen.

Die Ursachen für die Schwierigkeiten sind zweifach:
Vorschulkinder achten vor allem auf die Bedeutung von Wörtern und weniger auf die sprachlich-formale Seite. Bosch entwickelte schon in den dreißiger Jahren des Jh. eine Aufgabe, um „die Komplexbestimmtheit des kindlichen Verhaltens in Dingen der Sprache" zu untersuchen (wir würden heute von der „Untersuchung des sprachanalytischen oder metasprachlichen Entwicklungsstandes" sprechen). Auf die Frage: „Welches Wort ist länger: Kuh oder Piepvögelchen?" antworten die Kinder, die noch ganz in der Bedeutung der Wörter verhaftet sind „Piepvögelchen" (Bosch 1937, S. 82). Ich habe selbst beobachtet, wie erstaunt ein langsam lesen- und schreibenlernender Junge noch im zweiten Schuljahr darüber war, dass ein so großes Gefährt wie „Bus" nur mit drei Buchstaben geschrieben wird!

Neben der Fokussierung der Bedeutung eines Wortes, die zunächst andere Zugänge verstellt, gibt es einen weiteren Grund, warum die Phonemanalyse für Schulanfänger eine so hohe Hürde darstellt. Diese liegt in der Sprache selbst. Während gesprochene Wörter recht gut in Silben gegliedert werden können (die Gliederung Re-gen-bo-gen gelingt den meisten Vorschulkindern), ist die Lautanalyse sehr viel schwieriger, weil die Laute innerhalb der Silben akustisch und artikulatorisch ineinander übergehen, also wirklich miteinander „verschmolzen" sind; *es gibt beim Wort „Fisch" keinen Zeitpunkt, bei dem das /f/ schon zu Ende wäre und das /i/ nicht schon angefangen hätte.* Wir sprechen hier von der „Koartikulation" der Laute innerhalb von Silben. Die Analyse eines Wortes in seine Lautbestandteile entspricht also nicht einer linearen Abtrennung - wie die korrespondierenden Buchstaben, die ja jeder für sich stehen, nahelegen könnten. Gefordert ist dagegen eine echte Analyse der Laute aus einer größeren komplexen Einheit.

Ohne Zweifel ist es eine Aufgabe des Erstleseunterrichts die phonologische Bewusstheit bei Kindern zu entwickeln. Er tut dies auch: Die phonemanalytischen Fähigkeiten der Kinder steigen im Laufe des ersten Schuljahres steil an. Gewisse Vorläuferfähigkeiten scheinen aber notwendig zu sein, damit das Lernangebot auch effektiv genutzt werden kann. Anders sind die massiven Befunde zur Beziehung zwischen vorschulischer phonologischer Bewusstheit und Schriftspracherwerb, die in den letzten Jahren in vielen Ländern mit alphabetischen Schriftsystemen erhoben wurden, nicht zu erklären.

Im deutschen Sprachraum hat in den letzten Jahren die Bielefelder Längsschnittstudie die umfassendsten Daten geliefert. Es wurde ein vorschulisches Verfahren entwickelt, das „Bielefelder Screening zur Früherkennung von Lese-Rechtschreibschwierigkeiten (BISC)", bei dem Kinder vorwiegend phonologische Aufgaben zu bearbeiten haben, wie z.b. Laute aus Wörtern herauszuhören („Hörst du ein /ei/ in /Eimer/?"), Reime zu erkennen, lange Wörter nachzusprechen, die Farben von abgebildeten Gegenständen zu benennen. Daneben gibt es auch eine Aufgabe zur visuellen Aufmerksamkeit (Jansen et al. 1999). Die Korrelationskoeffizienten zwischen der Leistung im BISC 10 Monate vor Schulbeginn und der Lese- und Rechtschreibleistung am Ende des zweiten Schuljahrs liegen bei .60 und sind damit höher als der Zusammenhang mit dem Wert aus einem nichtsprachlichen Intelligenztest (r = 32). Wichtig ist, dass auch eine recht erfolgreiche Kategorisierung möglich ist; Tabelle 1 gibt die Vorhersage nach den kombinierten Werten aus zwei BISC-Untersuchungen (November und Juni des Vorschuljahres), sowie die kategorialen Leistungen der Kinder im Lesen oder Schreiben wieder. Als Minderleistung wurden etwa die unteren 15% der Lese- *oder* Rechtschreibleistungen gewertet.

	Vorhersage richtig	Vorhersage falsch
Vorhersage Minderleistung	20	6
Vorhersage keine Minderleistung	121	6

Tab. 1: Vorhersage (BISC) und Eintreffen einer Minderleistung im Lesen oder Rechtschreiben am Ende des ersten Schuljahrs (nach Marx et al. 1993)

Obwohl die Vorhersagen nicht vollständig zutreffen, sind die Daten sehr eindrucksvoll. Sehr wahrscheinlich sind phonologische Bewusstheit und visuelle Aufmerksamkeit gute Prädiktoren für den Schriftspracherwerb, weil tatsächlich eine kausale Verknüpfung besteht. Da aber - wie wir vorhin an einigen Beispielen schon gesehen haben- auch bei signifikanten Korrelationen der Wirkungszusammenhang noch nicht eindeutig nachgewiesen ist, bleibt jetzt noch zu zeigen, dass eine vorschulische Förderung der phonologischen Bewusstheit auch tatsächlich die spätere Lese- und Schreibleistung beeinflusst.

Das Training der phonologischen Bewusstheit im Vorschulalter

Es gibt international eine ganze Reihe von Studien mit positiven Befunden. Da die Übertragbarkeit durch die spezifischen Merkmale der verschiedenen Schriften und die unterschiedlichen Schulsysteme nicht unbedingt gegeben ist, soll hier nur über ein deutsches Projekt berichtet werden, das von Herrn Prof. Schneider und Mitarbeiterinnen in Würzburg und Umgebung durchgeführt wird. Schneider et al. (1997) haben das Programm von Lundberg, Frost & Peterson (1988) für Vorschulkinder aus dem Dänischen ins Deutsche übertragen. Das Programm ist für ein sechsmonatiges Training im Vorschuljahr angelegt und besteht bei täglichen kurzen Übungen (etwa 10-15 Minuten) in Kleingruppen aus insgesamt sechs unterschiedlichen didaktischen Einheiten (Küspert & Schneider 1999). Der Einstieg erfolgt über die Identifikation von Umweltgeräuschen. Die sprachanalytischen Aufgaben beginnen mit der Identifikation von Reimen und der eigenen Reimproduktion. Daran schließt sich eine Einheit an, die sich mit dem Erkennen von Wörtern und Sätzen befasst. Die vierte Übungseinheit hat die Identifikation von Silben innerhalb von Wörtern zum Ziel. Erst die beiden letzten Einheiten befassen sich mit einzelnen Lauten: Es müssen Anfangslaute erkannt und unter Bildung eines „Wortrestes" weggelassen werden (z.B. /brot/ zu /rot/). In der letzten Einheit werden bereits die Phonemanalyse und -synthese geübt, die schon ein sehr hohes sprachanalytisches Niveau erfordern und - auch wenn sie ohne Buchstaben durchgeführt werden - bereits unmittelbar Teilprozesse des späteren Lesens und Schreibens beinhalten.
Im ersten Durchgang (Schneider et al. 1994) war das Training insgesamt nur mäßig erfolgreich; eine genauere Analyse ergab jedoch eine starke Abhängigkeit des Trainingserfolgs von der Genauigkeit und Gründlichkeit des Trainingsverlaufs. Die Kinder aus den Kindergärten, in denen das Training motiviert und konsequent bis zum Ende durchgeführt worden war, zeigten nicht nur in den Aufgaben des Nachtests zur phonologischen Bewusstheit bessere Leistungen, sondern auch einen leichten Transfer auf den Anfangsunterricht. Eine zweite, vor allem in der Supervision verbesserte Studie (Schneider et al. 1997), war recht erfolgreich: Der Leistungsvorsprung beim Schriftspracherwerb war bei den geförderten Kindern auch nach zwei Schuljahren noch deutlich zu sehen.

Nun stellt sich natürlich die Frage, ob alle Kinder gleichermaßen vom Training profitiert haben. Es sind unterschiedliche differenzielle Effekte denkbar:
Es wäre ein vorwiegend kompensatorischer Effekt möglich, d.h. eine Annäherung der leistungsschwächeren an die schon weiter entwickelten Kinder durch das Training, aber auch ein Entwicklungsschub zugunsten der im Vorfeld phonemanalytisch kompetenteren Kinder, der eine weitere Öffnung der Leistungsschere zur Folge hätte. Schließlich wäre auch eine parallele Entwicklung denkbar, sichtbar an den gleichen Differenzen zwischen den Gruppen nach dem Training - jetzt aber

auf einem höheren Niveau. Um diese Fragen zu klären wurde eine differenzierte Analyse des Trainingseffekts durchgeführt, in dem je nach erreichter Leistung im Vortest zur Phonemanalyse im Vorschuljahr die Probanden einer der folgenden Kategorien zugeordnet wurden (Schneider et al. 1998):
Als „Risikokinder" galten die Kinder des unteren Quartils, als „leistungsstark" die Kinder des obersten Quartils; die anderen Kinder wurden der Kategorie „durchschnittlich" zugeordnet.
Die Ergebnisse der Leistungen in den phonemanalytischen Aufgaben nach dem Training ergab eine Erhöhung der entsprechenden Kompetenzen bei *allen drei Leistungsgruppen*; weiterhin war aber auch eine Annäherung der „Risikokinder" an die „durchschnittlich" leistungsstarken Kinder zu beobachten. Besonders interessant ist das Ergebnis auch im Hinblick auf die Lese- und Rechtschreibleistungen nach zwei Schuljahren: In der Lesegeschwindigkeit bestand zwischen den drei Gruppen kein signifikanter Unterschied; beim Rechtschreiben war die ursprünglich „leistungsstarke" Gruppe den beiden anderen überlegen; diese unterschieden sich jedoch nicht voneinander. Die „Risikogruppe" erreichte im Vergleich mit einer nicht-trainierten unausgelesenen Stichprobe sogar durchschnittliche Werte. Dieser letzte Befund ist für die Belange der Frühförderung besonders wichtig.

Meine Überlegungen und Daten zu Beginn dieses Beitrags haben ja gerade deutlich gemacht, dass ein Handlungsbedarf vor allem für die Gruppe der Kinder besteht, deren metasprachliche Entwicklung zu Beginn des ersten Schuljahrs verzögert ist.

Doch eine Vorverlegung des Erstleseunterrichts in den Kindergarten?

Nun haben amerikanische Untersuchungen gezeigt, dass Übungen zur Phonemanalyse im Kindergarten dann für den späteren Schriftspracherwerb noch effektiver sind, wenn sie nicht nur mit Lauten operiert wird, sondern auch Buchstaben eingeführt werden (Hohn & Ehri 1983). Schneider et al. (im Druck) konnten dieses Ergebnis in jüngster Zeit bestätigen. Es macht Sinn, weil Laute durch ihre visuelle Repräsentation in Buchstaben leichter fassbar werden und auch ihre Funktion bezüglich der Schriftsprache verdeutlicht wird. Traditionell „gehören" in Deutschland Buchstaben nicht in den Kindergarten; das Erlernen der Schriftsprache bleibt der Schule vorbehalten.
Bahnt sich hier ein Wandel an und sollte er unterstützt werden? Eine Diskussion unter Berücksichtigung der neuen Forschungsergebnisse ist sicher sinnvoll. Es kann aber nicht nur um die Frage gehen, wie sich Kindergarten und Schule bestimmte Lerninhalte aufteilen, sondern auch um prinzipielle Erwägungen zum Schulanfang; vielleicht könnte uns ein Aufheben der in Deutschland institutionell starren Trennung zwischen Vorschulerziehung und Schule einer Antwort auf die angesprochen Fragen näher bringen.

Literatur

Bosch, B. (1937). Grundlagen des Erstleseunterrichts. Beihefte zur Zeitschrift für angewandte Psychologie und Charakterkunde, Beiheft 76.

Brügelmann, H. (1992). Schreibvergleich BRDDR. Unveröffentlichtes Manuskript. Universität Bremen.

Dummer, L. (1993). Die Diagnostische Bilderliste. Kiel: Veris Verlag.

Dummer, L.; Brügelmann, H. (1987). Vom >3lft< zum >Elefat>: Was heißt hier Leseschwäche? In: Balhorn, H.; Brügelmann, H. (Hrsg.), Welten der Schrift in der Erfahrung der Kinder. Konstanz: Faude, S. 110-121.

Hohn, W.E.; Ehri, L. (1983). Do Alphabet Letters Help Prereaders Acquire Phonemic Segmentation Skill? In: Journal of Educational Psychology (1983), S. 752-762.

Jansen, H.; Mannhaupt, G.; Marx, H.; Skowronek, H. (1999). Bielefelder Screening zur Früherkennung von Lese-Rechtschreib-Schwierigkeiten (BISC). Göttingen usw.: Hogrefe.

Klicpera, Chr.; Gasteiger-Klicpera, B. (1993). Lesen und Schreiben. Entwicklung und Schwierigkeiten. Bern usw.: Hans Huber.

Kossakowski, A. (1961). Wie überwinden wir die Schwierigkeiten beim Lesen- und Schreibenlernen, insbesondere bei Lese-Rechtschreib-Schwäche? Berlin: Volk und Wissen.

Küspert, P.; Schneider, W. (1999). Hören-Lauschen-Lernen: Sprachspiele für Kinder im Vorschulalter. Göttingen: Vandenhoeck & Ruprecht.

Lundberg, I.; Frost, I.; Peterson, O. P. (1988). Effects of an Extensive Program for Stimulating Phonological Awareness in Preschool Children. In: Reading Research Quarterly, 23 (1988), S. 263-284.

Marx, H. (1992). Vorhersage von Lese-Rechtschreibschwierigkeiten in Theorie und Anwendung, Unveröffentlichte Habilitationsschrift. Universität Bielefeld: Fakultät für Psychologie und Sportwissenschaft.

Marx, H.; Jansen, H.; Mannhaupt, G.; Skowronek, H. (1993). Prediction of difficulties in reading and spelling on the basis of the Bielefeld Screening. In: Grimm, H.; Skowronek, H. (Hrsg.), Language acquisition problems and reading disorders: Aspects of diagnosis and intervention. Berlin & New York: Walter de Gruyter, S. 219-241.

May, P. (1999). Merkmale des (Förder-)Unterrichts und Lernerfolg im Rechtschreiben. In: Giest, H.; Scheerer-Neumann, G.: Jahrbuch Grundschulforschung, Band 2, S. 266 – 283. Weinheim; Beltz. Deutscher Studienverlag.

Scheerer-Neumann, G. (1979). Intervention bei Lese-Rechtschreibschwäche: Überblick über Theorien, Methoden und Ergebnisse. Bochum: Kamp.

Scheerer-Neumann, G. (1989). Rechtschreibschwäche im Kontext der Entwicklung (1989). In: Naegele, I.; Valtin, R. (Hrsg.). LRS in den Klassen 1-10. Weinheim: Beltz, S. 25-35.

Scheerer-Neumann, G. (1996). Der Erwerb der basalen Lese- und Schreibfertigkeiten. In: Günther, H.; Ludwig, O. (Hrsg.). Schrift und Schriftlichkeit - Writing and ist Use. Berlin, New York: Walter de Gruyter, S. 1153-1169.

Scheerer-Neumann, G. (1996). Störungen des Erwerbs der Schriftlichkeit bei alphabetischen Schriftsystemen. In: Günther, H.; Ludwig, O. (Hrsg.). Schrift und Schriftlichkeit - Writing and ist Use. Berlin, New York: Walter de Gruyter, S. 1329-1351.

Scheerer-Neumann, G. (1998). Die Entwicklung der Schreibkompetenz in altersgemischten Klassen an „Kleinen Grundschulen" Brandenburgs. In: Waldmann, E.; Schulz, B.; Sommer, D. (Hrsg.). Entwicklung und Erprobung der Qualitätssicherung Kleiner Grundschulen in Brandenburg. Band 1 und 2. Abschlussbericht des BLK-Modellversuchs. Pädagogisches Landesinstitut Brandenburg, Band 2, Teil 6, S. 1-19.

Scheerer-Neumann, G. (im Druck). Förderdiagnostik beim Lesenlernen. In: Naegele, I.; Valtin, R. Weinheim: Beltz.

Scheerer-Neumann, G. (im Druck). Die Entwicklung der Schreibkompetenz an „Kleinen Grundschulen". In: Jahrbuch Grundschulforschung, Band 3.

Schmalohr, E. (1968). Zur akustischen Durchgliederungsfähigkeit als Voraussetzung des Lesenlernens bei 4-6jährigen Kindern. In: Schule und Psychologie, 10 (1968), S. 295-303.

Schneider, W.; Visé, M.; Reimers, P.; Blaesser, B. (1994). Auswirkungen eines Trainings der phonologischen Bewußtheit auf den Schriftspracherwerb in der Schule. Zeitschrift für Pädagogische Psychologie, 8 (1994), S. 177-188.

Schneider, W.; Reimers, P.; Roth, E.; Visé, M.; Marx, H. (1994). Short- and Long-term Effects of Training Phonological Awareness in Kindergarten: Evidence from Two German Studies. In: Journal of Experimental Child Psychology, 66 (1997), S. 311-340.

Schneider, W.; Roth, E.; Ennemoser, M. (im Druck). Training phonological skills and letter knowledge in children at risk for dyslexia: A comparison of three kindergarten intervention programs. Journal of Educational Psychology.

Schneider, W.; Roth, E.; Küspert, P.; Ennemoser, M. (1998). Kurz- und langfristige Effekte eines Trainings der sprachlichen (phonologischen) Bewußtheit bei unterschiedlichen Leistungsgruppen: Befunde einer Sekundäranalyse. Zeitschrift für Entwicklungspsychologie und Pädagogische Psychologie, 30 (1998), S. 26-39.

Snow, C. E. (1994). Enhancing Literacy: Programs and Research Perspectives. In: Dickinson, D. (Ed.), Bridges to Literacy. Children, Families and Schools. Cambridge, Mass.: Blackwell.

Spitta, G. (1985). Kinder schreiben eigene Texte. Klasse 1 und 2. Bielefeld: Cornelsen.

Stanovich, K., E. Matthew effects in reading: Some consequences of individual differences in the acquisition of literacy. In: Reading Research Quarterly, 21 (1986), S. 360-407.

Waldmann, E.; Schulz, B.; Sommer, D. (1998). Entwicklung und Erprobung der Qualitätssicherung Kleiner Grundschulen in Brandenburg. Band 1 und 2. Abschlussbericht des BLK-Modellversuchs. Pädagogisches Landesinstitut Brandenburg.

Weinert, F. E.; Stefanek, J. (1997). Ergebnisse aus dem SCHOLASTIK-Projekt. In: Weinert, F. E.; Helmke, A.: Entwicklung im Grundschulalter. Weinheim: Beltz, Psychologie Verlags Union, S. 423-451.

Wimmer, H.; Landerl, K.; Schneider, W. (1994). The role of rhyme awareness in learning to read a regular orthography. British Journal of Developmental Psychology, 12 (1994), S. 469-484.

Herbert Goetze

Spieltherapie mit risikobelasteten Vorschulkindern

In diesem Beitrag soll von der Spieltherapie bei Risikokindern im Vorschulalter berichtet werden. Zunächst wird einiges zu den theoretischen und methodischen Grundlagen der Spieltherapie ausgesagt, anschließend werden kritische Fragen zur Einbeziehung der Spieltherapie in die Frühförderung im Vorschulbereich gestellt und einige Umsetzungsperspektiven eröffnet.

Theoretische Grundlagen der Spieltherapie

Es gibt unterschiedliche theoretische Zugänge zur Spieltherapie, so etwa psychoanalytische, individualpsychologische, kognitivistisch-handlungsorientierte. Ich favorisiere die Spieltherapie, die in Anlehnung an das Therapiekonzept von Carl Rogers (1942, 1952, 1978) als „personenzentrierte Spieltherapie" bezeichnet wird. Damit ist ein kindertherapeutisches Verfahren angesprochen, das auf dem Hintergrund des personenzentrierten Ansatzes von Carl Rogers (1978) Kindern / Jugendlichen zu vermehrter Selbstanpassung unter Einbeziehung des kindlichen Spiels bei professioneller Anleitung verhelfen soll.

Eine wesentliche Grundlage des zugrundeliegenden personenzentrierten Ansatzes ist die Annahme, dass jeder Mensch prinzipiell zur Selbststeuerung und Selbstverwirklichung in der Lage ist, wenn er für ihn wichtige - positive wie negativ gefärbte - Erfahrungen angstfrei zulassen kann. Erfahrungslernen ist nach Rogers ein Lernen des ganzen Organismus, in das kognitive, emotionale und handlungsbezogene Aspekte eingehen, an dem also nicht nur der Kopf beteiligt ist, sondern der ganze Mensch.

Ob ein Lernvorgang für das Individuum wichtig ist, wird also der Organismus anzeigen, denn der Organismus trachtet inhärent danach, humane Bedürfnisse wie z.B. nach Zärtlichkeit, Sexualität, Orientierung, Wissen, Können, Anerkanntwerden, zu befriedigen. Die Wechselwirkung zwischen Organismuserfahrungen einerseits und sozialen und physischen Umweltbedingungen andererseits führt zur Entwicklung des Selbstkonzeptes, das zwar in sich zeitlich konsistent ist, aber sich mit veränderten Bedingungen des Organismus (vgl. Körperbehinderung) oder der Umwelt (z. B. ungenügende Lernanreize) auch wandeln kann. Ein „gestörtes Selbstkonzept" liegt nach Rogers dann vor, wenn Potentiale des Selbst nicht (mehr) realisiert werden können, wenn ein Mensch sich also aufgrund innerer

Blockierungen in seinen Entfaltungsmöglichkeiten beschränkt sieht. Dann lassen fremdbestimmte Wahrnehmungen das ursprüngliche Erleben des eigenen Organismus nicht mehr zu. Dieser Vorgang der Fehlanpassung lässt sich in unserer Gesellschaft an einem großen Teil mitmenschlicher Interaktionen in Familie, Schule, Betrieb, Staat nachweisen. So ist vorschulisches Lernen häufig dadurch gekennzeichnet, dass den Kindern fremdbestimmte Lernziele abverlangt werden; ursprüngliche Organismuserfahrungen des Vorschulkindes, die sich in motorischer Unruhe, emotional-ausagierendem Verhalten, aber auch im zeitweiligen Rückzug äußern, werden von Erwachsenen leicht als Verhaltensauffälligkeiten missverstanden und etikettiert, weil die Ursache des störenden Verhaltens nicht erkannt wird. Zum inzwischen empirisch gut abgesicherten Wissen gehört, dass solche Vorgänge der Fehlanpassung langfristig zu einer gestörten Selbstwahrnehmung und langfristig zu einem gestörten Selbstkonzept führen und gravierende Auswirkungen für die Lern- und Leistungsbereitschaft in der weiteren schulischen Laufbahn des Kindes haben können (vgl. dazu auch die Arbeiten von Tausch & Tausch 1956, 1978, 1979).

Das Ziel jeder Spieltherapie ist es, solchen inneren Fehlanpassungen des Vorschulkindes entgegenzutreten, sie zu mildern bzw. sie optimalerweise zugunsten einer optimalen Entwicklungsförderung durch freisetzende Bedingungen zu ersetzen.

Allgemein hilfreiche therapeutische Bedingungen sind von Rogers (1978) sowie Tausch & Tausch (1979) herausgearbeitet und ausformuliert worden. Diese Bedingungen sind generell auf die pädagogische Arbeit mit Vorschulkindern zu übertragen, stellen aber auch die Basis für die Spieltherapie dar.

Bei den hilfreichen therapeutischen Bedingungen handelt es sich um die folgenden drei Haltungen:

1. *Echtheit, Unverfälschtheit, Transparenz* als enger Entsprechung oder Kongruenz zwischen dem körperlichen Erleben, den Bewusstseinsinhalten und den Mitteilungen an den Klienten durch den Helfer (Rogers 1978, S. 20). Kongruenz bedeutet, dass der Therapeut seine Beziehung zum Kind persönlich sein lässt, dass er also versucht, er selbst zu sein, ohne eine äußere Fassade wichtig werden zu lassen. Dazu gehört auch, dass der Therapeut seine eigenen Gefühle akzeptiert und versteht, auch wenn sie ihm Schwierigkeiten machen.
Sind Erwachsene nicht zu dieser Fassadenlosigkeit in der Lage, tun vielmehr so, als ob sie sich echt verhielten und verhalten sich z.B. freundlich, wenn ihnen danach nicht zumute ist, dann durchschauen Kinder „dieses falsche Spiel" und reagieren entsprechend, z.B. auf ablehnende Art auf diese falsche profes-

sionelle Rolle, die ihnen präsentiert wird. Ein Kind sagte einmal zu mir: „Sie sind gar kein Lehrer, sie sind ja ein richtiger Mensch."

2. *Akzeptanz, Anteilnahme, Wertschätzung des Kindes*: Warme Herzlichkeit und Akzeptanz des Kindes als eines Menschen, der in Not ist, sind Grundvoraussetzungen, ohne die eine Therapie nicht wirksam werden kann. Der Therapeut hat dem Kind als einem Mitmenschen Respekt zu zollen und ihm mit Menschenwürde zu begegnen. Diese bedingungslose Akzeptanz bezieht sich also auf die Person und das Wesen des Kindes, nicht unbedingt auf seine Verhaltensweisen, die für ihn und andere durchaus unakzeptabel sein können. Die grundlegende These lautet also: „Ich akzeptiere dich so, wie du bist" und nicht etwa „Ich akzeptiere alles, was du tust"; bedingungslose Akzeptanz käme demnach nicht in einer Einstellung wie dieser zum Ausdruck: „Ich akzeptiere dich, wenn du ...", denn in diesem Konditionalsatz wird die Abwesenheit der Bedingungsfreiheit ausgedrückt.

3. *Empathisches, einfühlendes Verstehen des Kindes*, d.h. „dass der Therapeut die Gefühle und persönlichen Bedeutungsgehalte, die von dem Klienten erfahren werden, genau spürt und dieses Verständnis dem Klienten kommuniziert" (Rogers 1978, S. 21). Es geht also um das Verständnis für den internen Bezugsraum des Kindes. Wenn sich ein Kind nicht verstanden fühlt, kann es sich in der Therapie nicht entwickeln, sich nicht frei fühlen, um z.B. Grenzen auszutesten, sich seinen Ängsten nicht stellen und sich nicht in gewagte Gefilde vorwagen. Diese Verständnisbedingung ist also Basis für jede therapeutische Veränderung. Verständnis für normal entwickelte Kinder aufzubringen, ist mitunter nicht so einfach, wie man annehmen könnte, denn Erwachsene weisen eine größere Altersdifferenz zu ihrer eigenen Kindheit von mehreren Jahrzehnten auf. Umso schwerer kann das Verständnis für das Erleben und Verhalten von Kindern sein, die in Schwierigkeiten sind und u.U. bizarres Verhalten zeigen. Und doch ist diese sensible Empathie, das sensible Verstehen eine Grundvoraussetzung dafür, mit dem Kind in einen engeren Kontakt zu treten und seine Realität zu erkennen. Verstehen wird allerdings weder durch Fragen, noch durch Werturteile oder Anweisungen signalisiert. Der Therapeut versucht vielmehr, sehr intensiv voll mit dem in Einklang zu sein, was das Kind erlebt und im jeweiligen Moment ausdrückt.

Diese drei Grundbedingungen sind für die Spieltherapie durch weitere Merkmale zu ergänzen, die den besonderen Kontext betreffen (Landreth 1991). Dazu gehören die Bereitschaft zum Mitspielen, die Herstellung eines kindangemessenen Angebotes in Form von Material, das Sich-Einbringen des Helfers und weitere, auf das Kind zugeschnittene Hilfen (zum Beispiel Rollenspiele).

In die Spieltherapie geht nun die Annahme ein, dass es bei hinreichender Verwirklichung dieser Haltungen bzw. Qualitäten des Helfers zu bestimmten Änderungen im kindlichen Klienten kommen wird. Diese Änderungen sollen teilweise äußerlich beobachtbar und damit registrierbar sein, sich vor allem in einer veränderten Wahrnehmung, Einstellung und sozial-emotionalen Ansprechbarkeit des Kindes manifestieren. Ziele der Spieltherapie werden damit sein, neue Verhaltens- und Erlebensmöglichkeiten und damit Selbsterfahrungen anzubieten.

Das Prozessmodell der personenzentrierten Spieltherapie

Soeben wurde angesprochen, dass in der Spieltherapie bestimmte Prozesse durchlaufen werden, soll sie das Kind zu vermehrter Anpassung an die eigenen Möglichkeiten im sozialen Kontext führen. An anderer Stelle (Goetze 1981) habe ich den Versuch unternommen, wichtige Prozessstadien der Spieltherapie theoretisch fundiert zu beschreiben. Danach lassen sich die folgenden Prozessstadien unterscheiden:

- *Non-personales Stadium*

Im non-personalen Stadium ist die Beziehung zwischen den Beteiligten (noch) unpersönlich, distanziert. Gefühlsmäßige Vorgänge können (noch) nicht sensitiv aufgenommen und verarbeitet werden. Es gibt jedoch eine starke Motivation, dieses non-personale Stadium baldmöglichst zu verlassen (positives Beispiel: persönliche Einführung in eine Gruppe durch Namenspiele: negatives Beispiel: Behandlung auf „Ämtern", Vertretungsunterricht in Schulen).

- *Non-direktives Stadium*

Hier bekommt der Klient das Gefühl für die eigenen Möglichkeiten in einer Atmosphäre der Freiheit, die durch den Helfer geschaffen wird.
Dieses non-direktive Stadium ist bisher durch Axline (dt. 1972, S. 73 ff) am besten beschrieben worden.
Axline führte in ihrer Veröffentlichung die folgenden Prinzipien an:
1. Die Gestaltung der Beziehung: „Der Therapeut muß eine warme, freundliche Beziehung zum Kind aufnehmen, die sobald wie möglich zu einem guten Kontakt führt".
2. Die vollständige Annahme des Kindes: „Der Therapeut nimmt das Kind ganz so an, wie es ist."
3. Das Herstellen eines Klimas des Gewährenlassens: „Der Therapeut gründet seine Beziehung zum Kind auf eine Atmosphäre des Gewährenlassens, so daß das Kind all seine Gefühle frei und ungehemmt ausdrücken kann."
4. Das Erkennen und Reflektieren von Gefühlen: „Der Therapeut ist wachsam, um die Gefühle, die das Kind ausdrücken möchte, zu erkennen und reflektiert

sie auf eine Weise auf das Kind zurück, daß es Einsicht in sein eigenes Verhalten gewinnt."
5. Die Achtung vor dem Kind: „Der Therapeut achtet die Fähigkeit des Kindes, mit seinen Schwierigkeiten selbst fertig zu werden, wenn man ihm Gelegenheit dazu gibt, eine Wahl im Hinblick auf sein Verhalten zu treffen. Der Entschluß zu einer Wandlung und das In-Gang-Setzen einer Veränderung sind Angelegenheiten des Kindes."
6. Wegweisung durch das Kind: „Der Therapeut versucht nicht, die Handlungen oder Gespräche des Kindes zu beeinflussen. Das Kind weist den Weg, der Therapeut folgt ihm."
7. Nicht-Beschleunigung: „Der Therapeut versucht nicht, den Gang der Therapie zu beschleunigen. Es ist ein Weg, der langsam Schritt für Schritt gegangen werden muß, und der Therapeut weiß das."
8. Begrenzungsprinzip: „Der Therapeut setzt nur dort Grenzen, wo diese notwendig sind, um die Therapie in der Welt der Wirklichkeit zu verankern und um dem Kind seine Mitverantwortung an der Beziehung zwischen sich und dem Kind klarzumachen."

Dieses non-direktive Stadium stellt die eigentliche Basis für jede Spieltherapie dar. Das Kind kann unter diesen extrem freiheitlichen Bedingungen die Spielumgebung und die Person der Helferperson explorieren, die Helferperson wiederum lernt Stärken und Schwächen des Kindes während des Beziehungsaufbaus kennen. Im Mittelpunkt steht eindeutig die Erlebnis- und Erfahrungswelt des Kindes, nicht dagegen diagnostische oder technische Detailplanungen.

- *Klientenzentriertes Stadium*
Dieses Stadium ist vor allem dadurch gekennzeichnet, dass die Beteiligten einander besser kennengelernt haben. Der Helfer kann nun Erlebnisinhalte bzw. persönliche Schwierigkeiten des Kindes intensiver nachfühlen; er versteht also besser, was im Kind vorgeht; er hat eine differenzierte Wahrnehmung für die Vorgänge im Kind ausgebildet und kann entsprechend feinfühlig darauf reagieren. Das Verhältnis ist belastbar, d. h. vorsichtigere Versprachlichungen können zugunsten konfrontativer Verbalisierungen zurücktreten, wenn diese angebracht sind.
In die Interventionen gehen nicht nur Hier-und-Jetzt-Situationen (wie im non-direktiven Stadium) ein; der Therapeut wird auch auf vergangene oder künftig zu erwartende Vorgänge Bezug nehmen, so dass die Zeitperspektive für das Kind erweitert wird. - Im klientenzentrierten Stadium kann diagnostisches Wissen, das zuvor nicht einbezogen wurde, um eine originäre Beziehung nicht zu verfälschen, nun doch genutzt werden; diagnostische Fakten können zum Beispiel das Verständnis für den Helfer erleichtern, sich bestimmte Schwierigkeiten des Kindes zu vergegenwärtigen (zum Beispiel familienpathologische Fakten).

Klientenzentriert wird dieses Stadium hinsichtlich der Interventionen auch deshalb genannt, weil genügend abgeklärt ist, in welchen Bereichen für das Kind weitere Hilfen indiziert erscheinen. „Klientenzentriert" kann auch bedeuten, Ziele gemeinsam auf eine differenziertere Weise, als von Axline vorgesehen, anzugehen. Die Interventionen sollten jedoch weiterhin eindeutig dem Rogers-Ansatz verpflichtet sein und schließlich in ein letztes, das personenzentrierte Stadium führen.

- *Personenzentriertes Stadium*
Im personenbezogenen Stadium wachsen die Spielpartner noch enger in ihrer Beziehung zusammen, so dass ein geradezu partnerschaftliches Verhältnis entsteht. Partnerschaftlichkeit bedeutet dabei keineswegs die Nicht-Wahrnehmung von realen Unterschieden zwischen Personen, zwischen Erwachsenen und Kindern; vielmehr wird es möglich, dass nun auch das Kind den Standpunkt beider Seiten zur Geltung bringen kann.
Das personenzentrierte Stadium ist jedoch auch die Zeit der Lösung und gezielten Generalisierung der Therapierfahrungen auf das Leben des Kindes.

Umsetzungsperspektiven der Spieltherapie in die Frühförderung im Vorschulbereich

Nach allem, was bisher ausgesagt worden ist, müsste es spieltherapeutische Angebote in jeder größeren Vorschuleinrichtung geben. Nachdem inzwischen auch fundiertes Wissen zur Nützlichkeit und Wirksamkeit spieltherapeutischer Verfahren für kindliche Klienten im Vorschulbereich vorliegt, muss man sich jedoch fragen, warum spieltherapeutische Verfahren bisher so wenig in Frühförderungsmaßnahmen Eingang gefunden haben.

Vermutlich sind die Antworten vielschichtig auf mehreren Ebenen anzusiedeln:
- Es handelt sich um ein vergleichsweise wenig etabliertes Verfahren, das noch zu wenig bekannt ist, insbesondere in den neuen Bundesländern.
- Es ist ein missverständliches Verfahren, bei dem häufig davon ausgegangen wird, dass es nicht in ein Vorschulcurriculum hineinpasst.
- Es wird außerdem dahingehend missverstanden, dass im Vorschulalltag genügend Spielaktivitäten praktiziert würden und der Einsatz der Spieltherapie daher überflüssig sei.
- Das für Beratungsaufgaben im Vorschulbereich ausgebildete Personal ist in diesem Verfahren nicht geschult, wodurch der Verbreitung und Anwendung extreme Grenzen gesetzt sind.

Solchen Argumentationen ist aus spieltherapeutischer Sicht vehement entgegenzutreten:
- Ignoranz von gesicherten Wissensbeständen hilft bei keinem Problemlösungsversuch weiter.
- Mit der Spieltherapie werden zentrale Ziele der Vorschulpädagogik verfolgt.
- Spieltherapie ist etwas anderes als ein didaktisch aufbereitetes, angeleitetes Spielcurriculum.
- Spieltherapeutisches Basiswissen sollte zum Grundinventar der Ausbildung gehören.

Ich hatte oben einiges zu den Grundlagen der Spieltherapie darzulegen versucht. Dabei ist deutlich geworden, dass die Spieltherapie auf der Basis einer Beziehung dazu dient, dem Kind seinen Gefühlsausdruck zu erleichtern und eigene Potentiale zu entdecken, die ihm bisher fremd waren und zu denen es bisher keinen Zugang hatte finden können. Zieht man die Arbeiten der wichtigsten Entwicklungspsychologen, z.B. die von Piaget, in Betracht, so muss man in praktischer und theoretischer Hinsicht zu dem Schluss kommen, dass die systematische Einbeziehung des kindlichen Spiels in die vorschulpädagogische Arbeit nicht nur sinnvoll, sondern notwendig ist. Wenn wir uns nochmals die Ziele der Spieltherapie vor Augen führen, so werden wir feststellen, dass sie in einer hohen Übereinstimmung mit den Vorgaben aller Vorschulcurricula stehen. Die Spieltherapie kann also dazu dienen, die Ziele erreichen zu helfen, indem den Kindern Möglichkeiten geboten werden, noch mehr Nutzen aus den Vorschulangeboten zu ziehen.

Der Einsatz der Spieltherapie im Vorschulbereich lässt sich besonders an den Stellen legitimieren, an denen es um die Früherkennung und -behandlung von verhaltensauffälligen Vorschulkindern geht. Wenn wir die Praxis der Beeinflussung solcher Kinder durch Vorschulpädagogen kritisch beleuchten, werden wir feststellen, dass die auftauchenden Disziplin- und Verhaltensprobleme mit dem Ziel „besprochen" werden, das Kind zu besseren Einsichten zu führen.
Solche Gespräche haben jedoch häufig kaum lösenden Charakter, da das Kind den Eindruck gewinnen muss, dass seine aktuelle Bedürfnislage nicht wichtig genommen wird. Es wird mehr **über** das Problem, weniger jedoch **mit** dem Kind gesprochen. Wenn ein Kind, das Schwierigkeiten hat, zur Problemklärung zudem noch in ein Büro gebracht wird, so wird es fühlen, dass diese Umgebung für Erwachsene gedacht ist, nicht für die Bedürfnisse von Kindern. Seine Mitteilungsbereitschaft wird unter solchen Vorzeichen kaum angespornt werden. Der amtliche Charakter von Büros setzt bei Kindern in aller Regel eine Vermeidungsreaktion in Gang.

Vergleichen wir eine solche „Beratungs-Umgebung" mit einem Spielzimmer, so wird das Spielzimmer ganz andere Motivationen im Kind freisetzen und ganz andere Raumbotschaften an das Kind senden. Ein Kind wird sich durch das Vorhandensein attraktiver Spielzeuge zunächst zum Handeln aufgefordert fühlen, und während es mit den Spielsachen umgeht, wird es einem einfühlsamen Berater gelingen, spontan auch in ein Gespräch einzutreten.

Bei allen verbalen Beeinflussungsversuchen wird eine grundlegende Einsicht der Entwicklungspsychologie außer acht gelassen, dass nämlich die Erwachsenen-Sprache nicht die Sprache des Kindes ist; Kinder drücken sich anders, v.a. im Spiel aus; die Sprache des Kindes ist das Spiel, das Spielzeug übernimmt die Funktion von Worten. Wenn also zu stark auf den rein verbalen Kanal in der Kommunikation gesetzt wird, übersieht man die eigentliche Kommunikationsmodalität von Kindern.

Hindernisse, Probleme und ihre Überwindung

Selbst wenn die o.g. Missverständnisse ausgeräumt und auch Personal für spieltherapeutische Bemühungen vorhanden sind, so dass spieltherapeutische Angebote tatsächlich umgesetzt werden könnten, wird es auf praktischer Ebene zu Hindernissen kommen.
Solche Umsetzungsprobleme sind eher formaler Art und richten sich auf die folgenden Aspekte:

Lärmprobleme
Mit der Einrichtung eines Spielzimmers wird eine unnötige Lärmbelästigung assoziiert. Verfechter dieses Standpunktes müsste man allerdings auf ihre persönliche Toleranz ansprechen, Lärm zu ertragen. In aller Regel werden Lärmprobleme von Kindern anders wahrgenommen als von Erwachsenen. Man müsste bei solchen Vorbehalten z.B. eine Mitteilung darüber machen, dass manche Kinder aus psychischen Gründen laut sein müssen. Der Lärm scheint diesen Kindern eine gewisse Entspannung zu verschaffen und die alleinige Möglichkeit zu geben, ihre Gefühle ausdrücken zu können.
Wenn Lärmprobleme tatsächlich unerträglich werden sollten, sind sie mit therapeutischen Mitteln, mit Hilfe des Begrenzungsprinzips (s.o.: 8. Prinzip von Axline zum Wert von Begrenzungen) einzudämmen, dem wichtige therapeutische Funktion zukommen. Indem therapeutische Grenzen durchgesetzt werden, erlernen Kinder vermehrt Selbstkontrolle, ein Ziel also, dem auch im normalen Alltag große Bedeutung zukommt. Schiffer (1971) fordert, dass der Spielraum möglichst weit weg von den anderen Räumen lokalisiert sein sollte, damit die Kinder nicht unnötig wegen der angesprochenen Lärmprobleme eingeschränkt werden müssen.
Wie die Kinder zum Spielzimmer gelangen, kann eine Quelle von Störungen sein; in solchen Fällen, sollten die Kinder begleitet werden, damit es nicht zu unnötigen Problemen kommt. Im Vergleich zur personenzentrierten Spieltherapie, wie sie

oben dargestellt worden ist, wird die Spieltherapie im Vorschulbereich deshalb mehr Verhaltensgrenzen aufweisen. Es war bereits die Rede davon, dass möglicherweise der Lärmpegel eingeschränkt werden muss, dass Ordnungs- und Sauberkeitsprobleme gelöst werden müssen (s.u.) und dass das gesamte Unternehmen anders strukturiert werden muss. Die Spielzeit sollte die übliche Dauer umfassen (45 Minuten), sie kann jedoch auch geringer ausfallen, damit mehr Kinder in den Genuss der Spielstunden kommen.

Kosten
Mitunter werden auch die Kosten als Hinderungsgrund, ein Spielzimmer einzurichten, ins Feld geführt. Dieses Argument lässt sich relativ leicht dadurch entkräften, dass die Kosten tatsächlich minimal gehalten werden können. Würde man natürlich ein vorbildliches Spielzimmer ausstatten wollen, würden schnell mehr als 3.000,- DM an Kosten entstehen. Ein Spielzimmer im Vorschulbereich muss jedoch nicht vorbildlich ausgestattet sein. Man kann sich auf vorhandene Inventarien stützen und gezielt nach bestimmten Spielsachen bei den Eltern nachfragen. Man sollte allerdings, den Appell, Spielsachen für diesen Zweck abzuliefern, in einer gezieltenForm an die Eltern richten, da sonst sehr viel unbrauchbares Spielzeug zusammenkommen könnte; wenn die Eltern dann erfahren, dass ihr gespendete Spielzeug nicht zum Einsatz kommt, würden sie vielleicht mit Missmut reagieren.

Ordnung und Sauberkeit
Ein weiteres Argument, das ins Feld geführt wird, bezieht sich auf Sauberkeit und Ordnung. Die Reinigungsprobleme könnten sich als verschärftes Problem herausstellen, wenn das Reinigungspersonal bereits mit den normalen Aufgaben stark in Anspruch genommen ist und häufiger über die Unsauberkeit der anderen Räume klagt. Ein extrem verschmutztes Spielzimmer würde solchen Beschwerden weitere Nahrung bieten. Die Spieltherapeuten müssten hier vorsorglich eingreifen und keine unakzeptable Umgebung hinterlassen. Sollte sich allerdings der Zeitaufwand, das Spielzimmer in Ordnung zu halten, als zu groß erweisen, so können folgende Vorkehrungen getroffen werden:
1. Die Unordnung und Unsauberkeit kann durch eine neue Grenzsetzung eingeengt werden.
2. Die Spielstunde kann verkürzt werden, so dass Zeit genügend bleibt, das Spielzimmer zu ordnen, aufzuräumen und zu säubern.

Benennungsprobleme
Manche Fachkräfte tun sich schwer damit, die Spielstunden Spieltherapie zu nennen. Das Etikett „Therapie" scheint zu sehr Assoziationen an psychische Störungen heraufzubeschwören. Auch könnten unerwünschte Effekte von anderen Kindern in Form von Spitznamen o.a. ausgehen. In solchen Fällen ist es durchaus

sinnvoll, eine andere Bezeichnung für die Spieltherapie zu finden, wie z.b.: Spielstunden, Förder-Spielstunden, Spielförderung, Spielgruppenarbeit.

Raumwahl und Materialien
Falls solche Probleme gelöst sind, wird als nächste die Frage nach der Raumwahl akut. Wenn kein optimaler Raum vorhanden sein sollte, lassen sich Kompromisse finden. Man muss bedenken, dass dieser Raum ja nicht ganztägig als Spielzimmer genutzt werden muss, deshalb könnte man auf andere Räume ausweichen, die ebenfalls nur halbtags genutzt werden, wie z.b. selten genutzte Büros, der Werkraum, Abstell-Ecken, gut beleuchtete Kellerräume, Bodenräume; falls es einen Sozialarbeiter oder einen Psychologen in der betreffenden Einrichtung geben sollte, könnte deren Raum dafür zur Verfügung gestellt werden.
Die Spielzeuginventarien sollten qualitativ in etwa den Regeln folgen, die für Spieltherapien gelten. Prinzipiell geht es um unstrukturiertes Spielmaterial, das der kindlichen Phantasie freien Raum lässt. Mit dem Spielzeug sollte die Vielfalt an Emotionen zum Ausdruck gebracht werden können, also glückliche, aggressive, traurige, wütende, depressive Gefühle. Man sollte darauf achten,
- dass kein gefährdendes Spielzeug vorhanden ist (Glas, scharfe Kanten, Spitzen),
- dass die Verwendung des Spielzeugs keinen hoch elaborierten Regeln folgt,
- dass kein hochstrukturiertes Material dabei ist, das zur Fertigstellung mehr als 45 Minuten benötigt, wie z.B. Puzzles. Material, das aufgrund der Verwendung nicht mehr gebrauchsfähig ist, sollte sofort entfernt werden.

Auswahl von Kindern
Manche Kinder, die gerade eine Stressphase in ihrem Leben erleben, müssen nicht unbedingt das Angebot einer vollen Spielstunde bekommen; für sie reicht es vielleicht aus, 20-Minuten-Sitzungen angeboten zu bekommen, dafür aber häufiger in der Woche.
Die Frage, welche Kinder in ein solches Spielprogramm einbezogen werden sollen, lässt sich global mit dem Hinweis auf risikobelastete Kinder beantworten. Gerade solche Kinder, die momentan in einer persönlichen oder familiären Krisensituation stehen, werden von einem solchen Angebot sehr profitieren. Stresssituationen entstehen z.B. durch den Tod von Angehörigen oder auch Haustieren, durch die Scheidung oder Arbeitslosigkeit der Eltern, durch einen Umzug, durch Familienzuwachs oder auch durch pathologische Vorgänge bei Eltern.

Einverständnis und Vernetzung von sämtlichen Beteiligten
Alle direkt und indirekt an dem Unternehmen beteiligten Personen müssen über die Hintergründe und Vorgehensweise informiert sein. Dazu kann insbesondere ein kleines Informationspapier dienen, auf welchem die Ziele der Spieltherapie knapp und einfach formuliert dargestellt sind. Selbstverständlich müssen die Eltern

von dem Unternehmen informiert sein. Optimalerweise werden etwa alle 14 Tage Elterngespräche darüber stattfinden. Wenn mit einem solchen spieltherapeutisch orientierten Konzept im Vorschulbereich gearbeitet wird, sollte sich dieses Verfahren systemisch in das gesamte Geschehen der Einrichtung einpassen, d.h. dass alle Beteiligten in einem Netzwerk über die Probleme der Kinder beraten und dass dem spieltherapeutisch orientierten Ansatz dabei ein höheres Gewicht zukommt. Der Spieltherapeut könnte seine Sicht der Dinge einbringen, auf die die anderen Pädagogen in aller Regel mit Erstaunen reagieren.

Schlussgedanken

In diesem Beitrag sind die Möglichkeiten einer personenzentrierten Spieltherapie mit risikobelasteten Vorschulkindern dargestellt worden. Zur ersten Orientierung sind zunächst einige theoretische Grundlagen skizziert und das erprobte Handlungsmodell skizziert worden. Im zweiten Teil sind praktische Probleme erörtert worden, die im Kontext der spieltherapeutisch orientierten Frühförderung im Vorschulbereich auftauchen können. Nicht angesprochen sind weitere zentrale Probleme wie die der Ausbildung des spieltherapeutischen Förderpersonals, der Diagnostik und Evaluation etc. Die daran interessierte Leserschaft sei auf weiterführende Literatur verwiesen (z.B. Goetze 2000).

Insgesamt stellt sich der spieltherapeutische Ansatz im Vorschulbereich zwar als bereits etablierter, jedoch wenig umgesetzter, aber doch vielversprechender Ansatz dar, den massiven Kindernöten, mit denen wir es in Zukunft zu tun haben werden, zu begegnen.

Literatur

Axline, V. (1972). Spieltherapie im nicht-direktiven Verfahren. München: Reinhardt.
Goetze, H. (Hrsg.)(1981). Personenzentrierte Spieltherapie. Göttingen: Hogrefe.
Goetze, H. (2000). Praxis der personenzentrierten Spieltherapie. Göttingen: Hogrefe (i.V.).
Goetze, H.; Jaede, W. (1974). Die nicht-direktive Spieltherapie. München: Kindler (5. Aufl. als Potsdamer Studientext. Potsdam: 1998).
Landreth, G. L. (1991). Play Therapy. The Art of a relationship. Muncie (In.): Accelerated Development inc. Publishers.
Rogers, C. (1942). Counseling and Psychotherapy. Boston. (dt.: Die nicht- direktive Beratung. München: Kindler, 1972.)

Rogers, C. (1952). Client-centered Therapy. Boston. (dt.: Die klientbezogene Gesprächstherapie. München: Kindler, 1973.)
Rogers, C. (1978). Die Kraft des Guten. München: Kindler.
Schiffer, M. (1971). Die therapeutische Spielgruppe. Stuttgart: Hippokrates.
Tausch, R.; Tausch, A. (1956). Kinderpsychotherapie im nicht-direktiven Verfahren. Göttingen: Hogrefe.
Tausch, R.; Tausch, A. (1978). Gesprächspsychotherapie. Göttingen: Hogrefe.
Tausch, R.; Tausch, A. (1979). Erziehungspsychologie. Göttingen: Hogrefe (7.Aufl.).

Petra Kerckhoff-Rosenberg, Peter Stührk-Edding

Motopädagogik in der Frühförderung

Eingangsgeschichte

Die folgende Eingangsgeschichte ist ein Ausschnitt aus einer Turnstunde und kann bei Zimmer, R. (1989). Kreative Bewegungsspiele. Herder Praxisbuch Kindergarten, Seite 10, nachgelesen werden.

20 Kinder stehen in einer Reihe vor einer Turnbank. Die Erzieherin gibt an, was an oder auf der Bank gemacht werden soll: Darübergehen vorwärts und rückwärts, dabei einen Ball über den Kopf tragen, sich auf den Bauch legen und mit den Händen über die Bank ziehen usw.

Nacheinander wiederholen alle Kinder die Übung. Während des Wartens, bis jeder an die Reihe kommt entsteht viel Unruhe: Markus drückt die hinter ihm stehenden Kindern zurück, Stefanie schreit, weil Kathrin auf ihre Füße getreten hat, Fabian läuft heulend zur Erzieherin, weil Markus umgeschubst wurde.

Als Christian endlich an der Reihe ist, müssen erst die Schnürsenkel seiner Turnschuhe zugebunden werden. Florian, der kleinste in der Gruppe, steht am Ende der Reihe und ist auch durch noch so gutes Zureden der Erzieherin nicht dazu zu überreden, die Bank überhaupt zu betreten. Heulend beharrt er „Kann ich nicht, will nicht...".
Als die etwas pummelige Stefanie auf die Bank steigt und schon nach zwei Schritten herunterfällt, lachen alle Kinder: „Dickmadam" tönt es; Stefanie weigert sich, erneut auf die Bank zu steigen.

Ein Spiel beendet die Turnstunde: „Jägerball". Die Spielregeln scheinen bekannt zu sein, denn als die Jägerrolle zugeteilt werden soll, schreien einige: „Ich, ich". Die Erzieherin sieht über die am lautesten schreienden Kinder hinweg und gibt Stefanie, die still am Rande steht, den Ball. Stefanie versucht, die wild umherlaufenden Kinder abzutreffen, aber immer geht der Wurf daneben. Sie hastet hinter dem wegrollenden Ball her, versucht es mit vor Anstrengung gerötetem Kopf noch einmal - vergebens.

Nach einigen misslungenen Versuchen unterbricht die Erzieherin das Spiel. Sie tröstet Stefanie und gibt den Ball Ansgar, einem kräftigen, schnellen Jungen. Ansgar wirft gezielt und ist schnell erfolgreich:

Als erste wird Stefanie abgeworfen, und bald scheiden auch die anderen Kinder aus dem Spiel aus, weil der Ball sie berührt hat. Florian steht am Rand und weint, er wird von den anderen an die Seite gedrängt und hat wohl auch schon ein paar Schubser abgekriegt.

Motorische Kindesentwicklung

Entwicklung vor der Geburt

In Ultraschalluntersuchungen kann man bereits in der 6. bis 7. Schwangerschaftswoche bei dem ca. 1 cm großen Embryo Bewegungsäußerungen feststellen. Die Schwangere fühlt dieses noch nicht, da die Bewegungen des Embryos erst spürbar werden, wenn er die Uteruswand berührt (4. bis 5. Monat). Schon bevor das Nervensystem sehr fein ausgebildet ist, sind komplizierte Bewegungsmuster wie Purzelbäume und Drehungen um die eigene Achse möglich. Auch Bewegungen der noch wenig ausgeprägten Extremitäten können beobachtet werden. Durch die Beobachtungen der Bewegungsmuster in utero können auch erste Rückschlüsse auf die Hirnentwicklung eines Kindes gezogen werden.

Wozu sind diese frühen Bewegungen nötig?

Die körperliche und geistige Entwicklung eines Kindes läuft nach einem genetischen Programm ab. Während der Schwangerschaft wachsen Organe und werden modifiziert. Über die ab 2. Schwangerschaftsmonat erkennbaren Rezeptorsysteme werden Informationen aufgenommen und verarbeitet. Die dadurch entstehende Stimulation verschiedener Wahrnehmungsbereiche ist ebenso wichtig für die Entwicklung eines Menschen wie das genetische Programm, denn ohne Aufnahme und Verarbeitung innerer und äußerer Reize ist eine normale Hirnentwicklung nicht möglich. Hier beginnt bereits die Auseinandersetzung zwischen Organismus und Umwelt; in diesem Zusammenhang bekommen die fötalen Bewegungen ihre Bedeutung. Durch die Bewegungen verschafft sich das Kind die für seine Entwicklung notwendigen Stimulationen. Eines dieser Systeme, die im Rahmen der sensomotorischen Entwicklung bedeutsam sind, ist der Tastsinn. Rezeptoren, die sich ab der Hautoberfläche ausdehnen, nehmen Reize u. a. aus der Umwelt - dem Fruchtwasser - auf; die Weiterleitung sowie Verarbeitung dieser Reize geben dem sich entwickelnden Gehirn die notwendige Nahrung. Durch Bewegungen im Fruchtwasser und durch die späteren Berührungen der Uteruswand können diese Stimuli variiert und intensiviert werden.

Nicht nur vorgeburtlich, sondern auch später scheinen Informationen, die über die Haut aufgenommen werden, eine wichtige Rolle für die Entwicklung des Kindes

zu spielen. Emotionale Aspekte wie Streicheln, in den Arm nehmen sind hier bedeutsam. Es gibt ebenfalls Hinweise darauf, dass ein Zusammenhang zwischen Entwicklungsdeprivation in der taktilen Wahrnehmung sowie Gesamtentwicklungs- und kognitiven Störungen besteht (vgl. Fleming 1984).
Ein zweites System, das schon früh aktiv wird und für die Entwicklung bedeutsame Impulse gibt, ist das Gleichgewichtssystem. Etwa ab der 9. Schwangerschaftswoche können vestibuläre Reize aufgenommen und verarbeitet werden. Jede Lageänderung des Körpers, aber auch jede Bewegung des Kopfes, gibt Stimuli für das vestibuläre System.

Mit zunehmender Reifung bildet das Gleichgewichtsorgan verschiedene Bestandteile aus, die unterschiedliche Bewegungen wie Rotationen, Lageveränderungen etc. aufnehmen können. Stimulationen in diesem Bereich kann sich der Fötus wiederum durch seine eigenen Bewegungen in utero verschaffen.

Im Zusammenhang mit der taktilen und Tiefenwahrnehmung (dem propriozeptiven System) trägt die vestibuläre Wahrnehmung entscheidend zur Tonusregulierung und zur menschlichen Aufrichtung bei. Die propriozeptive Wahrnehmung findet über Rezeptoren in Muskeln, Sehnen und Gelenken statt und gibt Aufschluss über Lage und Stellung von Körperteilen oder des gesamten Körpers. Besonders im späteren Entwicklungsstadium, wenn der Fötus die Uteruswand erreicht, entstehen starke propriozeptive Reize durch Druck der Extremitäten gegen die Uteruswand.

Bereits in utero lernt das Kind, sich der Umgebung anzupassen und sich zweckmäßig zu bewegen, d. h. es vermeidet unangenehme Empfindungen, indem es z. B. seine Lage verändert und sucht sich angenehme Reize wie z. B. Stimulationen im Oralbereich. In diesem gesamten Entwicklungsprozess werden zunächst die drei Grundwahrnehmungssysteme:
- **taktile Wahrnehmung**
- **vestibuläre Wahrnehmung**
- **propriozeptive Wahrnehmung**

einbezogen. Durch Bewegungen findet Stimulation in diesen drei Bereichen statt, die ihrerseits wieder die Hirnentwicklung fördern.

Entwicklung nach der Geburt

Die mit der Geburt eines Kindes einhergehenden, veränderten Schwerkrafteinflüsse verlangen adaptive Prozesse vom Gehirn. Bewegungen, die in utero problemlos ausgeführt werden konnten (Drehungen um die eigene Achse etc.), müssen unter geänderten Bedingungen neu erlernt werden. Sofort nach der Geburt beginnt für das Kind die Auseinandersetzung mit der Schwerkraft, um schließlich die für den Menschen wichtige Aufrichtung zu erreichen. Beginnend mit Bewegungen der Extremitäten dienen alle Bewegungen des Säuglings und Kleinkindes der Stimulation und Anregung der Hirntätigkeit. Durch die permanente Auseinandersetzung sowie gleichzeitige Anpassung an die Umwelt bekommt das Gehirn alle Informationen, um die Verbindung zwischen den einzelnen Hirnzellen und Hirnzentren herzustellen oder zu erweitern, so dass ein ganzheitliches funktionales System geschaffen werden kann. In diesem Zusammenhang sind Reize, die nicht nur einkanalig, sondern über unterschiedliche Wahrnehmungskanäle aufgenommen werden, besonders wichtig. Diese adaptive Reaktion an die Umweltbedingungen ist zweck- und zielgerichtet. Die hiermit einhergehenden Lernprozesse führen zur bewussten Registrierung motorischer Veränderungen. Dazu ist allerdings ein genaues somatosensorisches Feedback nötig.

Nur wenn das Kind die Möglichkeit hat, Anpassungsreaktionen zu zeigen bzw. auszuprobieren und durch die Rückmeldung über Sensorik die Qualität dieser Reaktionen verarbeitet wird, wird es dem Kind gelingen, sich erfolgreich mit seiner Umwelt auseinanderzusetzen.
Ein wichtiger Faktor hierbei ist die Tonusregulierung. Die Informationen, die ein Kind über seine Tiefenwahrnehmung (Muskeln, Gelenke und Sehnen) erhält, müssen aufgenommen und verarbeitet werden, um dann die richtige Reaktion (Anspannung und Entspannung) zu zeigen. Dazu ist auch die Koordination mit Stimuli aus dem vestibulären und dem taktilen Bereich notwendig. Nur wenn die Tonusregulierung funktioniert, kann eine erfolgreiche Aufrichtung stattfinden.

Exemplarische Darstellung von zwei Wahrnehmungssystemen

Die Taktilität (Tastempfinden)

Die Haut als Grenze zwischen uns und der Umwelt ist ein „Verdauungs-"/ Verarbeitungsapparat zentraler Reize. Das Thema „Haut" umfasst einerseits die Taktilität (und meint damit den Teil des Hautanalysators, der mechanische Reize aufnimmt) andererseits den Bereich der Schmerz- und Temperaturrezeption.
Die Rezeption des Analysators ist in der Haut lokalisiert. Der Mensch erhält Informationen über Bewegungsabläufe, die in unmittelbarem Kontakt mit der Umwelt erfolgen. Auf taktilem Wege gewinnen wir u. a. Informationen über Form und Oberfläche berührter Gegenstände (aktiv: selbst berühren; passiv: berührt werden). Das ist für eine richtige und kontrollierte Grifffestigkeit bedeutsam. Auf taktilem Wege empfinden wir auch den Widerstand, den Luft oder Wasser unseren Bewegungen entgegensetzen.

Dieses ist bereits schon beim ungeborenen Kind der Fall, wenn auf die Reizung des umgebenden Fruchtwassers hin erste Mundfunktionen des Fötus auftreten. Über die Hautrezeptoren entwickelt sich zu diesem frühen Zeitpunkt die Sensibilität des Mundes (und auch der Hand). Darüber hinaus nimmt der Fötus auch über die Haut den durch das Fruchtwasser gedämpften Herzschlag der Mutter wahr. Dieses sind erste Erfahrungen von Rhythmik, wichtige Basis-Erfahrungen für eine ungestörte Sprachentwicklung.

Weiterhin trägt die Einheit „Taktile Hautinformation - Hirnorganische Verarbeitung" für den neugeborenen Menschen zur Entwicklung eines Unterscheidungssystems bei. So kann genussvolle Nähe bei gesunder Mutter-Kind-Interaktion (vermittelt über Wärme, Druck, Herzschlag, Geruch) sehr wohl von unangenehmen Berührungen unterschieden werden. Bei Störungen kommt es zu einem Defizit von Erfahrungen, was als „taktile Abwehr" bezeichnet wird.
Hiermit sind bereits Grundbedingungen erfüllt, die insgesamt zu schweren Entwicklungsstörungen ausufern können. Denn wenn ein Mensch kaum, nur schwer oder gar nicht Sozialkontakt aufnehmen kann, ist eine der wesentlichsten Voraussetzungen zur Mensch- und Persönlichkeitswerdung nicht erfüllt.

Einführende Übungen zu diesem Komplex für den interessierten Leser:

- Biegen Sie einen Schweißdraht zu einem U. Lassen Sie einen Partner die Enden des U's an verschiedenen Körperstellen aufsetzen. Bestimmen Sie nun, ob ein oder zwei Enden des U's aufgesetzt wurden.

- Ein Partner kribbelt einem anderen Partner auf der Innenseite des Arms bis zu den Ellenbogen hoch. Dieser soll bei geschlossenen Augen bestimmen, wann der Partner auf Höhe des Ellenbogens angekommen ist.

Die Kinästhesie (Bewegungsempfinden)

Stellt man sich das Gleichgewichtssystem als die Basis vor, den Einflüssen der Schwerkraft nicht hilflos ausgeliefert zu sein, so repräsentiert die Funktionstüchtigkeit des kinästhetischen Analysators die Grundlage zum Handeln des Menschen. Die Entfaltung und Ausdifferenzierung der Kinästhesie ist schlechthin eine Urquelle, die zu situationsangemessenem Tun führt.

Generell lässt seine Bezeichnung als „bewegungsempfindender" Analysator schon seine motorische Funktion erkennen. Anatomisch gesehen stellt er ein weitverzweigtes Gebilde dar. Seine Rezeptoren - die sog. Propriozeptoren - befinden sich in allen Muskeln, Sehnen und Gelenken des menschlichen Bewegungsapparates. Seine Leitungsbahnen, die sensiblen Nervenfasern, übermitteln als Nachrichtenkanal dem zentralen Nervensystem die aufgenommenen Signale. Sie zeichnen sich durch eine besonders hohe Leitungsgeschwindigkeit und damit auch durch höhere Übertragungskapazität als die Kanäle anderer Analysatoren wie z.b. dem vestibulären, taktilen, optischen und dem akustischen Analysator aus.

Überdies liegen die Rezeptoren des kinästhetischen Analysators unmittelbar in den Bewegungsorganen und können dadurch jeden Bewegungsvorgang sofort signalisieren. Hierin ist er auch den anderen Analysatoren überlegen, die zum Teil erst auf größere Bewegungsausschläge ansprechen, während die Propriorezeptoren bereits gerade beginnende Spannungsänderungen aufnehmen können.

Sie beziehen sich im Körper auf folgende Schwerpunkte:

- Stellungsempfinden als Information der Stellung unserer Gelenke zueinander im Verhältnis zum Raum

- Kraftempfinden als Information über die Kräfte, die an unseren Muskeln arbeiten bzw. unter welchem Kraftmaß (Zug/Druck) wir nach der Welt „greifen"

- Bewegungsempfinden als Information über alle Bewegungen, die wir ausüben

Besonders bedeutsam ist die Tatsache, dass die kinästhetischen Informationen wesentlichste Quelle für die Raum- und Zeitkomponenten in der menschlichen Wahrnehmung sind.
Der kinästhetische Analysator ist in seiner Funktion enger mit allen anderen Analysatoren verbunden als diese untereinander.

Jedwede Informationsgewinnung aus der Umwelt mit Hilfe eines Analysators enthält zugleich auch einen kinästhetischen Anteil. Alle motorischen Vorgänge werden ohnehin durch kinästhetische Signale ausgelöst. Informationen aus der Umwelt durch die anderen Analysatoren lassen sich in den meisten Fällen nur mit Hilfe motorischer Tätigkeit gewinnen, und sei es nur, dass wir durch Bewegungen Auge oder Ohr auf diese oder jene Reizquelle richten.

Insgesamt wird die Kinästhesie damit zum Mittler der Weltverarbeitung und bestimmt das Weltempfinden und damit alle unsere Planungen, Absichten, Wünsche, Handlungsentwürfe, also die Gestaltung meines „ICHs" in der „WELT". Die Förderung des kinästhetischen Empfindens entspricht daher einer Förderung in allen unseren Handlungsbereichen.

Übungen, die uns zeigen, dass der kinästhetische Analysator funktioniert, sind u. a. folgende:

- Eine Person, die mit geschlossenen Augen auf dem Boden liegt, nimmt zuerst den einen und daraufhin den anderen Arm hoch. Hierbei kann die Person scheinbar mühelos der Aufgabe nachkommen, beide Arme in ihrer Lage zu parallelisieren.

- Wird ein Zeh am Fuß berührt, so weiß die „berührte" Person sofort, ob die Berührung „oben" oder „unten" stattgefunden hat. In diesem Sinne kann über das Bewegungsempfinden des „gereizten" Zehs in Beziehung zu sich selbst und zum Raum in das Körperschema eingeordnet werden.

- Einen Luftballon fasst man anders an als eine Holzkugel und erlebt beide unterschiedlich. Hierbei werden Informationen über Schwere, die Stellung von Fingern/Arm (Gelenke) im Raum und die Tonusregulation der Muskulatur zur Einstellung des richtigen Kraftmaßes koordiniert.

- Nach einer Tasse greifen und sie zum Mund führen, und das mit oder ohne Inhalt, folgt den gleichen Prinzipien des Zusammenspiels der kinästhetischen Funktion der situationsangepassten Regulation von „Stellungssinn - Bewegungsempfinden (incl. Geschwindigkeitsempfindungen) - Kraftsinn".

Über die kinästhetische Funktion reifen Körperschema, Körperbegriff (Körperbewusstheit) und damit die Raumorientierung des Menschen heran. Damit verbindet sich die gesamte Bewegungsplanung des Menschen.

Integration der Sinne

Sensorische Integration beinhaltet das Ordnen der Empfindungen und Sinneseindrücke, damit diese richtig gebraucht werden können. „Sie können sich Empfindungen so ähnlich vorstellen wie Nahrungsmittel für das Gehirn. Aber ohne gut organisierte sensorische Verarbeitung können Empfindungen nicht verdaut werden, um Ihr Gehirn zu versorgen" (vgl. Flemig 1984)

Diese Integrationsfähigkeit des Gehirns ist keine immer gleichbleibende Leistung; sie ist von Mensch zu Mensch unterschiedlich und auch bei jedem einzelnen Menschen verändert sie sich, je nach seiner Verfassung. Bei Stress, Müdigkeit, Alkohol oder anderen beeinträchtigenden Faktoren wird auch die Integrationsfähigkeit des Gehirns geringer.

Der Prozess des Ordnens und Sortierens eingehender Sinnesinformationen ist ein Bestandteil des gesamten Wahrnehmungsprozesses, der aus

Aufnahme (Sensoren, Rezeptoren)
⇩
Weiterleitung (Nervenbahnen, Synapsen)
⇩
Speicherung (Gehirn)
⇩
Vergleichen (Gehirn)
⇩
Koordination (Zusammenspiel der Bewegung)
⇩
Integration (Reaktion auf Reize)

besteht und zur Reaktion führt. Dementsprechend finden wir Störungen in der sensorischen Integration bei allen Menschen in bestimmten Ausnahmesituationen und bei Menschen mit funktionalen Hirnstörungen, minimalen oder größeren Hirnverletzungen vor.

Als grundlegende Wahrnehmungsbereiche wurden bereits die taktile, vestibuläre und die propriozeptive Wahrnehmung angesprochen. Sie scheinen zumindest in der ontogenetischen Entwicklung früh zu reifen und dementsprechend sehr früh von Bedeutung zu sein.
Viele Informationen, die den Menschen über diese drei Basissysteme erreichen, werden in den unteren Hirnregionen (Hirnstamm) komplett verarbeitet, ohne die höheren Hirnhemisphären und/oder das Bewusstsein (über die Großhirnrinde) eines Menschen zu erreichen. Der Hirnstamm scheint für die sensorische Integration einen besonderen Stellenwert zu haben, da zunächst einmal alle dem Gehirn zugeführten Informationen den Hirnstamm erreichen (Ausnahme: einfache Funktionskreise, die nur über das Rückenmark laufen). Damit wird der Hirnstamm zur ersten und zentralen Schaltstelle der Wahrnehmungsverarbeitung.

Selbstverständlich dürfen trotz aller Betonung der Basissysteme und des Hirnstammes andere wichtige Bereiche wie z. B. die auditive und visuelle Wahrnehmung nicht vergessen werden, ebensowenig wie die wichtigsten Funktionen der anderen Hirnteile. Allerdings ist ein Mensch, der blind und taub ist, trotzdem lebensfähig, was bei einem Totalausfall der Basissysteme nicht denkbar wäre.
Darüber hinaus darf sich die Betrachtung von Wahrnehmungsstörungen nicht auf die Basissysteme beschränken, sondern muss eine Integration aller Wahrneh-

mungssysteme einbeziehen, auch der Geschmacks- und Geruchswahrnehmung, die insgesamt noch sehr vernachlässigt werden.

Zur Entwicklung der Psychomotorik

Eine kurze Skizze der Entwicklungsgeschichte der Psychomotorik

Wichtige Voraussetzungen zur Entfaltung eines frühen Trainings bestimmter körperlicher Bereiche waren:

a. gesetzliche Maßnahmen
Seit dem 1.1.1966 gab es in der Bundesrepublik Deutschland verbindliche Schwangerschaftsuntersuchungen. Hierdurch konnten eindeutige Schädigungen des Fötus erkannt und Mütter auf das Leben mit einem Kind unter erschwerten Bedingungen vorbereitet werden.

b. der pädagogische Diskurs um behinderte Kinder
1973 erließ der Deutsche Bildungsrat ein Gutachten mit Empfehlungen der Bildungskommission „Zur pädagogischen Förderung behinderter und von Behinderung bedrohter Kinder und Jugendlicher". Erstmals wird hier ein ganzes Kapitel der Früherkennung und der Frühförderung gewidmet.

c. institutionelle Maßnahmen
In verschiedenen Bundesländern entstanden Zentren für pädagogische Früherkennung und -förderung. In diesen Zentren wurden behinderte und von Behinderung bedrohte Kinder durch geschultes Fachpersonal optimal diagnostiziert und gefördert, häufig jedoch fernab ihrer elterlichen Umgebung.
Als Gegenmodell hierzu entwickelten sich regionalisierte Diagnosezentren, die insbesondere Eltern durch ein angeleitetes Training zu kompetenten Hausfrüherziehern schulten, so dass diese therapeutische Arbeit an ihren eigenen Kindern leisten konnten.

Die Geschichte der Psychomotorik ist zweifelsohne mit dem Namen **Ernst J. Kiphard** verbunden. Im Rahmen der Jugendpsychiatrischen Klinik in Gütersloh (diese unterstand der Leitung von Helmut Hünnekens) unternahm Kiphard erstmalig 1955 den Versuch, sensomotorisch entwicklungsgestörte und in ihrer psychomotorischen Entfaltung behinderte Kinder mit dem Mittel der Bewegung zu fördern. Hieraus entwickelte er die „psychomotorische Übungsbehandlung", in deren Zentrum die Aktivierung funktioneller Reserven stand sowie Fragen nach Kompensationsmöglichkeiten des Zentralnervensystems.

Weit davon entfernt, eine psychomotorische Theorie zu entfalten, galt es für Kiphard zu überprüfen, inwiefern Körperübungen im klinisch-heilpädagogischen Kontext zur Anwendung kommen konnten.

Standortbestimmung der Psychomotorik heute

Im Zuge einer sich aufgrund der Erfolge mit der psychomotrischen Übungsbehandlung immer weiter entfaltenden Arbeit wurden bestimmte, eher defizitorientierte Positionen überdacht. Der Körper ist Ausdruck der Gesamtpersönlichkeit eines Menschen.

Im Wort Psychomotorik selbst stehen zwei Begriffe:

Psyche hierzu gehören Geist, Seele, Gefühl und Verstand
sowie
Motorik hierunter wird Bewegung und Körperlichkeit subsumiert.

Wie aus den vorhergehenden Kapiteln bereits ersichtlich geworden ist, ist die Bewegung Grundlage allen Lernens. Jedes Kind durchläuft als erstes ein motorisches Stadium, welches eng gekoppelt ist an die Sensorik.
Psychomotorik heute versteht die motorische Förderung als ein Mittel, das der umfassenden Gesamtentwicklung eines Kindes, also auch der geistigen, emotionalen und sozialen Förderung der Persönlichkeit dienlich ist.
„Motopädagogik ist auf die Ganzheit der menschlichen Persönlichkeit gerichtet, weil sie nicht die Verbesserung bestimmter motorischer Fertigkeiten in das Zentrum ihrer Bemühungen stellt, sondern weil sie Bewegungshandeln als Verwirklichungsmöglichkeit der menschlichen Persönlichkeit betrachtet und als wesentliches Mittel der Förderung ansieht. Motopädagogik ist entwicklungsorientiert, weil sie nur auf dem jeweiligen Stand der individuellen und sozialen Entwicklung Lern- und Entwicklungsfortschritte vermitteln kann" (Fischer 1989, S. 83).

Dementsprechend bedeutet motopädagogisches Handeln für ein Kind, sich mit sich, seiner personalen und sozialen Umwelt auseinanderzusetzen:
- **auf der intrapersonellen Ebene**
  wird dem Kind die Möglichkeit gegeben, sich mit seinem Körper auseinanderzusetzen, sich zu erleben, mit sich zufriedener zu werden;
  hierüber kann Ich-Kompetenz ausgebildet werden
- **auf der interpersonellen Ebene**
  lernt das Kind zwischen seinen Bedürfnissen und denen anderer zu unterscheiden;
  hierüber kann Sozialkompetenz erworben werden

- **auf der Sachebene**
kann das Kind den Umgang mit Materialien der Umwelt erlernen und somit Sachkompetenz entwickeln.

Im Zuge eines sich mehr und mehr entfaltenden Diskurses innerhalb der Theorie einer Psychomotorik entwickelten sich im wesentlichen in den achtziger Jahren drei Positionen:

1. Klinisch orientierte Psychomotorik

Rückstände, Defizite oder Abweichungen im Vergleich zu Kindern der Altersgruppe müssen festgestellt werden. Eine umfassende Ursachendiagnostik führt direkt zur Therapieindikation. Basale Funktionen wie Wahrnehmung in allen Sinnesbereichen werden trainiert. Rückstände und Defizite werden geschult, verbessert und wiederhergestellt.
Der Klient hat den Vorgaben des Therapeuten zu folgen.

2. Psychologisch orientierte Psychomotorik

Die dem Kind eigenen Bewegungsmuster werden als Teil seiner Persönlichkeit betrachtet.
Hierbei werden Vorlieben und Besonderheiten gezielt wahrgenommen, damit diese zum Ansatzpunkt eines systematischen Erfolgstrainings gemacht werden können.
Psychomotorisches Arbeiten bietet einerseits funktionale Bewegungsschulung, andererseits wird spielerisch gearbeitet und sprachlich begleitet. Ziel ist die Erweiterung der Handlungsmöglichkeiten, indem z.B. unterschiedliche motorische Lösungswege ausprobiert werden können. Der Klient bringt sich durchaus ein, der Therapeut leitet indirekt.

3. Pädagogisch orientierte Psychomotorik

Das Selbstverständnis einer so orientierten Psychomotorik zielt auf die Aktivierung und Entwicklungsförderung aller dem Kind innewohnenden Ressourcen ab. Erlebnisse und Gefühle des Kindes sind tragender Bestandteil der Arbeit mit und am Körper.
Bewegungsstörungen werden als Teil der zu akzeptierenden Persönlichkeit des Kindes begriffen, an denen nur dann gearbeitet wird, wenn der Klient dies wünscht.
Der Therapeut ist der Begleiter seines Klienten und reflektiert konstruktiv die Beziehung.

Zeitweise standen sich diese Positionen unversöhnlich gegenüber. Der pädagogische Diskurs der neunziger Jahre unseres Jahrhunderts ist jedoch weitgehend davon gekennzeichnet, dass das Kind im Mittelpunkt der Betrachtung steht. So können zum Beispiel innerhalb einer Fördereinheit alle drei oben skizzierten Positionen in der Arbeit mit dem Kind zum Tragen kommen.
Motopädagogik ist in jedem Fall entwicklungsorientiert und will auf dem Stand der individuellen und sozialen Entwicklung jedes Einzelnen dessen Entwicklung hin zu einer ganzheitlich-integrierten Persönlichkeit fördern.

Materialerfahrung in der Motopädagogik

Der Umgang mit Materialien ist ein tragender Bestandteil der psychomotorischen Förderung und beinhaltet:

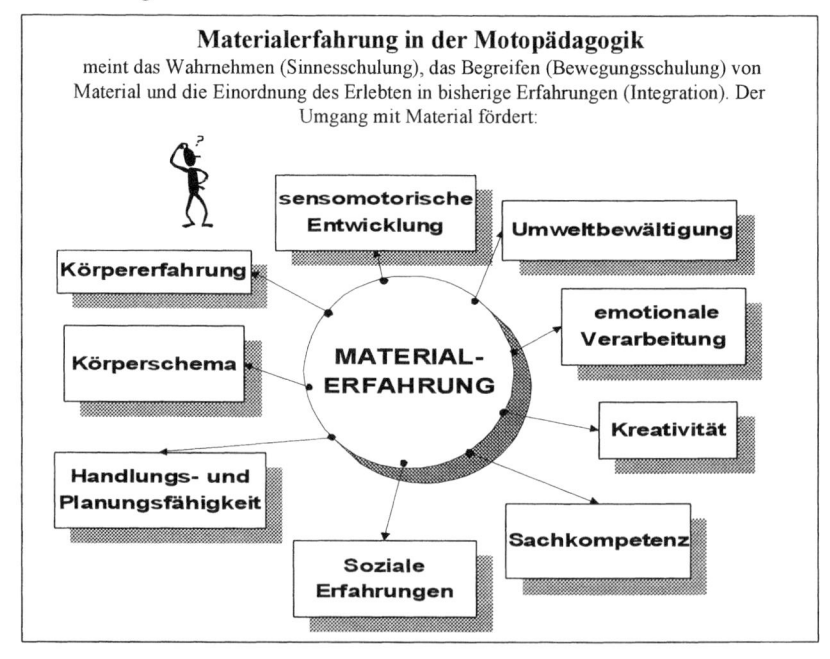

Materialerfahrung in der Motopädagogik
meint das Wahrnehmen (Sinnesschulung), das Begreifen (Bewegungsschulung) von Material und die Einordnung des Erlebten in bisherige Erfahrungen (Integration). Der Umgang mit Material fördert:

- Körpererfahrung
- sensomotorische Entwicklung
- Umweltbewältigung
- Körperschema
- MATERIALERFAHRUNG
- emotionale Verarbeitung
- Kreativität
- Handlungs- und Planungsfähigkeit
- Soziale Erfahrungen
- Sachkompetenz

- **sensomotorische Entwicklung**: Das Kind benötigt Material, um die Sinnessysteme und Bewegungsmuster auszubilden, zu verfeinern und weiter zu entwickeln, um neue Reize aufzunehmen, zu integrieren und adäquat zu beantworten und um das Repertoire an Bewegungserfahrung zu erweitern.

- **Körpererfahrung:** Das Kind erlebt und spürt seinen eigenen Körper in der Auseinandersetzung mit dem Material, wobei durch unterschiedliches Material verschiedene Reize angeboten werden.
- **Körperschema:** Das Kind passt sich dem Material und dessen Eigenschaften an, es findet unterschiedliche Bewegungsantworten, um eine Situation zu bewältigen, es lernt, aufgrund der Ansprüche des Materials und der Umwelt seinen Körper und notwendige Bewegung automatisch und ökonomisch einzusetzen.
- **Handlungs- und Planungsfähigkeit:** Das Kind benutzt Material nicht nur, um seine Bewegung spontan der Umgebung anzupassen, sondern auch, um es nach seinen Ideen zu gebrauchen, einzusetzen, zu verändern oder zu modifizieren. Das Kind lernt schrittweise - über Versuch und Irrtum - einzelne Bewegungen ereignisorientiert zu planen und zu komplexeren Handlungen zusammenzusetzen. Dies schafft die Voraussetzung, um kognitive Strukturen, Assoziations- und Denkvorgänge auszubilden.
- **Sachkompetenz:** Das Kind lernt über Ausprobieren die Einsatzmöglichkeiten von verschiedenem Material. Es eignet sich ein Wissen im Umgang mit „erfasstem" Material an und es erhält eine positive Bestätigung über erfolgreiche Handlungen. Dies gibt dem Kind die notwendige Sicherheit, um neues Material und neue Situationen selbstbewusst zu entdecken.
- **Kreativität:** Das Kind lernt den Gebrauch des Materials zu variieren, für ähnliche oder neue Aufgaben einzusetzen und Spiele mit dem Material zu erfinden. Kreativität wird dabei als wichtiger Baustein für die kognitive Entwicklung gesehen.
- **Umweltbewältigung:** Das Kind lernt, die Umwelt zu „begreifen", sich anzupassen, in die Umwelt gezielt einzugreifen und sie zu benutzen. Es weiß um mögliche Reaktionen und kann Gefahren einschätzen. Es erhält Methoden und Vorgehensweisen, um neue Situationen schrittweise zu integrieren.
- **emotionale Verarbeitung:** Das Kind benutzt Material, um Gefühle auszudrücken, um Wünsche darzustellen und um Träume und Ersatzbilder zu gestalten. Das Material verhilft zum konkreten Erleben innerer Vorgänge.
- **soziale Erfahrung:** Material bietet einen unverfänglichen und indirekten Kontakt zu anderen Menschen, es stellt ein Hilfsmittel dar, um Auseinandersetzung und Interaktion, Kooperation und soziale Integration spielerisch zu lernen.

„Übungen für Materialerfahrung bestehen im Kennenlernen des Materials, im freien Umgang und Aufgreifen einzelner Spielideen mit dem Material, im Wiederholen vertrauter Spiele, im Variieren und Verändern der bekannten Spiele, im Kombinieren mit anderem Material und im Übertragen (Transfer) einer Erfahrung, einer vertrauten Spielsituation oder einer gelernten Handlung auf ein anderes (ähnliches oder deutlich verschiedenes) Material.

Dadurch werden erlernte Bewegungs- und Sinnesmuster erneut integriert und als Anpassungsleistung dauerhafter abgespeichert" (Köckenberger 1999, S. 13).

Übungen zu diesem Bereich:

Kennenlernen von psychomotorischen Materialien wie Pedalo, Sattelrenner, Rollbretter, Entspannungsinsel (Planschbecken mit durchsichtigen Kugeln gefüllt, mit einem weißen Schaukeltuch überdacht und mit einem Projektor beleuchtet) und einem Zelt (ein Fallschirmtuch wird mit Hilfe eines Ventilators aufgeblasen).
Spielformen:
Wäscheklammerspiel, Bambusstocktanz und diverse Roboterspiele (Programmierung von zwei Robotern, Produktionsstraße usw.). Diese Spielformen werden durch entsprechende Musik begleitet.

Entwicklungsbedingte Dyspraxie

Ein Problem der Bewegungsplanung

„Haltungsreaktionen, zentral programmierte Begegnungen und erworbene motorische Geschicklichkeit erfordern keine Aufmerksamkeit oder Willenskraft. Motorische Planung dagegen verlangt Aufmerksamkeit. Sie setzt das Gehirn instand, die Art und die Reihenfolge der Informationen zu planen, die es den Muskeln zusenden muss.
Ein Kleinkind plant z.B. eine Bewegung, um eine Rassel aufzunehmen, um einen Löffel in seinen Mund zu stecken oder durch einen Türeingang zu krabbeln - so lange, bis diese Bewegung zu Geschicklichkeiten automatisiert werden. Ein Erwachsener plant Bewegung bei ihm nicht vertrauten Tätigkeiten" (Ayres 1984, S. 128ff).

Bewegungsplanung ist bei Kindern die nach außen sichtbare, höchstentwickelte Form des Verknüpfens intellektueller Funktionen. Sie ist abhängig von einer sehr komplexen sensorischen Integration sowohl innerhalb des Hirnstammes als auch der Großhirnhemisphären. Motorisches Planen ist die „Brücke" zwischen den sensomotorischen und intellektuellen Aspekten der Hirnfunktion.

Beobachten wir ein Kind, welches ein neues Spiel wie z.B. Hüpfen ausprobiert. In jedem Moment ist seine ganze Aufmerksamkeit dafür in Anspruch genommen und es kann seine Aufmerksamkeit keinem anderen Ding widmen. Wenn irgend etwas anderes seine Aufmerksamkeit beansprucht, muss es mit seiner Bewegung innehalten.

Anschließend seien ein paar Beispiele für eine schlechte Bewegungsplanung genannt:
- Ein Kind soll sich auf die Bank legen. Es legt seine Schultern auf die Bank und fragt dann: „Und was soll ich mit den Beinen machen?"
- Eine junge Frau bat man, sich auf den Tisch zu legen. Sie musste zunächst auf einen Stuhl steigen und von dem Stuhl auf den Tisch, ehe sie sich auf den Tisch legen konnte. Obwohl sie durchaus in der Lage und es auch gewohnt war, sich zu Hause in ihr Bett zu legen, ohne zunächst auf das Bett zu steigen, konnte sie dieselbe Tätigkeit mit dem Tisch nicht ausführen. Sie hatte das Liegen im Bett als eine Einzelfertigkeit gelernt, die jedoch nicht ausreichte, um den geringen Unterschied, sich auf einen Tisch statt in ein Bett zu legen, zu transferieren.

Entwicklungsdyspraxie
Ein Problem der Bewegungsplanung

• Entwicklungsdyspraxie beruht in der Regel auf einer Funktionstörung des Gehirns, welche die Ordnung taktiler, vestibulärer und propriozeptvier Empfindungen behindert und dadurch die Fähigkeit zur Bewegungsplanung stört. • Wir können das Problem selbst nicht erkennen. Wir sehen lediglich seine physikalischen Erscheinungsformen.	Merkmale: • Mangel an gespeicherten Körpererfahrungen. • Kaum altersentsprechendes Körperschema • Lernt motorischen Bewegungsabläufe nur isoliert. • Kann Bewegungsabläufe nicht ökonomisch koordinieren. • Bewegungsreaktion entsprechen oftmals nicht der Bewegungssituation.

Entwicklungsbedingte Ungeschicklicheit (Entwicklungsdyspraxie)

Entwicklungsdyspraxie oder entwicklungsbedingte Ungeschicklichkeit eines Kindes beruht auf einer Funktionsstörung des Gehirns, welches die Ordnung taktiler, vestibulärer und kinästhetischer Empfindungen behindert und dadurch die Fähigkeit zur Bewegungsplanung stört. Das Wort „entwicklungsbedingt" weist darauf hin, dass die Störung frühzeitig im Leben eines Kindes auftritt und seine Entwicklung während des Wachstums in Mitleidenschaft zieht

Ausdrucksformen der Entwicklungsdyspraxie

Das dyspraktische Kind hat eine schlechte Bewegungsplanung. Wenn es versuch, ein Spiel oder eine neue Sportart zu lernen, muss es die erforderlichen Bewegungen immer und immer wieder planen, da sie im Gehirn „nicht haften".
Die meisten Kinder wissen sofort, was sie zu tun haben, wenn sie mit einem neuen Spielzeug in Berührung kommen: Handelt es sich um eine Tonne, kriechen sie hinein und fangen an, mit der Tonne zu rollen. An einem Kletterbaum ziehen sie sich hoch und fangen an zu klettern. Mit einem Satz Bausteine errichten sie einen Turm.
Manchmal tun die Kinder etwas anderes. Jedes Kind kennt sein eigenes Nervensystem und weiß sofort, was es tun muss, um an dem Spielzeug Spaß zu haben.
Ganz anders ist das ungeschickte (dyspraktische) Kind. Es hat weniger Gefühl für seinen eigenen Körper. Es sieht einfach die Möglichkeiten nicht, die sich bieten, um Spaß zu haben. Es kann sein, dass auch dieses Kind in eine offene Tonne hineinkriecht, aber es kommt ihm nicht der Gedanke, damit zu rollen. Es kann aber auch sein, dass das Kind vermutet, die Tonne sei lediglich für Müllzwecke da und sie deshalb links liegen lässt. Statt mit Spielzeug zu spielen und sich die Möglichkeiten für die Unterhaltung zu beschaffen, stößt es die Spielsachen hin und her oder legt sie in eine Reihe aneinander
Ein intelligentes, jedoch ungeschicktes Kind kann durchaus sehen und verstehen, wie andere Kinder mit dem Spielzeug umgehen. Dem inneren Zwang gehorchend, damit spielen zu müssen, zieht oder drückt das Kind oftmals zu intensiv an den Spielgeräten und zerbricht sie dabei. Seine Tollpatschigkeit macht es unfallträchtig und unkoordiniert.

Wie ist dem Kind mit einer Dyspraxie zumute?

Schwierigkeiten der Bewegungsplanung sind nicht die einzige Art, in der sich eine Dyspraxie ausdrückt. Ungeschickte Kinder haben oft Schwierigkeiten, mit zahlreichen Lebensumständen fertig zu werden. Sinneseindrücke können nicht in der geeigneten Weise aufeinander abgestimmt werden. Das dyspraktische Kind wirkt dadurch schnell überbeansprucht. Sein Nervensystem wird mit Stresssituationen nicht so leicht fertig wie das anderer Menschen.
Ein anschauliches Beispiel für eine dyspraktische Bewegungsplanung bietet uns z.B. Loriot in seinem Sketch (Videoausschnitt) :

 ⇨ Das Bild hängt schief (Loriot)   oder

 ⇨ Ein Gedicht von Cecilia Rotschild:

Spielplatz der Furcht

Mein Leben entfaltete sich auf dem Spielplatz
Mit all seinem Leid und seiner Freude.
Die Ängste und Zweifel an mir selbst
Spielten mit - in dieser Scheinwelt, die eine allzu reale war.

Ich fühlte mich verloren im Dschungel der Turngeräte
Unsicher meiner selbst - verwirrt
Meine Richtung unbestimmt
Und kein Lachen kam von mir,
Als ich mich durch dieses Labyrinth des Schreckens wand.

Ich stieg die Stufen der riesigen Rutschbahn hinauf,
Schaudernd beim Anblick dessen, was vor mir lag,
Unfähig umzukehren.
Und kein Lachen kam von mir,
Als ich blindlings kopfüberstürzte einem ungewissen Schicksal entgegen.

Ich sauste zur Wippe
In Erwartung von Spaß und Erregung.
Alles war vorbei, als ich hoch in der Luft hing, im Raume verloren
Und kein Lachen kam von mir,
Als ich aus meinem Traum in die allzu rauhe Wirklichkeit herabfiel.

Ich sprang auf eine Schaukel
Bereit zu beglückender Erfahrung: fliegen!
Als mich die anderen lachend - über die Grenze meiner Toleranz stießen,
Trübte die rasende Geschwindigkeit alle guten Vorsätze.
Und kein Lachen kam von mir,
Als ich mich an die Hoffnung eines baldigen Endes meiner Seelenqual klammerte.

Schließlich suchte ich die Herausforderung der metallenen Ringe.
Hoffnungsvoll war doch alles in meiner Hand.
Doch der kalte graue Stahl gab keinen Schein des sommerlichen Tages wieder,
Und nur Tränen brachen aus mir,
Als ich im Moment einer Unaufmerksamkeit an den Kopf gestoßen wurde -
Eine grausame und bittere Erkenntnis meiner Hilflosigkeit.

So rannte ich fort von dem Spielplatz der Furcht
Dieser Welt des Scheines, die allzu wirklich ist,
Heim, wo diese Spiele des Lebens bis zu ihrem Ende fortgesetzt wurden.
Und kein Lachen kam von mir." (zit. Rotschild, nach Ayres 1984, S. 123)

Motopädagogische Förderung als Erziehungsprinzip im Kindergarten

Ein kurzer Exkurs zur Situation in den neuen Bundesländern

Die gegenwärtige Situation von Kindern in den neuen Bundesländern ist weitgehend dadurch gekennzeichnet, dass sich deren Lebensbedingungen erheblich verändert haben. Bestand früher eine weitgehende Einheitlichkeit in der Betreuung von Kindern, so finden wir heutzutage ein heterogenes Feld im Aufwachsen junger Menschen vor.
Familien sind in völlig anderer Weise gefordert und dennoch in weiten Teilen oft hoffnungslos überfordert.
Ein potentielles Erfahrungsrisiko tragen vor allem Kinder mit

- emotionaler Unterversorgung   oder
- emotionaler Überbehütung in sich.

Verhäuslichung
Eine ganze Reihe von Kindern besucht heutzutage nicht mehr den Kindergarten. Für viele Kinder wird die 1.Klasse der erste Ort, an dem sie mit Gleichaltrigen sozialisiert werden.

Mediatisierung
Laut einer Hamburger Umfrage aus dem Jahr 1997 ist die beliebteste Freizeittätigkeit das Fernsehen, gefolgt vom Radio Hören(Bundeszentrale für politische Bildung 1999, S.7). Aktive Freizeittätigkeiten finden in den Familien kaum noch statt.

Verlust an Bewegungsräumen/ Domestizierung
Das aktive Erschließen der Lebenswirklichkeit hat zunehmend weniger Platz im Leben von Familien. Weite Teile des Tages finden in der häuslichen Umgebung statt. Es dominieren eindeutig passiv-rezeptive Formen der Begegnung mit der Umwelt.

Da Bewegung als ein originärer Prozess der ersten Lebensjahre verstanden werden muss, die gleichzeitig zur Entfaltung vieler kognitver und sozial-emotionaler Prozesse beiträgt, werden wertvolle Erfahrungen des Begreifens den Kindern vorenthalten.

Ziele und Aufgaben der Bewegungserziehung im Kindergarten

Wenn sich der Kindergarten als eine Institution versteht, die sich die ganzheitliche Förderung und Erziehung von Kindern zur Aufgabe macht, dann dürfen Körper- und Bewegungserfahrungen nicht nur auf festgelegte Zeiten beschränkt sein, sondern müssen integrierter Bestandteil des Alltags sein. Psychomotorik müsste demnach Basis jeder vorschulischen Erziehung sein, denn motorische Erfahrungen liefern die Basis der kindlichen Entwicklung.

Im Vordergrund frühkindlicher Bewegungserziehung sollten spielbetonte und kindgerechte Bewegungsangebote stehen, die vielseitige, breitangelegte Bewegungserfahrungen ermöglichen und dem kindlichen Explorationsbedürfnis und Aktivdrang entgegenkommen.

Denn gerade im heutigen Lebensalltag müssen viele Kinder mit einem Defizit an natürlichen Bewegungs- und Spielerfahrungen aufwachsen. Sind gerade in den ersten Lebensjahren Bewegungserfahrungen eingeschränkt, fehlen dem Kind wichtige Entwicklungsreize, ohne die es häufig zu Bewegungsunsicherheiten und manchmal auch -auffälligkeiten kommt.

Im folgenden findet sich eine Auflistung, was eine Pädagogik der aktiven Bewegung in Gang setzen kann (Zimmer 1989, S. 22):

➢ dem Bewegungsdrang der Kinder entgegenzukommen und ihr Bewegungsbedürfnis durch kindgerechte Spiel- und Bewegungsangebote zu befriedigen,
➢ zur Auseinandersetzung mit der räumlichen und dinglichen Umwelt herauszufordern,
  motorische Fähigkeiten und Fertigkeiten zu erweitern und zu verbessern,
➢ Kindern Möglichkeiten und Wege aufzuzeigen, wie bei Bewegungsspielen auch leistungsschwächere Mitspieler integriert werden können,
➢ sinnliche Erfahrungen zu vermitteln,
➢ zur Erhaltung der Bewegungsfreude, der Neugierde und der Bereitschaft zu Aktivität beizutragen,
➢ Vertrauen in die eigenen motorischen Fähigkeiten zu geben und zu einer realistischen Selbsteinschätzung beizutragen.

Zur Realisierung dieser Zielvorstellungen kann auf altersspezifische Verhaltenseigenschaften der Kinder aufgebaut werden, die äußerst günstige Voraussetzungen für die kindliche Bewegungserziehung bieten:

- Neugierde
- Spieltrieb
- Phantasie und Kreativität

- Aktivität und Interesse
- Bewegungsfreude
- Nachahmungsbedürfnis der Kinder

Ausgangsgeschichte

Ausschnitte aus einer Turnstunde 2. Teil

Die verantwortliche Erzieherin hat ihre Spiellandschaft aufgebaut.: Eine Tauschlinge wird an einem Haken befestigt und eine Turnbank eingehängt. So ergibt sich eine wackelige schiefe Ebene, über die die Kinder zu einem Kastenturm gelangen können. Dieser steht vor einem Schwingtau, mit dem man sich über Hindernisse hinweg zu einem anderen Klettergerüst, einer Gitterleiter aus Seilen schwingen oder weiterhangeln kann. Das Areal ist mit Weichbodenmatten ausgepolstert. Stege aus weiteren Turnbänken führen in unterschiedlicher Höhe von Sprossenwänden zu neuen Standorten. 3 Trimpoline sind mit einbezogen, die zum Hopsen auffordern. Die Spiellandschaft füllt etwa die Hälfte der kleinen Halle (60m^2) aus. In der anderen Hälfte ist eine Hängematte aus einem stabilen Schwungtuch an Seilen hängend angebracht. Es steht ein Doppelpedalo herum. Eine Stereoanlage bringt unaufdringlich Popmusik.

Beobachtung:

Eine Kindergruppe, 5 Jungen, 3 Mädchen der Altersgruppe 4 - 5 Jahre erstürmt sofort die Spiellandschaft. Die Hängematte als bekanntes Gerät wird sofort von Markus und Ansgar in Beschlag genommen. Stefanie bleibt zunächst etwas abseits sitzen und beobachtet das Geschehen. Die Kinder kriechen z.B. die wa-ckelige schiefe Ebene hinauf, oder sie gehen bereits aufrecht. Zu große Waghalsigkeit wird mit Herunterfallen auf den Weichboden „bestraft", der 2. Versuch wird entsprechend vorsichtiger angegangen. Die Kinder erfinden allein, ständig auf der Suche nach neuen Sensationen (was wohl im wahrsten Sinne des Wortes?). „Tolle Sachen" werden von anderen Kindern nachgeahmt. Der Erwachsene beobachtet die Kinder, greift ihre Ideen auf und verändert mit Unterstützung der Kinder die Landschaft, um wieder neue Erfahrungen zu ermöglichen. Eine Praktikantin hat es übernommen, die Kinder in der Hängematte zu schaukeln. Sie lässt sich von den Kindern die Intensität des Schaukelns ansagen. Sie hält zwischendurch unter dem Vorwand der Ermüdung mit dem Schaukeln inne.
Für die Kinder gibt es eine Gelegenheit, ihre Wahrnehmungen in bezug auf die jetzt wieder stationäre, visuell wahrnehmbare Umwelt (natürlich auch bezüglich

der Taktilität und Kinästhetik) zu ordnen und zu reorganisieren. „Satte Kinder" steigen bei dieser Gelegenheit aus, andere zu.

Das Spiel kann von Neuem beginnen. Inzwischen hat auch Stefanie etwas entdeckt, was sie sich zutraut. Anfangs z. B. hangelte Stefanie an der Sprossenwand herum. Der Erwachsene kann aufgrund seiner guten Beziehung zu ihr dazu verleiten, an der Hand geführt über die wackelige schiefe Ebene zu gehen und von einer Plattform aus auf den Weichboden in die Tiefe zu springen.

Auf das Trimpolin will sie dann auch an der Hand des Erwachsenen. Dieser nutzt die Gelegenheit zur Verstärkung der Fremdreize. Er drückt Stefanie fassend in der Abwärtsbewegung verstärkt in das Federtuch. Dadurch ist der taktile und kinästhetische Input verstärkt und für sie besser zu orten und wahrnehmungsmäßig zu integrieren. Es hat ein Dialog zwischen Kind und Erwachsenen begonnen, der verbal und vor allem nonverbal genau das Belastungsniveau erreichen lässt, unter dem sich das Kind gut regulieren kann, im Sinne von erfolgreichem Hopsen, begleitet von positiven Emotionen.

Die letzten 3 Minuten der 45-Minuten-Stunde werden der Ruhe und Entspannung gewidmet. Wer wird heute am schnellsten in den Tiefschlaf gezaubert? Beschwörende Formeln murmelnd verzaubert der Erwachsene die Gruppe. Eine ruhige Entspannungsmusik und gedämpftes Licht untermalen die Situation. Kitzelnd und zwickend überprüft der die Tiefe des Schlafes. Am Ende waren natürlich alle Kinder heute sehr erfolgreich. Kinder wählen von sich aus am besten den physiologischen Wechsel von Spannung und Entspannung, Arbeit und Erholung. Sie dosieren den Reiz entsprechend ihrem Bedürfnis.

Literatur

Ayres, Jean A. (1984). Bausteine der kindlichen Entwicklung. Springer Verlag.
Beudels, W (Hrsg) (1994). ...das ist für mich ein Kinderspiel. Borgmann
Breitenbach E., Maisel V., Brand, I.(1990). Integrationsstörungen. Verlag: Maria-Stern-Schule.
Bundeszentrale für politische Bildung, Zeitlupe 37, Familie 3/99.
Deutscher Bildungsrat (1973). Zur pädagogischen Förderung behinderter und von Behinderung bedrohter Kinder und Jugendlicher.
Doering, W. und W. (Hrsg.) (1990). Sensorische Integration. Borgmann.
Eggert, D. u.a. (1994). Theorie und Praxis der psychomotorischen Förderung. Borgmann.
Eggert/Kiphard (1980). Die Bedeutung der Motorik... Hofmann Verlag.
Flemig, I (1984). Unveröffentliches Referat. Kongress des Berufsverbandes der Kinderärzte in Bad Orb.

Fischer,K.(1989). Das psychomotorische Paradigma in der Frühförderung. In: Irmischer, T./Fischer, K.(1989). Psychomotorik in der Entwicklung. Band 8.

Hauke, I u.a. (1993). PM-Kartei. Borgmann.

Hofele, U. (1992). Der Dunkelraum als Abenteuerspielplatz der Sinne. verlag modernes lernen.

Irmischer ,T; Fischer, K.(1989). Psychomotorik in der Entwicklung, Hofmann Verlag Band 8.

Kiphard, E. J. , (1983). Mototherapie Teil 1 – 3. verlag modernes lernen.

Köckenberger, H. (1999). Bewegungsspiele mit Alltagsmaterial. Borgmann.

Meier, Ch.; Richle J. Sinn-voll und alltäglich. verlag modernes lernen.

Mertens, Ch. Körperwahrnehmung und Körpergeschick. verlag modernes lernen.

Meusel, W.; Mertens, K (1992). Allerlei Bewegung. verlag modernes lernen.

Rotschild, C. (1984). Spielplatz der Furcht. In: Ayres, J.A. Bausteine der kindlichen Entwicklung. Springer Verlag.

Zimmer, R. (1989). Kreative Bewegungsspiele. Herder Praxisbuch Kindergarten.

Zinke-Wolter, P. (1991). Spüren-Bewegen-Lernen. Borgmann.